CCLR PFCCL

LAW & BUSINESS 法商圖書

建设工程价款优先受偿权

常设中国建设工程法律论坛新第四工作组 著

法律出版社 | LAW PRESS
北京

图书在版编目（CIP）数据

建设工程价款优先受偿权 / 常设中国建设工程法律论坛新第四工作组著. -- 北京 : 法律出版社, 2024.

ISBN 978 – 7 – 5197 – 9349 – 4

Ⅰ. D923.64

中国国家版本馆 CIP 数据核字第 2024EJ8869 号

建设工程价款优先受偿权
JIANSHE GONGCHENG JIAKUAN YOUXIAN SHOUCHANGQUAN

常设中国建设工程法律论坛新第四工作组 著

责任编辑 慕雪丹 章 雯
装帧设计 鲍龙卉

出版发行 法律出版社
编辑统筹 法商出版分社
责任校对 赵明霞
责任印制 胡晓雅
经　　销 新华书店

开本 710 毫米 × 1000 毫米 1/16
印张 19.75 **字数** 352 千
版本 2024 年 9 月第 1 版
印次 2024 年 9 月第 1 次印刷
印刷 保定市中画美凯印刷有限公司

地址：北京市丰台区莲花池西里 7 号（100073）
网址：www.lawpress.com.cn
投稿邮箱：info@lawpress.com.cn
举报盗版邮箱：jbwq@lawpress.com.cn
销售电话：010 – 83938349
客服电话：010 – 83938350
咨询电话：010 – 63939796

书号：ISBN 978 – 7 – 5197 – 9349 – 4
定价：88.00 元

常设论坛新第四工作组成员

姓　名	工作单位	职　务
召集人		
李　琪	原最高人民法院民一庭	法官
罗有才	江苏省高级人民法院民六庭	法官
成　员(以姓氏拼音为序)		
程　浩	原山西省晋城市中级人民法院民二庭	法官
丁林阳	浙江振邦律师事务所	律师
林　竹	广东省湛江市中级人民法院立案庭	副庭长
吕莉莉	上海市海华永泰律师事务所	高级顾问
盛　莎	广州仲裁委员会国际仲裁部	主管秘书
王　画	浙江省金华市金东区人民法院民二庭	法官
吴　凡	北京市中伦律师事务所	合伙人
项　平	北京植德（上海）律师事务所	合伙人
谢　佑	浙江省舟山市中级人民法院立案庭	庭长
许海峰	上海建工集团股份有限公司	总法律顾问
余　茜	中国国际经济贸易仲裁委员会丝绸之路仲裁中心	案件经办人
杨劭禹	贵州省贵阳市中级人民法院民四庭	法官
张　炯	北京中伦律师事务所	合伙人
张世峰	河南万基律师事务所	律师
朱加赛	北京观韬（南京）律师事务所	高级合伙人
秘　书		
胡　昂	贵州惟胜道（白云区）律师事务所	负责人
程浩基	江苏石城律师事务所	合伙人

常设论坛第六届主席会议成员

（按轮值顺序排序）

姓　名	主席会议任职	工作单位	职　务
陆春玮	轮值主席	上海仲裁委员会	副主任、秘书长
王唯骏	轮值主席	上海国际经济贸易仲裁委员会 上海国际仲裁中心	秘书长
张光宏	轮值主席	宁波仲裁委员会	副主任、秘书长
谷　岩	副主席	中国国际经济贸易仲裁委员会	仲裁院副院长
陈福勇	副主席	北京仲裁委员会/北京国际仲裁中心	副秘书长
安　欣	副主席	深圳国际仲裁院	副院长
于　涛	副主席	石家庄仲裁委员会 / 石家庄国际仲裁院	副秘书长
王天喜	副主席	广州仲裁委员会	副主任
徐文新	轮值副主席	西安仲裁委员会	副主任、秘书长
徐　芳	轮值副主席	合肥仲裁委员会	副主任、秘书长

常设论坛专家咨询委员会委员

（除特别注明外按姓名首字母排序）

姓　名	工作单位	职　务
Mohamed S. Abdel Wahab（联席主席）	ICC Governing Body for Dispute Resolution Services	Vice-Chair
	埃及Zulficar & Partners 律师事务所	创始合伙人
辛正郁（联席主席）	北京市天同律师事务所	合伙人
Alexis Mourre	Mourre Gutierrez Chessa Arbitration律师事务所	创始合伙人、独立仲裁员
Anthony Houghton SC	香港德辅大律师事务所	资深大律师
Michael David Kuper SC	南非仲裁基金会	主席
Michael E. Schneider	瑞士仲裁协会	荣誉主席
	瑞士 LALIVE 律师事务所	创始合伙人
Jakob Ragnwaldh	斯德哥尔摩商会仲裁院	副主席
	瑞典MannheimerSwartling律师事务所	合伙人
Jeremy Nicholson QC	英国 4 Pump Court 出庭律师事务所	御用大律师
John Bishop	仲裁事务所（Arbitration Chambers）	独立仲裁员
Nikolaus Pitkowitz	维也纳国际仲裁中心	主席
	Nikolaus & Partners 律师事务所	创始合伙人
Sarah Grimmer	Twenty Essex大律师事务所	独立仲裁员
Sir Vivian Ramsey	新加坡国际商事法庭	法官
Stavros Brekoulakis	英国伦敦玛丽女王大学	教授
Tony Dymond	美国德普律师事务所	合伙人
VK Rajah SC	新加坡Duxton Hill Chambers	资深大律师

常设论坛秘书长会议成员

姓　名	秘书长会议任职	工作单位	职　务
孙　巍	秘书长	北京市中伦律师事务所	合伙人
贾　珅	秘书长	中国国际经济贸易仲裁委上海分会	秘书长
张皓亮	副秘书长	北京仲裁委员会/北京国际仲裁中心	业务拓展（国际案件）处处长
黄郭勇	副秘书长	深圳国际仲裁院	国际合作与发展处处长 江门中心（江门仲裁委员会）主任
游奕清	副秘书长	石家庄仲裁委员会/石家庄国际仲裁院	业务一部副部长
江　岚	副秘书长	广州仲裁委员会	国际仲裁部部长
韦龙艳	副秘书长	上海仲裁委员会	上海建设工程仲裁院秘书长
徐之和	副秘书长	上海国际经济贸易仲裁委员会/ 上海国际仲裁中心	研究部部长
黄震宇	副秘书长	宁波仲裁委员会	秘书处副主任
刘　红	轮值副秘书长	西安仲裁委员会	仲裁研究中心主任
刘小成	轮值副秘书长	合肥仲裁委员会	副秘书长

序言 Preface

常设中国建设工程法律论坛新第四工作组成立于 2023 年 1 月。近期，工作组调研成果——《建设工程价款优先受偿权》即将付梓。

建设工程优先受偿权是承包人非常重要的一项法定权利，不仅关系到承包人应得的工程款债权能否最终实现，同时也涉及该权利与商品房消费者、抵押权人、破产债权人等主体的权利顺位。新第四工作组自成立以来，践行常设中国建设工程法律论坛开放包容、务实创新的理念，分别与广州仲裁委、贸仲、浙江律协建工委、南京仲裁委等合作，开展线下会议和广泛调研。调研内容涉及建设工程优先权的国内外立法、权利主体、优先权的范围、权利客体、行使期限、行使方式和程序、放弃和限制、清偿顺序及与其他权利顺位的冲突和协调等诸多实务中的重点和难点问题。在深入调研基础上，工作组成员多次深入讨论，不断完善文稿，最终形成《建设工程价款优先受偿权》这一调研成果。

《建设工程价款优先受偿权》一书注重理论与实务结合，系统梳理了建设工程优先受偿权实践中的重点争议问题，从法理和实务等维度进行研究分析，总结最新的意见并提出了完善优先权相关制度的建议。该书对于实务中存在争议较大的具体问题都提出了解决思路，如建设工程优先受偿权的性质、实际施工人是否享有优先受偿权、垫资款和保证金是否属于优先受偿权范围、不宜折价拍卖的工程范围、行使期限的起算时间、是否可以通过调解方式确认、放弃情形下的处理、破产情形下各权利冲突的处理等，正面回应社会关切与理论争议，以期在理论和实务方面都能有所助益。这一课题是在当下房地产寒冬、保交楼政策落实、建工案件激增背景之下，理性探讨、引导实务的重要成果，相信将对“建设工程优先受偿权”的立法、司法和仲裁实践起到积极的推进作用。

为本书作此序时，我不由地感慨万千。可以说，《建设工程价款优先受偿权》的诞生，是常设中国建设工程法律论坛团队精神赓续相传的成果。十年前，我是原第四工作组的一员，筚路蓝缕，以启山林，大家共同努力，完成了一些尚算有分量、有影响的调研成果，也在理论界与实务界收获许多认可和鼓励；十年后的今天，原第四工作组的许海峰老师、罗有才老师等仍在积极参与，奉献热爱。

常设中国建设工程法律论坛一路走到今天，正是因为有这样一批可敬又可爱的奋斗者，一直努力帮助论坛茁壮成长，带动更多有情怀、有理想、有能力的建工法律人，为共同推动法律裁判规则统一、促进建筑市场健康发展而不懈努力。我们更欣喜地看到，许多年轻的法官、仲裁员、律师、法总主动参与其中。这样一支凭着热爱和理想，为论坛的发展和中国建设工程领域法律服务水平的提高无私奉献的团队，一定薪火永相传！

本调研工作组均为一线的工作者，集中了一批专门从事建设工程合同纠纷案件研究和裁判的法官、仲裁员、律师、公司法总，他们从不同的角度总结分析了建设工程优先受偿权在实务中最常见和疑难的热点问题，并通过学理论证与实证分析相结合的方式，剖析问题，提出建议，并进一步就建设工程优先受偿权登记问题提出相应的立法建议。在此，我们隆重介绍新第四工作组全体成员，他们是：

召集人

李　琪（召集人）　原最高人民法院民一庭　法官

罗有才（召集人）　江苏省高级人民法院民六庭　法官

成　员（以姓氏拼音为序）

程　浩　原山西省晋城市中级人民法院民二庭　法官

丁林阳　浙江振邦律师事务所　律师

林　竹　广东省湛江市中级人民法院立案庭　副庭长

吕莉莉　上海市海华永泰律师事务所　高级顾问

盛　莎　广州仲裁委员会国际仲裁部　主管秘书

王　画　浙江省金华市金东区人民法院民二庭　法官

吴　凡　北京市中伦律师事务所　合伙人

项　平　北京植德（上海）律师事务所　合伙人

谢　佑　浙江省舟山市中级人民法院立案庭　庭长

许海峰　上海建工集团股份有限公司　总法律顾问

余　茜　中国国际经济贸易仲裁委员会丝绸之路仲裁中心　案件经办人

杨劭禹　贵州省贵阳市中级人民法院民四庭　法官
张　炯　北京中伦律师事务所　合伙人
张世峰　河南万基律师事务所　律师
朱加赛　北京观韬(南京)律师事务所　高级合伙人
胡　昂(兼秘书)　贵州惟胜道(白云区)律师事务所　负责人
程浩基(兼秘书)　江苏石城律师事务所　合伙人

新第四工作组全体成员及辅助调研人员为本次调研慷慨无私地付出了大量的时间和精力,在此对他们的付出致以崇高敬意和衷心感谢!

此外,还要感谢常设论坛的成员、观察员和建设工程法律界的众多同仁对新第四工作组给予的热情帮助和真诚鼓励。感谢法律出版社的责任编辑慕雪丹女士对《建设工程价款优先受偿权》的审校和出版工作提供了大力支持。新第四工作组成果凝聚着工作组成员和无数行业同仁的智慧、汗水与情怀。

我们深知,囿于建设工程优先受偿权的复杂性和专业性,《建设工程价款优先受偿权》尚存在进一步的完善空间,欢迎广大读者提出宝贵的意见和建议,我们将虚心受教,并根据反馈情况作出进一步的完善和修订。法律之路漫漫、建工争议仍存,我们将始终心怀感激,笃行不怠,并相信道阻且长,行则将至!

孙　巍
常设中国建设工程法律论坛秘书长
2024年8月25日

目录 Contents

第一章

概　述

《民法典》第 807 条规定:“发包人未按照约定支付价款的,承包人可以催告发包人在合理期限内支付价款。发包人逾期不支付的,除根据建设工程的性质不宜折价、拍卖外,承包人可以与发包人协议将该工程折价,也可以请求人民法院将该工程依法拍卖。建设工程的价款就该工程折价或者拍卖的价款优先受偿。”该条规定沿袭了 1999 年《合同法》第 286 条的内容,赋予了承包人在发包人拖欠工程款时,就其所承建工程折价或拍卖价款优先受偿的权利。本章主要介绍国内外建设工程优先权的相关内容,并意图探究在我国现行法律框架下如何界定该权利的性质。

第一节 我国关于建设工程优先权的规定

我国于 1999 年颁布施行的《合同法》第 286 条赋予了承包人在发包人欠付工程款时可以就承建工程折价或拍卖价款优先受偿的权利,2021 年 1 月 1 日起施行的《民法典》第 807 条沿袭了该条规定的内容。上述规定施行过程中,为解决司法实践中的法律适用问题,最高人民法院也出台了多部司法解释或司法解释性质的答复意见。

一、1999 年《合同法》

我国《合同法》的起草始于 1993 年,立法机关委托梁慧星教授等专家拟定的立法方案针对社会上存在的拖欠工程款的问题,规定“为保护承包人利益,可规定承包人对建设工程有法定抵押权”。据此,当时的《合同法建议草案》第 306 条规定:“建设工程完工后,发包人未按合同约定支付建设费用和报酬的,承包人对建设工程有法定抵押权。”由法制工作委员会在建议草案基础上提出的《合同法草案(1995 年 10 月试拟稿)》也在第 177 条规定“承建人对其所完成的建设工程享有抵押权”。1996 年 5 月,在北京西郊召开的合同法修改工作会议上,与会专家一致同意保留承包人的法定抵押权。在后来的修改中,考虑到法律条文仅规定承包人享有法定抵押权，而该法定抵押权的内容、效力如何实现仍有待解释，不如直接规定其内容、效力和实现方式，这样更有利于法律适用。因此，1997 年 5 月 4 日的《合同法征求意见稿》采用了直接规定其内容、效力及实现方式的表述，其第 161 条规定："建设工程完成后，建设人未按照约定支付价款的，承建人应当催告建设人支付价款，催告的期限不得少于两个月。建设人逾期不支付的，承建人可以与建设人协议将该工程折价，也可以将该工程依法拍卖。承建人就该工程折价或者拍卖的价款优先受偿。"1998 年 8 月提交人大常委会第四次会议审议的《合同法草案（第一次审议稿）》第 285 条只是将"完成"改为"竣工"，将"承建人"改为"承包人"，并用"合理期限"代替"不得少于两个月"的"催告期"。同年 12 月提交人大常委会第六次会议审议的《合同法草案（第三次审议稿）》第 280 条规定承包人必须"申请人民法院依法拍卖"。1999 年 1 月，在北京召开的合同法专家讨论会上，有专家注意到有的建设工程不适于折价和拍卖，建议增设除外规定。因此，1999 年 1 月 29 日提交人大常委会第七次会议审议的《合同法草案（第四次审议稿）》第 287 条规定："发包人未按照约定支付价款的，承包人可以催告发包人在合理期限内支付价款。发包人逾期不支付的，除按照建设工程的性质不宜折价、拍卖的以外，承包人可以与发包人协议将该工程折价，也可以申请人民法院将该工程依法拍卖。建设工程的价款就该工程折价或者拍卖的价款优先受偿"。此即《合同法》第 286 条。①

二、2002 年《优先权批复》

但在 1999 年《合同法》颁布后的很长时间里，其第 286 条并未如预期的那样发挥解决工程款拖欠的作用，反而一直处于"纸上谈兵"的状态。究其原因，1999 年《合同法》第 286 条只是一个比较原则的条款，尚难直接运用。建设工程价款优先受偿权与其他法律规定的优先权，谁更具优先效力未予明确。该条法律规定的具体操作细则和程序还不明确，致使司法实践难以形成有效突破。②

针对该等情况，当时的全国人大代表石礼文提出"关于建议最高人民法院对

---

① 参见梁慧星：《合同法第二百八十六条的权利性质及其适用》，载《山西大学学报（哲学社会科学版）》2001 年第 3 期。

② 参见孙贤程：《"286"何时能开刃》，载《建筑时报》2000 年 8 月 24 日。

《合同法》第二百八十六条作出司法解释的建议”①,最高人民法院办公厅于2001年5月17日作出《对九届全国人大四次会议第1427号建议的答复》(法办〔2001〕87号),根据该答复,1999年《合同法》第286条所规定的优先权成立条件是:(1)建设工程已经竣工。建设工程若未竣工,则不发生法定抵押权。(2)必须是建设工程承包合同所生债权。(3)其债权为依建设工程承包合同约定应支付的价款。所谓“价款”,是发包人依建设工程合同约定应支付给承包人的承包费,包括承包人施工所付出劳动的报酬、所投入的材料和因施工所垫付的其他费用,及因合同发生的损害赔偿。(4)优先权的标的物为承包人施工所完成的,属于发包人所有的建设工程(不动产)及其基地使用权。(5)须不属于“不宜折价、拍卖”的建设工程。其是指法律禁止流通物,包括公有物,如国家机关办公的房屋以及其他建筑物及军事设施;公用物,如公共道路、桥梁、机场、港口,及公共图书馆、公共博物馆等。在发生优先权与约定抵押权并存的情形时,无论约定抵押权在前或在后,均应优先于约定抵押权行使。主要理由是:(1)法定权利应当优先于约定权利;(2)从法律政策上考虑,优先权所担保的债权中相当部分是建筑工人的劳动工资;(3)建设工程是靠承包人付出劳动和垫付资金建造的,如果允许约定抵押权优先行使,则无异于以承包人的资金清偿发包人的债务,等于发包人将自己的欠债转嫁给属于第三人之承包人,违背公平及诚实信用原则;(4)承包人优先权是法律为保护承包人的利益而特别赋予的权利,具有保护劳动者利益和鼓励建设、创造社会财富的政策目的。建设单位随意拖欠承包人工程款的现象,严重侵害了建筑施工企业的利益,而且已经成为影响社会安定的导火线。为了解决人民法院审判人员对1999年《合同法》第286条规定的认识、分歧问题,统一办案标准,维护市场经济秩序,最高人民法院将对上述问题作出司法解释。

2002年5月22日,《建筑时报》与18家各地方的建筑业协会联名上书最高人民法院,提交了《吁请最高人民法院尽快出台〈合同法〉第286条司法解释的信》,该信指出:“据我们了解,近年来各地法院受理的施工企业要求适用《合同法》第286条解决施工合同纠纷和发包人破产后的债权处理的案件已经不少,但大多被当地法院以该权利的性质不明、缺乏可操作性,或者干脆以没有收到最高法院对

① 全国人大代表洪可柱同样提出了“关于《中华人民共和国合同法》第二百八十六条在实际操作中的建议”,最高人民法院办公厅同样于2001年5月17日作出了内容相似的《对九届全国人大四次会议第2568号建议的答复》(法办〔2001〕88号)。

该法条的司法解释为由拒绝……我们认为,在《合同法》颁行2年多后,这不应该是一种可以继续延续下去的状况,特别是在我国建筑业已经开始面对国际化竞争的形势下,有权作出司法解释的部门不能无视我们整个行业生存、发展的环境。为此我们恳切呼吁最高法院尽快对《合同法》第286条作出司法解释,促进施工企业优先受偿工程的权利得以真正实现,为我国建筑业的发展创造一个合乎法律要求的环境。"

为了回应建筑业企业及司法实践的迫切需求,2002年6月11日,最高人民法院审判委员会第1225次会议通过了《关于建设工程价款优先受偿权问题的批复》(已失效,以下简称2002年《优先权批复》),该批复于2022年6月20日印发,于同年6月27日起施行,主要内容如下:(1)人民法院在审理房地产纠纷案件和办理执行案件中,应当依照1999年《合同法》第286条的规定,认定建筑工程的承包人的优先受偿权优于抵押权和其他债权。(2)消费者交付购买商品房的全部或者大部分款项后,承包人就该商品房享有的工程价款优先受偿权不得对抗买受人。(3)建筑工程价款包括承包人为建设工程应当支付的工作人员报酬、材料款等实际支出的费用,不包括承包人因发包人违约所造成的损失。(4)建设工程承包人行使优先权的期限为6个月,自建设工程竣工之日或者建设工程合同约定的竣工之日起计算。

针对2002年《优先权批复》第2条的规定,最高人民法院执行工作办公室作出《关于〈最高人民法院关于建设工程价款优先受偿权问题的批复〉中有关消费者权利应优先保护的规定应如何理解的答复》(〔2005〕执他字第16号)根据该答复2002年《优先权批复》第2条关于已交付购买商品房的全部或者大部分款项的消费者权利应优先保护的规定,是为了保护个人消费者的居住权而设置的,即购房应是直接用于满足其生活居住需要,而不是用于经营,不应作扩大解释。

三、原《施工合同司法解释(二)》及《施工合同司法解释(一)》

2012年,最高人民法院启动了《关于审理建设工程施工合同纠纷案件适用法律问题的解释(二)》(已失效,以下简称原《施工合同司法解释(二)》)的立项,于2018年12月29日正式公布原《施工合同司法解释(二)》。原《施工合同司法解释(二)》共26个条文,其中第17条至第23条共7个条文,对建设工程优先权问题作出规定。其中,第17条规定:"与发包人订立建设工程施工合同的承包人,根据合同法第二百八十六条规定请求其承建工程的价款就工程折价或者拍卖的价款优先受偿的,人民法院应予支持。"第 18 条规定:"装饰装修工程的承包人,请求装饰装修工程价款就该装饰装修工程折价或者拍卖的价款优先受偿的,人民法院应予支持,但装饰装修工程的发包人不是该建筑物的所有权人的除外。"第 19 条规定:"建设工程质量合格,承包人请求其承建工程的价款就工程折价或者拍卖的价款优先受偿的,人民法院应予支持。"第 20 条规定:"未竣工的建设工程质量合格,承包人请求其承建工程的价款就其承建工程部分折价或者拍卖的价款优先受偿的,人民法院应予支持。"第 21 条规定:"承包人建设工程价款优先受偿的范围依照国务院有关行政主管部门关于建设工程价款范围的规定确定。承包人就逾期支付建设工程价款的利息、违约金、损害赔偿金等主张优先受偿的,人民法院不予支持。"第 22 条规定:"承包人行使建设工程价款优先受偿权的期限为六个月,自发包人应当给付建设工程价款之日起算。"第 23 条规定:"发包人与承包人约定放弃或者限制建设工程价款优先受偿权,损害建筑工人利益,发包人根据该约定主张承包人不享有建设工程价款优先受偿权的,人民法院不予支持。"

2021 年 1 月 1 日,《民法典》施行,其第 807 条吸收了 1999 年《合同法》第 286 条关于建设工程优先权的规定:发包人未按照约定支付价款的,承包人可以催告发包人在合理期限内支付价款。发包人逾期不支付的,除根据建设工程的性质不宜折价、拍卖外,承包人可以与发包人协议将该工程折价,也可以请求人民法院将该工程依法拍卖。建设工程的价款就该工程折价或者拍卖的价款优先受偿。

《民法典》施行后,最高人民法院清理了涉及建设工程施工合同纠纷案件审理的司法解释并编纂新的司法解释,以《民法典》为依据,对 2002 年《优先权批复》、《关于审理建设工程施工合同纠纷案件适用法律问题的解释》、原《施工合同司法解释(二)》的内容进行分析比较,对与《民法典》不一致的予以废止或者修改;被《民法典》吸收的内容,新的司法解释不再重复;符合实际需要且与《民法典》规定或者原则保持一致的,予以保留。最高人民法院审判委员会审议后于 2020 年 12 月 29 日公布了《关于审理建设工程施工合同纠纷案件适用法律问题的解释(一)》(以下简称《施工合同司法解释(一)》)。

《施工合同司法解释(一)》关于建设工程优先权的内容规定在第 35 条至第 42 条,共计 8 个条文,对原《施工合同司法解释(二)》的 7 条基本内容均予以保留,其中两条有较大的修改:第 37 条明确装饰装修工程具备折价或者拍卖条件的,人民法院才能依法支持承包人的优先受偿权;第 41 条对承包人行使优先受偿权的期限做了修改,要求承包人在合理期限内行使,但最长不得超过 18 个月。第 36 条为增加,吸收自 2002 年《优先权批复》第 1 条,是关于建设工程价款优先受偿权与抵押权及其他权利顺位的规定。

《施工合同司法解释(一)》第 35 条规定:"与发包人订立建设工程施工合同的承包人,依据民法典第八百零七条的规定请求其承建工程的价款就工程折价或者拍卖的价款优先受偿的,人民法院应予支持。"第 36 条规定:"承包人根据民法典第八百零七条规定享有的建设工程价款优先受偿权优于抵押权和其他债权。"第 37 条规定:"装饰装修工程具备折价或者拍卖条件,装饰装修工程的承包人请求工程价款就该装饰装修工程折价或者拍卖的价款优先受偿的,人民法院应予支持。"第 38 条规定:"建设工程质量合格,承包人请求其承建工程的价款就工程折价或者拍卖的价款优先受偿的,人民法院应予支持。"第 39 条规定:"未竣工的建设工程质量合格,承包人请求其承建工程的价款就其承建工程部分折价或者拍卖的价款优先受偿的,人民法院应予支持。"第 40 条规定:"承包人建设工程价款优先受偿的范围依照国务院有关行政主管部门关于建设工程价款范围的规定确定。承包人就逾期支付建设工程价款的利息、违约金、损害赔偿金等主张优先受偿的,人民法院不予支持。"第 41 条规定:"承包人应当在合理期限内行使建设工程价款优先受偿权,但最长不得超过十八个月,自发包人应当给付建设工程价款之日起算。"

四、其他优先权相关问题的批复

关于装饰装修工程优先权问题,2004 年 12 月 8 日,最高人民法院针对福建省高级人民法院的请示作出了《关于装修装饰工程款是否享有合同法第二百八十六条规定的优先受偿权的函复》(〔2004〕民一他字第 14 号,以下简称《装饰装修工程优先权函复》),该函复指出:装修装饰工程属于建设工程,可以适用《合同法》第 286 条关于优先受偿权的规定,但装修装饰工程的发包人不是该建筑的所有权人或者承包人与该建筑物的所有权人之间没有合同关系的除外。享有优先权的承包人只能在建筑物因装修装饰而增加价值的范围内优先受偿。

关于公路收费权是否有优先权,《最高人民法院关于公路建设单位对公路收费权是否享有建设工程价款优先受偿权以及建设工程价款优先权是否优于质权的请示的答复》(〔2005〕执他字第 31 号)指出:《合同法》第 286 条规定的建设工程的折价或者拍卖虽原则上指工程所有权的转让,但对收费公路这类特殊工程的可转让的经营权,也应适用。因此,申请执行人作为公路施工单位,有权通过对被执行人享有的公路工程经营权的执行优先受偿。车辆通行收费权是公路经营权中的主要内容,执行中可以转让收费权或者直接从所收费中提取款项。施工单位的优先受偿权应及于该收费权,可以从提取的款项中优先受偿。根据原《担保法》及最高人民法院有关司法解释的精神,工程款优先受偿权应优先于异议人就公路收费设定的质押权。

2023 年 4 月 20 日,《最高人民法院关于商品房消费者权利保护问题的批复》(法释〔2023〕1 号,以下简称《商品房消费者权利保护批复》)公布并施行,该批复就人民法院在审理房地产开发企业因商品房已售逾期难交付引起的相关纠纷案件中涉及商品房消费者权利保护问题,规定:第一,建设工程价款优先受偿权、抵押权以及其他债权之间的权利顺位关系,按照《施工合同司法解释(一)》第 36 条的规定处理。第二,商品房消费者以居住为目的购买房屋并已支付全部价款,主张其房屋交付请求权优先于建设工程价款优先受偿权、抵押权以及其他债权的,人民法院应当予以支持。只支付了部分价款的商品房消费者,在一审法庭辩论终结前已实际支付剩余价款的,可以适用前款规定。第三,在房屋不能交付且无实际交付可能的情况下,商品房消费者主张价款返还请求权优先于建设工程价款优先受偿权、抵押权以及其他债权的,人民法院应当予以支持。

五、我国台湾地区的相关规定

我国台湾地区“民法”债编第 513 条最初规定:“承揽之工作为建筑物或其他土地上之工作物或为此等工作物之重大修缮者,承揽人就承揽关系所生之债权,对于其工作所附之定作人之不动产,有抵押权。”依据该规定,建筑物承揽人享有的抵押权依据法律规定而生,不用登记即发生效力。为兼顾交易安全及其他债权利益,后对该内容进行了修改,要求承揽人就法定抵押权进行登记,规定“承揽之工作为建筑物或其他土地上之工作物,或为此等工作物之重大修缮者,承揽人得就承揽关系报酬额,对于其工作所附之定作人之不动产,请求定作人为抵押权之登记;或对于将来完成之定作人之不动产,请求预为抵押权之登记。前项请求,承揽人于开始工作前亦得为之。前二项之抵押权登记,如承揽契约已经公证者,承揽人得单独申请之。第一项及第二项就修缮报酬所登记之抵押权，于工作物因修缮所增加之价值限度内，优先于成立在先之抵押权”。依据该规定，承揽人法定抵押权由无须登记修正为由承揽人请求定作人为抵押权之登记或“预为抵押权之登记”。

依据我国台湾地区的上述规定，承揽人法定抵押权的要件：一是须承揽之工作为建筑物或其他土地上之工作物之新建或重大修缮；二是须为承揽人因承揽关系所生之报酬额；三是须以工作所附之定作人之不动产为标的物；四是须为抵押权之登记。同时，我国台湾地区“民法”第865条规定：“不动产所有人，因担保数债权，就同一不动产，设定数抵押权者，其次序依登记之先后定之。”依据该规定，承揽人的法定抵押权与其他约定抵押权一起按照登记的先后顺序受偿。

第二节　国外关于建设工程优先权的立法情况

无论是大陆法系国家还是英美法系国家，均有针对工程承包人优先受偿的相关法律规定，只是基于不同的法律环境，对外展现的制度设计有所不同，但其本质都是对工程价款这一特殊债权予以优先保护。

一、罗马法上的法定抵押制度

罗马法为了保护弱势群体和社会公益，以实现公平正义，开排除债权平等原则之先河，创制出了法定抵押制度。[①] 但罗马法没有形成独立的优先权制度，优先权的理念体现在其嫁资制度和监护制度中。为保护妇女权益，罗马法规定婚姻关系解除后丈夫承担返还嫁资的义务，妇女就嫁资部分的返还优先于其他债权人的债权，其效力及于用嫁资款购买的物品。同时，罗马法上的监护制度为保护年幼被监护人的权益，规定在监护终了之时被监护人就监护人的财产有优先受偿的权利。在其后的演变中，“妻之嫁资优先偿还权”和“被监护人优先偿还权”均成为法定抵押，只是前者优先于约定抵押，而后者仍劣后于约定抵押。此后，罗马法从

① 参见孙新强：《破除债权平等原则的两种立法例之辨析——兼论优先权的性质》，载《现代法学》2009年第6期。

法定抵押权制度渐渐发展出了优先权的概念,逐步设立了国库对于纳税人的税捐优先权和丧葬费优先权等就债务人总财产的一般优先权。因此,有学者认为,“妻之嫁资优先偿还权”和“被监护人优先偿还权”是现今优先权的雏形,优先权制度在罗马法上逐步确立,在此后不断发展成为一个完整的法定担保物权体系。①

二、法国模式下的统一优先权制度

法国民法上的优先权分为一般优先权和特别优先权。一般优先权是指存在于债务人全部财产上的优先权,包括工资劳务报酬优先权、税捐优先权、共益费用优先权等。特殊优先权是指存在于债务人特定财产上的优先权,包括动产优先权和不动产优先权。《法国民法典》第 2013 条规定:“在下列情形下,享有优先权的债权人,对债务人的不动产有优先权:建筑师、承包人、泥瓦工以及其他为建筑、重建、修缮建筑物、渠道或其他工程的工人,如经建筑物所在地民事法院依职权指定的鉴定人察看所有人声称具有图纸的施工现场情况,并在工程开始以前作成记录,在工程完工后至迟在六个月内由同样依职权指定的鉴定人验收时,对不动产有优先权。但优先权总额不得超过第二次记录所确定的价值,并限于转让不动产时及由于所进行的工程而增加的价值。”

《日本民法典》在物权编第八章规定了“先取特权”,位于第七章“留置权”之后,第九章“质权”和第十章“抵押权”之前。《日本民法典》第 303 条规定:“先取特权人,依本法及其他法律之规定,就其债务人之财产,享有先于其他债权人而受自己债权清偿之权利。”日本民法中的先取特权包括一般先取特权、动产先取特权和不动产先取特权。《日本民法典》第 327 条规定了不动产工事先取特权,“不动产工事之先取特权,就工匠、技师或承揽人关于债务人之不动产所作之工事费用,存在于该不动产上。前项之先取特权,限于因工程所生之不动产增价现存时,存在于该增值额部分之上”;第 338 条规定了不动产工事先取的登记,“不动产工事之先取特权,应于开始工作前,登记其费用之预算额而保存其效力。但工程之费用超过预算者,先取特权就超过额不存在。因工程所生之不动产增加额,应于加入分配之时,由法院选任之鉴定人评估”;第 339 条规定了不动产工事先取特权与抵押权的顺位问题,“依前两条规定登记之先取特权,得先于抵押权行使”。

---

① 参见刘光:《优先权制度的历史考证与分析》,载《法学论坛》2002 年第 4 期。

三、德国模式下的法定抵押权制度

《德国民法典》第 648 条第 1 款规定:“建筑物或建筑物个别部分之承揽人,因契约所生之债权,得请求就定作人之建筑土地,设定保全抵押权。工作未完成者,承揽人得就相当于已给付劳务部分之报酬,及报酬所不包含之费用,请求设定保全抵押权。”所谓“保全抵押权”,该法典第 1184 条规定:“抵押权之设定,得明定债权人基于抵押权所具之权利,仅得依其债权定之,且债权人不得援用登记,以证明其债权(保全抵押权)。该抵押权,应在土地登记簿上标明为保全抵押权。”保全抵押权,系须经登记但关于债权不具备公信力及推定力之抵押权。如登记债权人以外尚有真正债权人者,则以真正债权人为抵押权人。但关于抵押权之成立,登记则具有公信力。债权成立后,即使因土地所有人无行为能力,而致抵押权之设定无效,信赖登记之受让人仍取得该抵押权。保全抵押权不适于流通,专为担保债权,故不得交付抵押权证券。①

四、美国模式下的 Construction Lien

英美法上的 Lien 是指为担保债务或义务的履行而在他人财产上设定的负担或担保。就他人的财产而言,可以是动产,也可以是不动产;就设定方式而言,既可以由法律直接规定,也可以由当事人约定设立。可见,其含义近似于我国法上的“担保”。②

美国 Construction Lien 起源于 1791 年华盛顿特区开发和建设期间,为鼓励和

---

① 参见台湾大学法律学院、台大法学基金会编译:《德国民法典》,北京大学出版社 2017 年版,第 947 页。

② 参见孙新强:《大陆法对英美法上 LIEN 制度的误解及 LIEN 的本意探源》,载《比较法研究》2009 年第 1 期。该文同时指,Lien 和我国法上的“担保”也存在诸多差异,包括:第一,我国法上的担保不仅包括物的担保,还包括人的担保;英美法上的 Lien 则仅指物的担保,不包括人的担保。第二,在大陆法中,担保物权是一种实体权利,不包括程序性权利。虽然有些程序性权利也能起到担保作用,但由于其程序性质而被排除在担保物权之外。但 Lien 不仅可以指大陆法上的担保物权,还涵盖了大陆法上的程序性权利。第三,大陆法上的担保物权只是一种私权,英美法上的 Lien 不仅包括私权,而且还囊括了某些在大陆法看来显然不属于私权的公权力。第四,我国法律常在广义上使用“担保”一词,如“履约担保”“瑕疵担保”“保全担保”等,这些广义上的“担保”对应的是英美法上的 assurance、warranty 和 bond,与 Lien 没有联系。第五,英美法上的 Lien 有广义和狭义之分。广义的 Lien 包括法定的 Lien 和约定的 Lien,狭义的 Lien 仅指法定的 Lien,英美法通常是在狭义上使用 Lien;而我国法上的担保无此种意义上的广义和狭义之分。

刺激进一步的建设，开发委员会敦促马里兰州立法者通过一项能够确保建筑工人和材料供应商在建造新房时享有担保的权利。1791 年 12 月 19 日，美国马里兰州颁布了《工匠优先权法案》，成为美国第一个颁布建筑优先权法律的州。其后，宾夕法尼亚州于 1803 年颁布了类似法律，此后的 60 年里，美国各州颁布了超过 30 个关于建筑优先权的法规。虽然各州的规定各不相同，但其基本目的都是为那些新建或修缮不动产而提供劳动力、材料或设备的人，在该不动产上提供法定的无须业主统一的担保权利。1987 年美国统一州法国家委员会制定颁布了《统一建筑优先权法案》，提供给各州采用。

加拿大的 Builders' Lien 制度。基于同样的保护施工人、鼓励建设的目的，加拿大普通法诸省①借鉴美国的 Construction Lien，创立了 Builders' Lien 制度，为参与建设的承包人、供应商的应收账款在不动产上设立了担保权益。适用大陆法的魁北克省在其民法典中规定了“建筑抵押权”（Construction Hypothec），相当于其他普通法省的 Builders' Lien。

澳大利亚的 Worker's Lien 制度。同加拿大普通法省类似，澳大利亚借鉴美国的 Construction Lien 制度设立了 Worker's Lien 制度。1893 年，南澳大利亚州颁布了《建筑工人优先权法案》，赋予了建筑工人、分包商、承包人在业主拖欠款项时经登记后就施工工程的担保权益。1906 年，昆士兰州颁布了《承包商和建筑工人优先权法案》，该法案于 1974 年被废止，被替换为《分包商费用优先权法案》。

新西兰同样颁布了《工匠优先权法案》，但在 1983 年被《建筑优先权法案》所取代，又于 2002 年颁布了《建设工程合同法案》，该法案规定，承包人在施工价款未获清偿时，可以提起诉讼或申请仲裁，经审查确认债权数额后，可赋予承包人付款执行令（charging order），对业主财产形成限制。

---

① 安大略省（Ontario）颁布了 Construction Lien Act；曼尼托巴省（Manitoba）颁布了 The Builders' Liens Act；萨斯喀彻温省（Saskatchewan）颁布了 The Builders' Lien Act；新布伦瑞克省（New Brunswick）颁布了 Construction Remedies Act；新斯科舍省（Nova Scotia）颁布了 Builders' Lien Act；爱德华王子岛省（Prince Edward Island）颁布了 Mechanics' Lien Act；纽芬兰省（Newfoundland）颁布了 Mechanics' Lien Act；不列颠哥伦比亚省（British Columbia）颁布了 Builders' Liens Act。

第三节 建设工程优先权的立法目的

所谓立法目的，是指立法者制定法律的宗旨和所要实现的目标，代表着法律的价值取向。对于《民法典》第807条所规定的建设工程优先权的立法目的，有观点认为是为了保护农民工、建筑工人这一弱势群体的生存权益，也有观点认为是为了解决工程款的拖欠问题。我们认为，这些观点都有一定的依据和道理，但这并不是这一法律规定的立法目的。

一、解决拖欠工程款和民工工资问题并非立法目的

在1999年《合同法》施行前，建设单位不按合同约定支付工程款甚至恶意拖欠工程款问题十分严重（"据不完全统计，1990年，全国建筑施工企业被拖欠的工程款为36亿元，到1992年年底达到200亿元，1993年达到308亿元，1995年超过600亿元。据《中国建筑业年鉴》1997年年底的不完全统计，该年度全国工程拖欠款总额为3566亿元"①），严重影响了作为国民经济支柱产业的建筑业的健康发展。故有观点认为，建设工程优先权之立法目的在于"强化对承包人的特殊保护，对长期以来难以解决的工程款拖欠问题提供一定的法律保障"②，"该制度从一开始是为了解决工程款拖欠问题及民工工资拖欠问题，制度出台具有时代烙印和功利色彩"。③

从最高人民法院的司法解释、裁判文书来看，多认为建设工程优先权的立法目的在于保护农民工、建筑工人这一弱势群体的生存权益，或是为了解决实践中长期存在的拖欠工程款问题。"为保护农民工等建筑工人的合法权益"④，法律规定了建设工程优先权制度，"是为了解决长期以来我国建筑市场上存在的拖欠建

---

① 张国香、孙贤程：《工程款拖欠引发法律思考》，载《人民法院报》2001年8月20日，B1版。

② 王勇：《建设工程施工合同纠纷实务解析》，法律出版社2017年版，第354页。

③ 孙科峰、杨遂全：《建设工程优先受偿权主体的争议与探究——〈合同法〉第286条之分析》，载《河北法学》2013年第6期。

④ 最高人民法院民事审判第一庭编著：《最高人民法院建设工程施工合同司法解释（二）理解与适用》，人民法院出版社2019年版，第465页。

设工程价款问题而提出的法律对策”①,“该制度的价值取向是保护农民工等建筑工人的利益,而非对建设工程施工合同的当事人予以特别保护”②,“《合同法》第286条赋予承包人此项权利,实质是为保护建筑工人的利益”③。浙江省高级人民法院认为:“根据《合同法》、相关司法解释的规定,均包含了优先保护处于弱势群体的建筑企业施工工人工资这一生存权利的理念。”④江苏省高级人民法院认为建设工程优先权“目的在于解决建筑市场长期存在的农民工讨薪难问题”⑤,“建设工程价款优先受偿权的制度设计是从保护承包人的利益,最终保障民工等劳动者生存利益考虑,体现了生存利益优先于经营利益的指导思想,体现了维护社会稳定、维护劳动者权益的政策考量”⑥。重庆市第一中级人民法院则认为该条的立法目的在于保护人权,认为其“系基于对生存权的关怀,对生存权赋予高于其他权利的地位,符合人权保护的根本要求⑦,“将施工人的建设工程款价款优先受偿权施加过于严格的行权条件,与建立建设工程款价款优先受偿权制度系为了最大限度保障农民工获得报酬的权益的立法目的相违悖”⑧,“建设工程优先受偿权为法定权利,是合同法基于特定的立法目的,主要是保护农民工等建筑工人的权益”⑨。

然而,仅出于政策性的原因,就在1999年《合同法》中赋予承包人优先受偿的权利,似乎不太有说服力。不同的国家,政治制度、法律传统和体系不同,但在社会发展过程中遇到的问题则大同小异。如前文所述,多数国家和地区的法律或判

---

① 最高人民法院民事审判第一庭编著:《最高人民法院建设工程施工合同司法解释(二)理解与适用》,人民法院出版社2019年版,第356页。

② 程新文、刘敏、谢勇:《〈关于审理建设工程施工合同纠纷案件适用法律问题的解释(二)〉的理解与适用》,载《人民司法》2019年第4期。

③ 最高人民法院民事审判第一庭编著:《最高人民法院建设工程施工合同司法解释(二)理解与适用》,人民法院出版社2019年版,第464页。

④ 林一主编:《建设工程施工合同纠纷案件审判实务》,法律出版社2015年版,第294页。

⑤ 李玉生主编:《建设工程施工合同案件审理指南》,人民法院出版社2019年版,第288页。

⑥ 李后龙、潘军锋:《建设工程价款优先受偿权审判疑难问题研究》,载《法律适用》2016年第10期。

⑦ 参见重庆市第一中级人民法院:《建设工程价款优先受偿权法律适用意见讨论会会议纪要》(2004年2月,未公开)。

⑧ 周某某诉岳阳金业置业有限公司、岳阳花果山置业有限公司、湖南思源置业有限公司、第三人岳阳市湘天建筑工程有限公司建设工程施工合同纠纷案,湖南省高级人民法院(2020)湘民终953号民事判决书。

⑨ 王某某诉安徽广通汽车制造股份有限公司建设工程施工合同纠纷案,安徽省高级人民法院(2020)皖民终1168号民事判决书。

例都赋予承包人就其施工的建筑工程以法定担保权,从而保障承包人工程款债权的实现。这说明,对承包人工程款债权的特殊保护,并非针对某一国家遇到的特殊情况或政策而作出的特别规定,而是具有理论和实践的普适性的基础原因。我国在制定1999年《合同法》时,亦参考了其他国家和地区的立法例,从而赋予了承包人以工程优先权。

农民工欠薪以及讨薪难问题是我国特殊国情下出现的问题,主要原因在于,绝大多数农民工等建筑工人并未与建筑企业建立劳动关系,加上建筑市场层层转包、违法分包、挂靠施工等违法乱象层出不穷,农民工等建筑工人的利益无法得到切实保障。实践中长期存在的拖欠工程款问题,则与我国建筑市场"僧多粥少"、供需失衡有直接的关系。而法律相对完善、建筑市场相对规范的国家并不会出现上述问题,但这些国家的法律仍然对建筑工程承包人的工程款债权予以特殊保护。可见,无论是保护建筑工人等弱势群体的利益还是解决拖欠工程款的问题,都不能成为建设工程优先权的直接立法目的。

二、建设工程优先权的立法目的在于保护承包人利益

建设工程的施工是承包人将建筑材料和劳力物化到建筑物中的过程,正是由于承包人的施工创造或增加了建筑物的价值,使发包人的责任财产增加,其他债权人方有就该建筑物实现债权的可能性。从这个角度来说,工程优先权与留置权一样,均属于费用型担保物权,承包人的工程款债权系基于增加建筑物的价值而发生的,是其他债权人能否就该建筑物受偿的基础,故法律对承包人的工程款债权予以特殊保护,对其他债权人而言并无不公。同时,"建设工程是靠承包人付出劳动和垫付资金建筑的,如果允许约定抵押权优先行使,则无异于以承包人的资金清偿发包人的债务,等于发包人将自己的欠债转嫁给属于第三人的承包人,违背公平及诚实信用原则"①。故建设工程优先权事实上就是将承包人的工程款作为一种特种债权而保证其优先受偿和实现。②

从《民法典》第807条的条文本身来看,其规定承包人在发包人未按约定支付工程款时,其对发包人享有的建设工程价款债权可以就工程折价或拍卖的价款优

① 梁慧星:《合同法第二百八十六条的权利性质及其适用》,载《山西大学学报(哲学社会科学版)》2001年第3期。

② 参见李同民:《试论建筑工程优先受偿权的性质》,载《山东审判》2004年第4期。

先受偿,体现的均是对承包人利益的特殊保护,并未涉及保护建筑工人利益的问题。1999 年《合同法》施行后,全国大人常委会法制工作委员会作出的两个版本的“准立法解释”[①]均指出 1999 年《合同法》第 286 条旨在“保障承包人价款债权的实现”[②],“建设工程优先权制度虽有对农民工等建筑工人的工资权益予以优先保护的立法目的,但此项保护并非直接指向建筑工人的工资权益,而是以保护承包人的建设工程价款债权为媒介,间接保护建筑工人的权益”。

建筑业是我国国民经济的支柱性产业,且建筑施工本身是一种增加社会财富的行为,对承包人的保护亦是对建筑行业的保护。通常情况下,发包人由于资金的短缺,会选择将在建工程抵押给银行或其他金融机构,以获得贷款来满足融资需要。因而,就同一建设工程,承包人和银行均对发包人享有债权,但银行基于抵押权可以优先于普通债权受偿。但一个工程拍卖后的价款,在满足银行的贷款债权后,往往所剩无几。若不赋予承包人以优先权,承包人的工程款债权将完全落空。建筑业本身即属于薄利行业,未付工程款中大部分属于承包人垫付款、未付清的材料款和建筑工人的工资,利润仅占很小的部分。对于规模较小的建筑企业,一个工程项目的亏损,可能导致整个企业的其他工程项目无法正常运作,进而导致企业的破产。而建筑企业破产会导致其承建的所有工程停工,且影响其他所有与之有业务往来的材料、设备供应企业的经营。故法律对承包人的特殊保护,亦是出于保障我国建筑业健康有序发展和避免社会财富、资源浪费的政策性考量。正如梁慧星教授所言:“承包人法定抵押权,是法律为保护承包人的利益而特别赋予的权利,具有保护劳动者利益和鼓励建筑、创造社会财富的目的。”[③]

---

① 依据宪法,正式的立法解释须经全国人大常委会作出。此处从实务观点出发,将全国人大常委会法制工作委员会的解释作为一种准立法解释。参见张巍:《建设工程承包人优先受偿权之功能研究》,载《北大法律评论》编辑委员会编:《北大法律评论》(总第 12 辑),北京大学出版社 2006 年版。

② 全国人大法工委研究室编写组编:《中华人民共和国合同法释义》,人民法院出版社 1999 年版,第 421 页;胡康生主编:《〈中华人民共和国合同法〉释义》,法律出版社 1999 年版,第 439 页。

③ 梁慧星:《合同法第二百八十六条的权利性质及其适用》,载《山西大学学报(哲学社会科学版)》2001 年第 3 期。

第四节　建设工程优先权的法律性质

自1999年《合同法》颁布以来,20余年间,关于建设工程优先权性质的争论一直存在,且尚未达成共识。

一、主要观点

(一)不动产留置权说

该说借鉴一般承揽合同的承揽人留置权,认为如发包人未按约支付工程款,则承包人有权留置该工程,并可就工程折价或拍卖款项优先受偿。[①] 也有学者认为,该种观点源自1991年由原国家工商行政管理总局、原建设部联合制定的《建设工程施工合同示范文本》(GF-91-0201)第28条关于"由于甲方违反有关规定和约定,经办银行不能支付工程款,乙方可留置部分或全部工程,并予以妥善保护,由甲方承包保护费用"的规定。[②]

针对该说,主要的反驳意见认为,一是依据传统物权法理论,留置权仅适用于动产,不适用于不动产,我国《民法典》等法律亦未规定不动产留置权;二是留置权因占有丧失而消灭,但依据法律规定,建设工程优先权并不以承包人占有工程为成立和存续要件,工程交付发包人后,该权利亦不消灭,故该说不符合基本物权法理论和法律基本规定。[③]

(二)优先权说

该说认为,建设工程优先权既不需要进行登记,也不需要公示,只要承包关系存在,该权利便由于法律的明确规定而当然存在,因此应将该优先受偿权解释为

---

① 参见江平主编:《中华人民共和国合同法精解》,中国政法大学出版社1999年版,第223页。

② 部分文章认为不动产留置权说源自1991年颁布的《建设工程施工合同条例》第28条,但笔者经检索求证,未发现该条例的存在。参见张学文:《建设工程承包人优先受偿权若干问题探讨》,载《法商研究(中南政法学院学报)》2000年第3期;梅夏英:《不动产优先权与法定抵押权的立法选择》,载《法律适用》2005年第2期。

③ 参见梅夏英:《不动产优先权与法定抵押权的立法选择》,载《法律适用》2005年第2期。

优先权。[①] "将工程价款优先受偿权解释为优先权,不仅避免了不必要的概念之争,符合现行法律规定精神,而且与其他国家和地区相关立法例一致。"[②]

针对该说,主要的反驳意见认为,对于不动产,因公示而产生优先效力是近代各国立法的基本原则,因而无须公示的优先权应当限制在不动产的范围内。"先取特权是背离公示制度的,所以其意义与近代的担保制度不相容,是落后了的制度。"[③]我国《海商法》《民用航空法》规定的优先权并非是与法国、日本相似的统一优先权制度。[④]

(三)法定抵押权说

该说认为,"合同法第二百八十六条从设计、起草、讨论、修改、审议直至正式通过,始终是指法定抵押权"[⑤]。承包人优先受偿权在不转移占有这一根本特征上,与一般抵押权相同,且在成立原因上因具备法定要件而当然成立,故是法律直接规定的抵押权。[⑥] 建设工程优先权作为一种担保物权在诸多方面符合抵押权的根本特征,且将该权利定位为法定抵押权符合世界各国立法趋势。[⑦]

针对该说,主要的反驳意见认为,一是我国法律并无法定抵押权的相关规定;二是建设工程优先权无须登记即产生,与不动产抵押权登记生效制度相抵触[⑧];三是在法定抵押权与一般抵押权并存时,适用"时序先后决定次序先后"的一般原则是各国的通例,与最高人民法院相关规定相悖。[⑨]

---

① 参见夏凤英:《论建设工程承包人优先受偿权的性质》,载《河北法学》2001 年第 3 期。

② 最高人民法院民事审判第一庭编著:《最高人民法院新建设工程施工合同司法解释(一)理解与适用》,人民法院出版社 2021 年版,第 372 – 373 页。

③ [日]近江幸治:《担保物权法》,祝娅等译,法律出版社 2001 年版,第 32 页。

④ 参见项平:《建设工程合同法律实务》,法律出版社 2022 年版,第 330 页。

⑤ 梁慧星:《合同法第二百八十六条的权利性质及其适用》,载《山西大学学报(哲学社会科学版)》2001 年第 3 期。

⑥ 参见张学文:《建设工程承包人优先受偿权若干问题探讨》,载《法商研究(中南政法学院学报)》2000 年第 3 期。

⑦ 参见宋宗宇:《建设工程优先受偿权——兼评〈中华人民共和国合同法〉第 286 条》,载《重庆大学学报(社会科学版)》2001 年第 4 期。

⑧ 参见王全弟、丁洁:《物权法应确立优先权制度——围绕合同法第 286 条之争议》,载《法学》2001 年第 4 期。

⑨ 参见梅夏英:《不动产优先权与法定抵押权的立法选择》,载《法律适用》2005 年第 2 期。

（四）法定担保物权说

该说认为，法定担保物权须以贯彻公平原则或鼓励创造经济价值为基本目标，特别保障与担保财产有牵连关系的债权。此定性的实益在于，作为担保物权一般规定的《民法典》第386条至第393条可以直接适用，进而基本满足了优先受偿权的制度需求。[①] 若将建设工程优先权作为优先权之一种，视为法定担保物权，则这一制度能与其他特别法规定的优先权一起组成优先权体系，更为合理。[②]

针对该说，主要的反驳意见认为，留置权、抵押权均属于担保物权的范畴，担保物权作为一个上位概念，将建设工程优先权定性为法定担保物权仍然无法在现有法律框架下合理解释其与抵押权的顺位问题，反而有投机取巧之嫌。

二、我国法律框架下建设工程优先权性质的界定

《民法典》第807条规定的承包人享有的建设工程优先权的具体内容为："发包人未按照约定支付价款的，承包人可以催告发包人在合理期限内支付价款。发包人逾期不支付的，除根据建设工程的性质不宜折价、拍卖外，承包人可以与发包人协议将该工程折价，也可以请求人民法院将该工程依法拍卖。建设工程的价款就该工程折价或者拍卖的价款优先受偿。"

（一）权利特征

根据该规定的内容，建设工程优先权具备四个基本特征[③]：

一是法定性，承包人享有的建设工程优先权依据《民法典》第807条的规定直接产生，不需要承包人与发包人达成合意或取得发包人的同意。

二是实体优先性，结合《施工合同司法解释（一）》第36条的规定，承包人的该权利是一种实体性的具有担保功能的权利，优先于抵押权和其他普通债权。

三是客体特定性，承包人仅能就发包人特定的财产，即其所施工的建设工程折价或拍卖价款优先受偿，对于发包人的其他财产不能优先受偿。

---

① 参见李建星：《〈民法典〉第807条（建工价款的优先受偿权）评注》，载《南京大学学报（哲学·人文科学·社会科学）》2021年第4期。

② 参见崔建远：《论建设工程价款优先受偿权》，载《法商研究》2022年第6期。

③ 参见项平：《建设工程合同法律实务》，法律出版社2022年版，第326页。

四是非公示性,承包人享有的建设工程优先权的成立和生效皆不以登记或占有为前提条件。

(二)应为具有担保性质的物权

从《民法典》第807条规定的内容来看,承包人的该权利指向的对象是"建设工程"这一物,承包人行使权利的方式是通过协议折价或请求法院拍卖工程的方式来支配该物,且该权利是对世的,可以对抗其他第三人,因此承包人的建设工程价款优先受偿权是一种对物的权利。而承包人行使该权利的前提是"发包人未按照约定支付价款",而行使该权利的效果是承包人工程价款可以"优先受偿",显然承包人的该权利具备担保工程价款债权实现的作用。《民法典》第386条规定,担保物权人在债务人不履行到期债务或者发生当事人约定的实现担保物权的情形,依法享有就担保财产优先受偿的权利。可见,《民法典》第807条规定的承包人享有的建设工程优先权与担保物权的定义基本相符合。

从目前主流的四个权利性质的观点来看,无论是不动产留置权说、优先权说、法定抵押权说还是法定担保物权说,均认可承包人的该项权利应当归属于担保物权项下,只是究竟细分为哪一种担保物权存在争议。《民法典》第807条规定的承包人行使权利的对象是"工程",属于不动产,且不以占有为要件,与我国法上的"留置权"并不兼容。故对于该权利的性质,学术界最主要的争议是集中于"法定抵押权说"和"优先权说",两种学说针尖对麦芒,互不相让,各有其道理。

《民法典》第116条规定:"物权的种类和内容,由法律规定。"这一规定确立了我国物权法律制度基本原则之一的"物权法定原则"。前述两种学说所指的"法定抵押权"和"优先权",在我国法上均未有明确规定,不符合"物权法定原则"。故两种学说均只能指向将来我国物权立法方向,或者参考法国民法中的"一元模式",采用统一的法定担保制度,即统一优先权制度,或者参考德国民法中的"二元模式",在坚持"债物两分"的前提下,采用法定担保物权加上优先破产债权,即针对特定不动产的特殊债权设定法定抵押权。因而两种学说的争论,实际上反映的是我国学者所持有的对于我国物权立法体系上的倾向性。

(三)我国现行法律体系下无法界定为法定抵押权

《民法典》第400条第1款规定:"设立抵押权,当事人应当采用书面形式订立抵押权合同。”在我国的物权法体系下，抵押权的设立方式仅有约定的抵押权，而没有法定的抵押权，且我国目前的担保法体系中关于抵押权的配套规定都是建立在约定抵押权基础上，如将承包人优先权定性为法定抵押权，实有违物权法定之原则[①]，且在具体的法律适用上并无法可依，如强行适用约定抵押权的规定，则会与现行司法解释的规定及司法共识相违背。如在约定抵押权中，主债权无效，作为抵押权的从权力也应当无效，但目前司法通说认为合同的效力并不影响承包人的优先权。又如，约定抵押权中以建筑物抵押的，建设用地使用权一并抵押，但司法通说认为建设工程优先权并不能及于建筑物所占有的土地使用权。

此外，《民法典》第 208 条规定，“不动产物权的设立、变更、转让和消灭，应当依照法律规定登记”。而承包人优先权是由《民法典》第 807 条直接规定而赋予承包人，并不要求进行登记，因而其设立也与我国不动产物权设立的法律要求不相符合。因此，在《民法典》未明确建设工程优先权系抵押权、未规定其要登记的情况下，法定抵押权在我国现行法律体系下并无土壤，因此不宜将建设工程优先权定性为法定抵押权。

（四）我国未引入统一优先权制度，无法界定为优先权

在法律概念上，优先权是一个专有的名词，是指由罗马法逐步确立完善，最终由法国民法定型的一个完整的法定担保法体系。《中国大百科全书》（法学卷）中对于优先权的概念的表述为：“优先权——《法国民法典》规定的某一债权人对于债务人的总财产，特定动产或不动产，有权优先于其他债权人受偿的权利；《日本民法典》中称为先取特权，也都属于担保物权。”优先权作为一种法律制度尚未被我国采用，但是作为一个法律概念，它已为我国法学界所熟知。[②] 因此，对于“优先权”这一概念，我们应当从法律概念上严格界定它，而不能从字面上将其理解为“优先受偿的权利”，这对于我们理解这一制度至关重要。就优先权的英文 privilege 而言，其准确的翻译应当是“特权、特殊待遇”，因此有学者认为，日本民法称为“先取特权”较之“优先权”更能反映其本质属性，也更能体现该法律制度的特

---

① 参见项平：《建设工程合同法律实务》，法律出版社 2022 年版，第 331 页。

② 参见李海：《“Maritime Lien”中文译名的探讨》，载《大连海运学院学报》1988 年第 4 期。

质。[①] 由于目前学界大多已经接受"优先权"的译法,该称谓已经具有普遍的认同性[②],故我们仍然以此称之。

至于我国《海商法》《民用航空法》所规定的"船舶优先权""民用航空器优先权",有学者基于此认为建设工程价款优先受偿权应当定性为优先权,与《海商法》《民用航空法》所规定的优先权一起共同组成优先权体系。[③] 但我国海商法上的"船舶优先权"系翻译自英美法系中的 Maritime Lien,我国在制定海商法时,对于 Lien 的翻译存在较大争议。我国出版的法律英语词典基本上将 Lien 翻译为留置权[④],有些词典认为 Lien 的意思除了留置权以外还包括抵押权[⑤]、质权[⑥]、优先权[⑦]。但在我国的法律语境下,留置权意味着转移占有,而 Maritime Lien 是一种非转移占有的担保权利,故最后选择了参照法文本的 privilege maritime 而将之翻译为"船舶优先权"[⑧]。其后制定的《民用航空法》也沿袭了此种做法,将 Aircraft Lien 翻译为"航空器优先权"。

《北京大学法学百科全书:民法学、商法学》中则指出:"英美法商的 lien 与大陆法系的留置权并非对应概念,英美法上的'留置权'包含了大陆法系的其他担保制度。"[⑨]同时,从英美法关于 Lien 解释的考证来看,Lien 是指在他人财产上设定的旨在担保债务或义务履行的负担,准确的翻译应当是"担保",而同时船舶属于动产,故对于 Maritime Lien 的准确理解应当是一种"法律直接规定的不转移占有的动产担保物权",对应于德国民法中的法定抵押权,法国民法中属于特殊优先权

---

① 参见金世鼎:《民法上优先受偿权之研究》,载郑玉波主编:《民法物权论文选辑》(下),台北,五南图书出版有限公司 1984 年版,第 901 页。

② 参见宋宗宇:《优先权制度在我国的现实与理想》,载《现代法学》2007 年第 1 期。

③ 参见崔建远:《论建设工程价款优先受偿权》,载《法商研究》2022 年第 6 期。

④ 如张仲绛等编:《英汉法律词典》,法律出版社 1985 年版,第 493 页;彭金瑞编著:《最新英汉法律词典》,中国法制出版社 2001 年版,第 682 页;[英]沃克:《牛津法律大辞典》,李双元等译,法律出版社 2003 年版,第 700 页;信春鹰主编,中国社会科学院法学研究所法律辞典编委会编:《法律辞典》,法律出版社 2003 年版,第 910 页;魏焕华编著:《英汉·汉英精选现代法商词典》,浙江大学出版社 2004 年版,第 477 页;宋雷主编:《英汉法律用语大辞典》,法律出版社 2004 年版,第 663 页。

⑤ 参见张仲绛等编:《英汉法律词典》,法律出版社 1985 年版,第 493 页;魏焕华编著:《英汉·汉英精选现代法商词典》,浙江大学出版社 2004 年版,第 477 页。

⑥ 参见张仲绛等编:《英汉法律词典》,法律出版社 1985 年版,第 493 页;宋雷主编:《英汉法律用语大辞典》,法律出版社 2005 年版,第 663 页。

⑦ 参见薛波主编:《元照英美法词典》,法律出版社 2003 年版,第 847 页。

⑧ 参见孙新强:《我国法律移植中的败笔——优先权》,载《中国法学》2011 年第 1 期。

⑨ 魏振瀛、徐学鹿主编,《北京大学法学百科全书》编委会编:《北京大学法学百科全书:民法学、商法学》,北京大学出版社 2004 年版,第 609 页。

中的动产优先权。因此,我国《海商法》《民用航空法》中规定的"优先权"并不等同于法国民法上作为一种"统一的法定担保制度"的优先权,两者在实质意义上并无牵连。

也有学者认为将建设工程优先权定性为法定抵押权,与我国的抵押权登记制度相悖,如定性为优先权,则可以避免。"承包人优先受偿权在我国优先权制度建立后,当然应定性为不动产特别优先权中的不动产修建人优先权。将之定性为优先权,并不会否认我国的不动产抵押权登记生效制度,因为其在一定程度上仍受到登记制度的严格限制。"[①]但实际上,对于不动产,因公示而产生优先效力是近代各国立法的基本原则,无论是《法国民法典》还是《日本民法典》[②],经过修正后的不动产优先权(先取特权)均要求进行登记方能产生优先效力。

我国在制定《物权法》的过程中,学者也曾对是否将统一优先权制度纳入《物权法》有过激烈的争论[③],但最终颁布的《物权法》未采纳该制度,《民法典》亦然。因此,不宜将承包人的建设工程优先权定性为优先权。

(五)现阶段界定为"法定优先权"为宜

如前文所述,在我国现行担保法体系下,不宜将承包人的建设工程优先权定性为法定抵押权或优先权。考虑到承包人优先权本身的特性以及法律适用的便利性,本书倾向于将之界定为"法定优先权",具体理由如下。

就权利取得而言,《民法典》第 807 条直接赋予承包人就建设工程价款"优先受偿"的权利,显然是一种"法定"的、无须当事人合意的权利,与约定的权利有所不同。

就权能而言,又如前文所言,《民法典》第 807 条规定的承包人享有的建设工

---

① 王全弟、丁洁:《物权法应确立优先权制度——围绕合同法第 286 条之争议》,载《法学》2001 年第 4 期。

② 《日本民法典》第 338 条规定:"不动产工事之先取特权,应于开始工作前,登记其费用之预算额而保存其效力。但工程之费用超过预算者,先取特权就超过额不存在。因工程所生之不动产增加额,应于加入分配之时,由法院选任之鉴定人评估。"第 339 条规定:"依前两条规定登记之先取特权,得先于抵押权行使。"

③ 参见申卫星:《信心与思路:我国设立优先权制度的立法建议》,载《清华大学学报(哲学社会科学版)》2005 年第 2 期;郭明瑞、仲相:《我国未来民法典中应当设立优先权制度》,载《中国法学》2004 年第 4 期;梅夏英、方春晖:《优先权制度的理论和立法问题》,载《法商研究》2004 年第 3 期;王全弟、丁洁:《物权法应确立优先权制度——围绕合同法第 286 条之争议》,载《法学》2001 年第 4 期。

程价款优先受偿的权利与担保物权的定义基本相符合,系具有担保建设工程价款债权实现的物权。其优先性,根据《施工合同司法解释(一)》第36条的规定,优先于抵押权和其他债权,又根据《商品房消费者权利保护批复》的规定,劣后于商品房消费者以居住为目的的房屋交付请求权或价款返还请求权。

但需要注意的是,"法定优先权"并不等同于法国作为法律制度的优先权,系在现行法律体系下的妥协之选,正如最高人民法院所言,如此界定可以避免必要的概念之争[①],同时也有利于缓和司法解释与法学基本理论的冲突,能够为解决承包人优先权相关问题的司法冲突、实现观点统一、保障类案同判提供通道。

三、建设工程优先权性质的理论探讨

虽然从实然的角度,可以基于现实需要将建设工程优先权界定为"法定优先权",但其本身即有投机取巧之嫌,"法定优先权"在我国民法体系下究竟是什么样的权利,也无法准确地说清楚。而从应然的角度出发,结合域外的特殊债权优先受偿权制度以及我国目前的基本法律规定,我们认为在将来的《民法典》修订中,应当将建设工程优先权明确为"法定抵押权",同时应当规定相应的登记制度。

(一)特殊债权优先受偿体系下的法国"一元模式"和德国"两元模式"

传统大陆法上,一个完整的担保制度应该具有四种基本的物的担保方式,包括约定的占有性担保、法定的占有性担保、约定的非占有性担保和法定的非占有性担保。[②] 对于约定的占有性担保和非占有性担保,大陆法系国家立法基本一致。但是对于法定的占有性担保和非占有性担保,同属大陆法系的法国民法和德国民法采取了截然不同的立法模式。

法国民法继受了罗马法上不区分债权和物权、不遵循物权特定的传统,因此在法定担保这一类型上创设了"统一的法定担保制度",即优先权制度。法国民法上的优先权与抵押权(约定的非占有性担保)、质权(约定的占有性担保)一并规定在《法国民法典》第三卷第十八编中。法国民法优先权分为一般优先权、动产优

---

① 参见最高人民法院民事审判第一庭编著:《最高人民法院新建设工程施工合同司法解释(一)理解与适用》,人民法院出版社2021年版,第373页。

② 参见孙新强:《破除债权平等原则的两种立法例之辨析——兼论优先权的性质》,载《现代法学》2009年第6期。

先权和不动产优先权。一般优先权是在债务人所有财产上设定的优先权,意在处理与特定财产无牵连的特殊债权的优先受偿问题。动产优先权和不动产优先权属于特殊优先权,是指在债务人的特定财产上设定的优先权,意在处理与特定财产有牵连的特殊债权的优先受偿问题。日本民法与之类似,其先取特权包括一般先取特权、动产先取特权和不动产先取特权。

德国民法由于坚持"物债两分"和"物权特定"原则,只能将法国民法中的特殊优先权(动产优先权和不动产优先权),即法定的占有性和非占有性的担保物权放在物权编中,成为了法定质权、法定抵押权。但法国民法中的一般优先权因不是物权而无法放入物权编中,且由于该特殊债权与特定财产并无牵连,无法通过物权法上的担保物权制度解决,故德国民法将之放入破产法中,成为了"优先破产债权"。因此,便形成了通过法定担保物权加上优先破产债权来解决特殊债权优先受偿的二元模式。①

由此可见,法国民法和德国民法因对待"物债两分"和"物权特定"原则的态度不同,采用了两种截然不同的立法体例,两者所依据的法律原则、所体现的法律思想虽不相同,但在制度功能上却能达到基本一致的效果。具体来说,法国民法优先权制度中的特殊优先权的功能在德国民法中由物权法中的法定担保物权承担;一般优先权的功能在德国民法上由破产法中的优先破产债权承担。

(二)我国关于法定担保制度的立法情况

"基于不动产权利法定原则,诸如优先权、抵押权等物权性权利必须由法律明文规定,在法律未明文规定时,有关的各种解释和观点只是智识理论而已。"②基于此,很多学者都呼吁我国立法对法定担保物权进行明确,"对建设工程承包人优先受偿权定性的关键问题是我国立法如何选择,这直接关系到物权法三大原则之一——物权法定原则,为维护这一古老原则,我国立法应对优先权制度和法定抵押权制度作出'二者必居其一'的选择"③。

可见,学术界对于《民法典》第 807 条承包人优先受偿权这一权利性质的分

---

① 参见孙新强:《我国法律移植中的败笔——优先权》,载《中国法学》2011 年第 1 期。

② 梅夏英:《不动产优先权与法定抵押权的立法选择》,载《法律适用》2005 年第 2 期。

③ 王全弟、丁洁:《物权法应确立优先权制度——围绕合同法第 286 条之争议》,载《法学》2001 年第 4 期。

歧，本质上还是不同学者对于我国法上法定担保制度采用何种立法模式持不同意见。如前文所述，虽然法国民法和德国民法采用了不同的立法模式，但其制度功能却能够达到“异曲同工”的效果。这是因为两者的底层逻辑是一致的，即通过赋予特殊债权以优先受偿的效力，来保护弱者的生存权益或实现最基本的公平正义。同样，我国法究竟应该采取“统一优先权”模式还是“法定抵押权”模式，应当基于我国法的现实情况，考虑何者能否更好地与我国现有法律框架兼容，避免对现有法律体系造成较大的冲击。

对法律制度的研究也不能紧盯僵死的条文与规则，必须重视法律制度发端的社会必然、法律制度的运行以及法律制度在社会中的效果。[①] 我国现有法律体系基本是在 1978 年改革开放以后建立和完善的，从 20 世纪 80 年代开始大规模的立法活动，至 2021 年 1 月 1 日《民法典》的施行，已经走过了 40 余年。立法中与包括担保物权制度在内的特殊债权优先受偿的相关规定包括：

1. 1987 年 1 月 1 日起施行的《民法通则》（已失效）第 89 条规定了保证、抵押、定金和留置。

2. 1988 年 11 月 1 日起施行的《企业破产法（试行）》（已失效）第 34 条、第 37 条规定了优先破产债权，包括破产费用、破产企业所欠职工工资和劳动保险费用、破产企业所欠税款。

3. 1993 年 7 月 1 日起施行的《海商法》第 22 条规定了船舶优先权[②]，包括船工的工资报酬、遣返费用和社保保险费用；船舶运营中发生的人身伤亡；船舶吨税、引航费、港务费和其他港口规费；海难救助款项；船舶运营中因侵权行为产生的赔偿款。

4. 1995 年 10 月 1 日起施行的《担保法》（已失效）第 2 条规定，该法规定的担保方式为保证、抵押、质押、留置和定金。

5. 1996 年 3 月 1 日起施行的《民用航空法》（已被修改）第 19 条规定了民用航空器优先权[③]，包括援救报酬、保管维护的必需费用。同时规定，两项债权，后发

---

① 参见宋宗宇：《优先权制度在我国的现实与理想》，载《现代法学》2007 年第 1 期。

② 《海商法》第 21 条规定：“船舶优先权，是指海事请求人依照本法第二十二条的规定，向船舶所有人、光船承租人、船舶经营人提出海事请求，对产生该海事请求的船舶具有优先受偿的权利。”

③ 《民用航空法》第 18 条规定：“民用航空器优先权，是指债权人依照本法第十九条规定，向民用航空器所有人、承租人提出赔偿请求，对产生该赔偿请求的民用航空器具有优先受偿的权利。”

生的先受偿。

6. 1999年10月1日起施行的《合同法》(已失效)第286条规定了建设工程承包人在发包人未按约付款时就承建工程折价、拍卖价款优先受偿的权利。

7. 2007年6月1日起施行的《企业破产法》第113条规定了优先破产债权,包括破产费用,共益债务,职工工资和医疗、伤残补助、抚恤费用以及补偿金,欠缴的社会保险费用和税款。

8. 2007年10月1日起施行的《物权法》(已失效)第四编"担保物权"中规定了抵押权、质权、留置权三种担保物权。

9. 2021年1月1日起施行《民法典》全盘接收了《物权法》及《合同法》的相关规定,在物权编中分别规定了抵押权、质权、留置权三种担保物权,在合同编建设工程合同章第807条规定了承包人就承建工程优先受偿的权利。

至此,由于《民法典》的施行,《民法通则》《担保法》《合同法》《物权法》等均已被废止。目前我国关于特殊债权优先受偿制度的法律,集中在《民法典》《企业破产法》《海商法》《民用航空法》的规定中。

(三)我国现行法律框架下的优先权更契合于法定抵押权

基于此,对应法国民法上的统一优先权模式,可以看出,我国《企业破产法》规定的优先破产债权,属于一般优先权;我国《海商法》《民用航空法》规定的船舶优先权、民用航空器优先权,以及《民法典》规定的留置权,属于特殊优先权中的动产优先权;我国《民法典》第807条规定的承包人优先受偿权,则属于特殊优先权中的不动产优先权。

同理,对应德国民法上的法定担保物权+优先破产债权模式,可以看出,我国《企业破产法》规定的优先破产债权与德国民法体系下的优先破产债权一致;而《民法典》规定的留置权以及第807条规定的承包人优先受偿权,则属于法定质权和法定抵押权;我国《海商法》《民用航空法》规定的船舶优先权、民用航空器优先权对应法定抵押权。

可见,我国目前的法律体系与德国民法体系极为类似。虽然可能一开始的单行立法并未严格参照德国民法,但《民法典》施行后所形成的民法体系,显然更亲近于德国民法。究其原因,一是我国民法和德国民法同样坚持"物债两分""物权特定"之原则;二是我国自清末修律时所借鉴的即是德国法,因此即使未刻意设计,但最终形成的特别债权优先受偿制度的体系与德国民法所采纳的二元模式几无二致。

因此,我们认为,对于《民法典》第 807 条规定的承包人优先受偿的权利定性,应当从以下四个方面来理解:

第一,基于《民法典》第 807 条规定的内容,笔者认为,建设工程优先权是一种基于法律规定直接产生的非转移占有的具有担保债权实现作用的对物行使的权利。

第二,基于对法国民法和德国民法中"法定担保制度"的剖析,笔者认为,建设工程优先权在法国民法中对应的是特殊优先权中的不动产优先权;在德国民法中对应的是法定抵押权。

第三,基于对我国相关法律规定的梳理,笔者认为,我国至今所形成的"法定担保制度"与德国民法的二元模式基本一致,即法定担保物权 + 优先破产债权,而不是法国民法上的统一优先权体系。

第四,基于上述分析,笔者认为,建设工程优先权应当定性为法定抵押权,同时笔者建议对《民法典》进行修订,在物权编担保物权分编中增加约定抵押权和法定抵押权顺位的规定,在第 807 条中明确承包人有抵押权,同时增设登记相关内容。

第五节 承包人优先受偿权登记问题

基于笔者认为《民法典》第 807 条应当在后续法律修订中将承包人优先受偿权界定为法定抵押权,同时增加登记相关内容,对于登记的相关问题,笔者做如下分析。

一、承包人优先权进行登记的意义

物权的公示原则是指物权内容的变动必须依据法定的公式方法进行方发生物权变更的法律效果。物权作为对世权、绝对权,为公示性权利,物权的取得和变动都产生排他的效果,所以需要通过公示的方式让他人知悉,否则可能损害不特定第三人的利益,同时这也是保护第三人利益、维护交易安全和秩序的要求。可以说，公示是物权制度的基础。

不动产物权的公示方式是登记。根据《民法典》第208条的规定，我国不动产物权的设立、变更、转让和消灭，应当依照法律规定登记。同时我国对不动产物权采登记生效原则，根据《民法典》第209条的规定，不动产物权的设立、变更、转让和消灭，经依法登记，发生效力；未经登记，不发生效力，但是法律另有规定的除外。不动产登记的主要目的在于公示，通过登记将不动产物权设立、转移、变更的情况向公众予以公开，使公众了解某项不动产上所形成的物权状态。登记的实质在于将有关不动产物权设立、转移、变更等情况登录记载于登记簿上，以备公众查阅。①

登记作为独立的把相对关系对世化之法律行为，是把相对性债之关系通过公示登记，实现"去属人化"进入对世的、与物结合的状态，该法律关系因公示，增添了对抗第三人和追及力的权利束。需将优先权的内部安排外部化，以公示产生对抗善意第三人的外部效力。公示更实质的意义在于，商事交易中为实现财产利益最大化，财产的各种权利属性被分配给不同主体，优先权对所有权的限制需要明确的"公示"，否则就会被染指。另外，制度安排上，可根据受益最大者是否承担保护费用，形成高低两类强度的保护。根据公示的边际收益是否大于边际成本，优先权人可决定是否公示：不公示，获得低强度保护；公示，获得高强度保护。

如前文所述，建设工程优先权作为一种具有担保功能的物权，应当依据《民法典》物权编的相关规定进行登记，登记一是符合我国物权不动产物权公示的基本原则；二是能够为建设工程优先权和抵押权的优先顺位提供法律依据；三是能够更好地保护承包人以及银行等不特定第三人的合法权益，有利于交易的稳定和秩序。

二、登记能解决哪些问题

笔者认为，如果在《民法典》中加入建设工程优先权登记的相关规定，至少可以解决以下几个争议问题：

一是建设工程优先权的公示问题。建设工程优先权作为一种具有担保效力

---

① 参见最高人民法院民法典贯彻实施工作领导小组主编：《中华人民共和国民法典物权编理解与适用》(上)，人民法院出版社2020年版，第41页。

的物权,具有对世、排他的效力,不仅涉及承包人的工程款权利的实现,也关系其他债权人的利益,因此有必要对其进行公示,而公示也是物权优先的基本要求。如在《民法典》中加入建设工程优先权登记的规定,则可解决其公示的问题,与物权的基本理论相统一。

二是建设工程转移后优先权的追及力问题。建设工程所有权转移后,承包人是否有权对建设工程受让人主张建设工程优先权,目前司法实践中存在争议。如对建设工程优先权进行登记,则该权利附着于建设工程本身,且受让方对建设工程所附带的抵押权是明知的,因此建设工程优先权效力可以及于建设工程转移后的受让人。

三是优先权行使方式的多样化、简易化问题。关于承包人应以何种方式行使建设工程优先权,目前司法实践中仍存在争议。有观点认为,因权利范围、除斥期间等问题不明确,承包人仅能通过诉讼方式行使优先权。如对建设工程优先权进行登记,则上述事项均可通过登记予以明确,那么承包人采用与发包人协商折价,或在建设工程被强制执行时,向执行法院主张其享有优先权参与分配等多样、简易的优先权行使方式就没有障碍了。

三、登记的主体、时期、内容

关于登记的主体。建设工程优先权登记的主体应当是工程承包合同的当事人,即承包人与发包人,该登记应当由承包人和发包人共同为之。在承包合同签订之后,承包人可以请求发包人进行抵押权登记,发包人有配合承包人办理登记的义务。如果承包合同签订时经过了公证,则承包人有权单独进行抵押权登记。

关于登记的时期。签订建设工程施工合同之后、承包人进行施工之前,承包人与发包人可以进行预抵押登记,就将来完成的建设工程进行暂时的抵押权登记。在建设工程竣工取得不动产权证书后,承包人可以请求发包人为正式的抵押权登记。

关于登记的机构。在建设工程竣工取得不动产权证之前,可以在各地办理在建工程抵押登记手续的机构进行登记。如北京市的房地产开发项目在建工程抵押登记工作统一由北京市国土资源局及各区(县)国土资源分局负责办理[①]。又如昆明市在建工程抵押登记机构是住建管理部门[②]。在建设工程取得不动产权证后,应当在不动产交易中心办理抵押登记。

关于登记的内容。建设工程优先权抵押登记的内容,主要是指抵押债权的金额。在承包合同签订后,乃至工程竣工结算完成前,承包人的工程款债权始终处于一个不断变化的状态,因此,对于承包人预抵押登记的债权金额,应当以承包合同记载为准,类似于最高额抵押。在建设工程取得不动产权证后的正式登记中,双方可据实予以调整。

---

① 参见北京市国土资源局、北京市建设委员会发布的《关于房地产开发项目在建工程抵押登记有关问题的通知》(京国土籍〔2007〕751 号)第 2 条。

② 参见昆明市人民政府发布的《昆明市在建工程抵押管理暂行办法》(昆政发〔2011〕79 号)第 13 条。

第二章

建设工程优先权的权利主体

第一节　概　述

由于1999年《合同法》第286条规定的建设工程优先权权利主体为“承包人”，而该法第269条第2款规定的建设工程合同包括工程勘察、设计、施工合同，由此在实务中引发了建设工程优先权权利主体“广义说”和“狭义说”之争[①]。1999年《施工合同司法解释(二)》第17条明确了1999年《合同法》第286条中的“承包人”是指与发包人订立建设工程施工合同的承包人，从而解决了上述实务中的争论。但是，关于建设工程优先权权利主体的争议并未消弭。由于理论界、实务界对建设工程优先权的立法目的和权力性质的认识存在分歧，实务中对实际施工人、专业分包人、工程价款债权受让人等主体能否主张建设工程优先权也观点不一。

基于建设工程优先权强大的法律效力和优先于抵押权的权利顺位，且我国尚未建立起建设工程优先权的登记公示制度，在实务中如何准确划定建设工程优先权主体的范围，对于保护发承包人、抵押权人及其他债权人的合法权益，维护交易秩序和安全，具有至关重要的意义。本书现围绕常见的建设工程优先权权利主体类型，对该问题进行探讨。

【问题的提出】

《民法典》第807条规定的“承包人”是否限于施工承包人？

【基本观点】

根据《民法典》第807条的规定，承包人享有建设工程优先权。建设工程的承包人包括勘察人、设计人和施工人，发包人可以与总承包人订立建设工程合同，也可以分别与勘察人、设计人、施工人订立勘察、设计、施工承包合同。实践中，建设工程施工承包人又可分为总承包人、分包人与实际施工人。在上述主体当中，根据《施工合同司法解释(一)》第35条的规定，与发包人订立建设工程施工合同的承包人，才享有建设工程优先权。施工总承包人是司法解释所规定的承包人的典

① 参见中国建设工程法律评论第四工作组编著：《建设工程优先受偿权》，法律出版社2017年版，第1-2页。

型和主要类型。

【观点分析】

（一）施工总承包及施工总承包人的概念

施工总承包是指发包单位将建筑工程的施工任务，包括土建施工和有关设备、设施安装调试的施工任务，全部发包给一家具备相应的施工总承包资质的承包单位，由该施工总承包单位对工程施工的全过程向建设单位负责，直至工程竣工，向建设单位交付经验收符合设计要求的建筑工程的承发包方式[①]。施工总承包人是指接受发包人委托，根据建设工程施工总承包合同的约定，承担建设工程全部施工内容的建筑施工企业[②]。施工总承包的内容一般包括土建工程、装修工程、安装工程及附属工程等。

（二）对“与发包人订立建设工程施工合同的承包人”的解读

建设工程优先权是为保护承包人合法权益而设置的法定优先权，哪些主体享有建设工程优先权，一直是学术界、实务界争论的重要问题。依法、合理界定承包人范围，才能真正实现建设工程优先权制度保护劳动者报酬的目的并平衡建设工程施工合同关系各方当事人的权利义务。1999 年《合同法》出台后，基于对该法第 286 条的理解，对建设工程优先权的主体产生了广义说和狭义说两种观点。广义说认为，根据 1999 年《合同法》第 269 条第 2 款关于“建设工程合同包括工程勘察、设计、施工合同”的规定，建设工程优先权的主体除了工程施工的承包人以外，还应包括勘察人、设计人。狭义说认为，建设工程优先权的主体应严格限定为施工合同的承包人。无论是广义说还是狭义说，施工总承包人享有建设工程优先权并无争议。原《施工合同司法解释（二）》第 17 条对建设工程优先权的主体进行了限缩解释，即与发包人订立建设工程施工合同的承包人。现行的《施工合同司法解释（一）》第 35 条基本保留这一规定。按照上述规定，一个主体能够享有建设工程优先权，需要具备两个前提条件：其一，需要是工程承包人；其二，需要与发包人订立了施工合同[③]。本书认为，结合《施工合同司法解释（一）》第 35 条，《民法典》

① 参见全国人大常委会法制工作委员会编，卞耀武主编：《中华人民共和国建筑法释义》，法律出版社 1998 年版，第 86 页。

② 参见常设中国建设工程法律论坛第八工作组：《中国建设工程施工合同法律全书：词条释义与实务指引》（第 2 版），法律出版社 2021 年版，第 13 页。

③ 参见王毓莹、史智军：《建设工程施工合同纠纷疑难问题和裁判规则解析》，法律出版社 2022 年版，第 346 页。

第 807 条规定的承包人，是司法解释所规定的承包人的典型和主要类型。理由主要有二：第一，根据文义解释，"与发包人订立建设工程施工合同的承包人"应理解为直接与发包人签订了书面建设工程合同或者直接存在承包关系的承包人。依据该条施工总承包人享有建设工程优先权是清晰明确的。第二，增值理论是构建建设工程优先权的理论基础，建筑工程是建筑工人劳务物化的结果，建筑工人是建设工程直接的劳动贡献者，其利益需要特殊对待。1999 年《合同法》第 286 条创设建设工程优先权制度的初衷是解决建设工程领域长期存在的工程价款拖欠问题，保护建筑行业劳动者的工资权益。建设工程价款的构成中，人工费用，即建筑职工的工资占了相当大的比例。因建筑职工固定、长期在某一项目工程施工，如发包人长期拖欠工程款，不仅损害承包人企业的权利，而且会使建筑职工的绝大部分的工资权利无法保障，这直接关系到建筑职工的生存利益①。而施工总承包人负责建设工程全部施工内容，承担施工的主体责任，组织包括建筑工人在内的施工要素，保证承包人建设工程价款债权的实现与建筑工人生存权息息相关。

（三）联合体成员可否单独向发包人主张建设工程优先权

原则上，一个建设工程施工部分只有一个施工总承包单位。但《建筑法》第 27 条规定，大型建筑工程或者结构复杂的建筑工程，可以由两个以上的承包单位联合共同承包。共同承包的各方对承包合同的履行承担连带责任。联合体承包是指两个或两个以上的承包单位或者其他组织，组成一个联合体，通过联合体之间的协议明确内部分工或者共同经营的方式，对外作为一个整体向发包人承揽特定的工程。承包人联合体是工程承包单位为了承揽不适于自己单独承包的工程项目而与其他单位结合而承揽工程的一种组织形式②。

在施工总承包联合体模式下，联合体成员是否可以单独主张建设工程优先权，关键在于对联合体性质的理解。关于联合体的法律性质，目前没有准确的定性。有观点认为其属于"合伙型联营"，与共担风险、共享收益的合伙合同存在差异。也有观点认为，联合体成员必须一起向发包人履行债务，而发包人也仅能请求全部联合体成员一起履行债务，属于不可分之债。还有观点认为其属于合伙，

① 参见中国建设工程法律评论第四工作组编著：《建设工程优先受偿权》，法律出版社 2017 年版，第 15 页。

② 参见常设中国建设工程法律论坛第八工作组：《中国建设工程施工合同法律全书：词条释义与实务指引》（第 2 版），法律出版社 2021 年版，第 16 页。

如(2022)最高法民申482号民事裁定书。本书认为,根据联合体协议,每一个联合体成员施工内容是独立的,在工程价款可拆分情形下,联合体成员只主张其施工内容对应的工程款,法院可支持该联合体成员就其施工范围内应得款项的建设工程优先权。在工程价款不可拆分的情况下,除非其他联合体成员全部授权,联合体一方不可单独主张建设工程优先权。

【实务中应注意的问题】

(一)施工资质问题

根据《建筑法》第26条[①]的规定,我国对建筑施工企业实行资质管理。根据《建筑业企业管理资质规定》《建筑业企业资质标准》《建筑工程企业资质管理制度改革方案》等的规定,施工总承包序列设有13个类别。根据法律规定,没有资质、超越资质等级、资质类别不符、借用资质等情况将导致合同无效。对于合同效力是否影响建设工程优先权的行使,也有两种观点。一种观点认为,司法解释并未将建设工程施工合同有效作为享有建设工程优先权的必要条件,即使合同无效,只要符合建设工程优先权的其他条件,比如工程质量合格、工程款数额确定,施工承包人仍可享有建设工程优先权。另一种观点认为,工程款是发、承包人就施工合同形成的债权债务关系,建设工程优先权属于从权利。主合同无效,法律后果是相互返还,因建设工程已经物化无法返还,则应折价或者拍卖。从法律性质上看,折价或者拍卖补偿款不属于工程款,既然工程款不存在,其附属的建设工程优先权当然也不存在。本书赞同第一种观点。

(二)施工总承包人与工程总承包人不同

《房屋建筑和市政基础设施项目工程总承包管理办法》(以下简称《房建市政工程总承包管理办法》)第3条规定,工程总承包是指与建设单位签订合同,对工程设计、采购、施工或者设计、施工等阶段实行总承包,并对工程的质量、安全、工期和造价等全面负责的工程建设组织实施主体,也称工程总承包企业或工程总承包单位。工程总承包是国际通行的建设项目组织实施方式,有利于提高工程建设水平,促进企业做优做强,推动产业转型升级。对比工程总承包和施工总承包的

---

① 《建筑法》第26条规定:"承包建筑工程的单位应当持有依法取得的资质证书,并在其资质等级许可的业务范围内承揽工程。禁止建筑施工企业超越本企业资质等级许可的业务范围或者以任何形式用其他建筑施工企业的名义承揽工程。禁止建筑施工企业以任何形式允许其他单位或者个人使用本企业的资质证书、营业执照,以本企业的名义承揽工程。"

概念可知,工程总承包范围大于施工总承包,施工总承包人仅负责施工部分,工程总承包则至少包括设计。在工程总承包模式下,仅负责施工的承包人因未与发包人建立施工合同关系,不享有建设工程优先权。

第二节　转包、违法分包、借用资质实际施工人是否享有建设工程优先权

一、转包、违法分包情形下的实际施工人是否享有建设工程优先权

【问题的提出】

《民法典》第 807 条规定:"发包人未按照约定支付价款的,承包人可以催告发包人在合理期限内支付价款。发包人逾期不支付的,除根据建设工程的性质不宜折价、拍卖外,承包人可以与发包人协议将该工程折价,也可以请求人民法院将该工程依法拍卖。建设工程的价款就该工程折价或者拍卖的价款优先受偿。"依照上述规定,有权行使建设工程优先权的主体是建设工程的承包人。转包、违法分包情形下的实际施工人似乎不是建设工程的"承包人",不能享有建设工程优先权。但是,由于司法实践中案件的复杂多样性,未直接与发包人签订施工合同的转包、违法分包情形下的实际施工人,是否一概不能享有建设工程优先权,实践中存在较大争议。

【基本观点/不同观点】

对于转包、违法分包情形下的实际施工人是否享有建设工程优先权,主要存在以下三种观点:

第一种是否定说。主张转包、违法分包情形下的实际施工人不享有建设工程优先权。否定说认为,根据合同相对性,分包人与发包人之间、次承包人与发包人之间无合同关系,并不存在基于合同的建设工程价款债权,因此建设工程优先权也就无从谈起。建设工程优先权是对世权,为维护交易安全和平衡善意第三人利益,对权利主体不宜放宽。否定说还认为,《民法典》《建筑法》都禁止转包和违法分包,如果赋予实际施工人建设工程优先权,会导致对违法行为的反向激励,而且

无论转包还是违法分包，均未经过发包人同意，发包人不会同意与之协议将工程折价，且因为一小部分工程的价款而对全部建设工程行使建设工程优先权，不具有合理性。[①] 否定说是目前主流观点。

第二种是肯定说。主张转包、违法分包情形下的实际施工人享有建设工程优先权。肯定说认为，实际施工人的存在十分普遍，应当从实际施工人所雇用工人的工资债权应当实现的维度来考虑问题；建设工程竣工验收合格后无效合同承包人可以要求折价补偿即表明法律认可无效合同的承包人对工程的增值权，据此应当赋予其建设工程优先权。肯定说还认为，《民法典》第807条规定的承包人是指实际进行施工的人（组织），包括实际施工人；法律规定实际施工人须对建设工程质量承担连带责任，如果实际施工人不能就该工程享有建设工程优先权，权利义务明显不对等，制度设计上不平衡。反之，赋予实际施工人建设工程优先权主体资格，没有违反合同的相对性原则，不会加重发包人义务，不会影响施工秩序和交易安全。[②] 肯定说相对务实，但是适用的空间越来越小。

第三种是有限肯定说。主张实际施工人是否享有建设工程优先权与合同效力有关。违法分包、转包的分包人、次承包人不享有建设工程优先权；合法专业分包、劳务分包合同的施工人，其在"发包人欠付建设工程价款范围内"享有承包人、转包人的建设工程优先权。[③] 同时，根据《施工合同司法解释（一）》第44条的规定，实际施工人可以代位享有承包人、转包人的建设工程优先权。有限肯定说是相对务实的观点，值得深入研究。

本书基本赞同"有限肯定说"，但是否认合同效力与建设工程优先权的关联性。

【观点分析】

（一）转包、违法分包情形下的实际施工人可能属于"与发包人订立建设工程施工合同的承包人"

转包，是指承包单位承包建设工程后，不履行合同约定的责任和义务，将其承

---

① 参见最高人民法院民事审判第一庭编著：《最高人民法院新建设工程施工合同司法解释（一）理解与适用》，人民法院出版社2021年版，第364页。

② 参见武钦殿：《论实际施工人应当享有建设工程价款优先受偿权》，载微信公众号"天同诉讼圈"2021年11月4日，https://mp.weixin.qq.com/s/eFOqvBD_36iMcw6S_hz_MQ。

③ 崔建远：《论建设工程价款优先受偿权》，载《法商研究》2022年第6期。

包的全部建设工程转给他人，或者将其承包的全部建设工程肢解后以分包的名义分别转给其他单位承包的行为。住房和城乡建设部印发的《建筑工程施工发包与承包违法行为认定查处管理办法》第 7 条有类似的定义，其第 8 条列举了工程转包的详细情形。违法分包的情况较为复杂，通常是指施工单位合法承包工程后又违反法律法规规定，擅自把单位工程或分部分项工程分包给其他单位或个人施工的行为。《建设工程质量管理条例》第 78 条第 2 款规定了违法分包的四种情形，《建筑工程施工发包与承包违法行为认定查处管理办法》第 12 条列举了六种违法分包情形，部分与《建设工程质量管理条例》重合。

否认转包、违法分包情形下的实际施工人的建设工程优先权，其中一个重要理由是其不属于《施工合同司法解释(一)》规定的“与发包人订立建设工程施工合同的承包人”。2010 年至 2018 年，不少地方法院的规范性文件多数认同转包、违法分包情形下的实际施工人享有建设工程优先权。例如，《重庆市高级人民法院民一庭关于当前民事审判疑难问题的解答》第 15 条规定：“……因此，在与发包人具有直接合同关系的承包人没有起诉发包人的情况下，实际施工人诉请发包人在欠付工程款范围内支付工程价款并依照我国《合同法》第二百八十六条主张建设工程价款优先受偿权的，应当予以支持。”再如，河北省高级人民法院 2018 年印发的《建设工程施工合同案件审理指南》第 33 条规定：“……分包人或实际施工人在总包人或非法转包人怠于主张工程价款时，主张建设工程价款就该工程折价或拍卖的价款优先受偿的，人民法院应予支持。”

但是，近年来，最高人民法院越来越多法官论著[①]以及裁判观点[②]对于“与发包人订立建设工程施工合同的承包人”，越来越趋向狭义解释。最高人民法院民一庭 2021 年第 21 次法官会议认为：只有与发包人订立建设工程施工合同的承包

---

① 如参见唐倩：《实际施工人的建设工程价款优先受偿权实证研究》，载最高人民法院民事审判第一庭编：《民事审判指导与参考》总第 81 辑，人民法院出版社 2021 年版；肖峰、韩浩：《建设工程合同纠纷实务争议问题研究》，载最高人民法院民事审判第一庭编：《民事审判指导与参考》总第 84 辑，人民法院出版社 2021 年版；谢勇：《〈最高人民法院关于审理建设工程施工合同纠纷案件适用法律问题的解释(一)〉的理解与适用》，载最高人民法院民事审判第一庭编：《民事审判指导与参考》总第 85 辑，人民法院出版社 2021 年版。

② 如最高人民法院民事判决书，(2019)最高法民再 258 号；最高人民法院民事裁定书，(2019)最高法民申 6310 号；最高人民法院民事裁定书，(2021)最高法民申 5114 号等案件均认为行使优先受偿权的主体应仅限于建设工程承包人，现行法律及司法解释并未赋予实际施工人享有建设工程价款优先受偿的权利。

人才享有建设工程优先权。实际施工人不属于“与发包人订立建设工程施工合同的承包人”,不享有建设工程优先权。此后,多地法院在2022年也出台了实际施工人不能享有建设工程优先权的规范性文件。如福建省高级人民法院发布的《建设工程施工合同纠纷疑难问题解答》(2022年9月)第15条规定,依据《民法典》第807条以及《施工合同司法解释(一)》第35条的规定,只有与发包人订立建设工程施工合同的承包人才享有建设工程优先权。再如河南省高级人民法院建设工程案件审判工作座谈会(2022年9月)关于享有建设工程优先权的主体问题,“与会人员认为,《建工司法解释一》第35条规定的与发包人订立建设工程施工合同的承包人,依据《民法典》第807条的规定请求其承建工程的价款就工程折价或者拍卖的价款优先受偿的,人民法院应予支持。实际施工人不属于《民法典》第807条规定的与发包人订立建设工程施工合同的承包人,不享有建设工程价款优先受偿权”。①

本书认为,从法律规定的“承包人”范围来看,是否能够将实际施工人排除在《民法典》第807条规定的“承包人”之外,值得商榷。第一,有观点认为,建设工程优先权制度的目的之一是对农民工等建筑工人的工资权益予以优先保护,但此项保护并非直接指向建筑工人的工资权益,而是以保护“承包人”的建设工程价款为媒介,间接保护建筑工人的权益。而建筑工人的劳动报酬等利益包含在直接组织工人施工的实际施工人的工程款中。因此,《民法典》第807条中的“承包人”应该包括直接组织工人施工的实际施工人,故实际施工人应当享有建设工程优先权。

第二,穿透式审判思维就是透过现象看本质,注重对案件当事人意思表示以及法律关系的实质性审查。在承包人与实际施工人主体相分离的情况下,承包人不能局限于合同签订的相对方,实际施工人与建筑施工企业谁是真正的“承包人”,谁就享有工程价款请求权和优先受偿权。而此处的承包人是指工程的具体实施主体,即应区分实际承包人与名义承包人,这才是立法本意保护的承包人。在转包、违法分包情形下,承包人已完全背离法律规定的承包人义务范围,即未对工程进行实际投入,建设工程施工合同的义务都是由实际施工人履行,实际施工人是最终建设工程人、材、机的投入者和组织实施者,实际施工人与发包人已经全

---

① 2020年9月14日,河南省高级人民法院在许昌召开座谈会,对建设工程案件的一些普遍性问题进行了座谈研讨。会后形成了《建设工程案件若干疑难问题探究——河南高院建设工程案件审判工作座谈会综述。

面实际履行了发包人与承包人之间的合同并形成了事实上的施工合同权利义务关系，故实际施工人是真正承包人。

第三，有研究者认为从 1999 年《合同法》第 286 条立法过程中条文用语的演化来看，“承包人”本意是直接从事工程施工或组织工人施工的人。结合立法资料演变分析，在正式提交人大审议之前，合同法草案中建设工程优先权的主体是“承建人”，只是在正式提交审议后，将其改为“承包人”。[①] 依据该观点，实际施工人实际是承建人，可以享有优先权。

（二）转包、违法分包情形下的实际施工人可以突破合同相对性向发包人主张权利，且应当享有建设工程优先权

司法解释之所以规定实际施工人可以直接要求发包人在欠付建设工程价款范围内承担责任，主要基于以下考虑[②]：第一，实际施工人与发包人已经全面实际履行了发包人与承包人之间的合同并形成了事实上的权利义务关系，双方存在债法方面的请求权。第二，拖欠实际施工人工程款的缘由最终可归咎于发包人，因为发包人拖欠了转包人、违法分包人的工程款，导致转包人、违法分包人无钱支付实际施工人工程款。第三，施工单位将工程转包、违法分包之后，往往缺乏推进工程结算或者追究欠款的动力，而实际施工人主张权利渠道不畅又会直接导致建筑工人的工资不能得到及时发放。

那么，在实际施工人依据《施工合同司法解释（一）》第 43 条向发包人主张欠付工程款时，可否一并向发包人主张建设工程优先权呢？法律未明确规定。从最高人民法院和多数地方高院的规范性文件分析，确认实际施工人是否享有建设工程优先权，仍以发包人与实际施工人是否存在直接合同关系为前提。换言之，“在转包、违法分包情形下，已经赋予实际施工人突破合同相对性原则向发包人直接主张权利，因此，基于平衡保护农民工利益和保护交易安全及其他当事人利益的考虑，实际施工人原则上无权再主张建设工程价款优先受偿权”。[③]

但是，也有部分法院对此持肯定观点，认为从建设工程优先权的设立目的考

---

① 参见孙科峰、杨遂全：《建设工程优先受偿权主体的争议与探究——〈合同法〉第 286 条之分析》，载《河北法学》2013 年第 6 期。

② 参见史鹏舟主编：《建设工程实际施工人法律问题深度解析》，法律出版社 2022 年版，第 277 页。

③ 肖峰、韩浩：《建设工程合同纠纷务实争议问题研究》，载《民事审判指导与参考》总第 84 辑，人民法院出版社 2021 年版，第 169 页。

虑,如果承包人怠于行使权利,则实际施工人的利益无法得到保护。因此,在与发包人具有直接合同关系的承包人没有起诉发包人的情况下,实际施工人直接诉请发包人在欠付工程款范围内支付工程价款,并依照《民法典》第 807 条主张建设工程优先受的,应当予以支持。《重庆市高级人民法院民一庭关于当前民事审判疑难问题的解答》(2014 年)第 15 条、《浙江省高级人民法院民事审判第一庭关于审理建设工程施工合同纠纷案件若干疑难问题的解答》(2012 年)第 22 条、《江苏省高级人民法院关于审理建设工程施工合同纠纷案件若干问题的解答》(2018 年,已失效)第 16 条等均有类似规定。

本书认为,根据《施工合同司法解释(一)》第 43 条第 2 款的规定,转包人对发包人享有建设工程价款债权,实际施工人在"发包人欠付建设工程价款范围内"享有承包人、转包人的建设工程价款债权。鉴于建设工程价款债权与建设工程优先权相伴相随,权利人在行使债权的同时有权行使优先受偿权,因此,实际施工人在"发包人欠付建设工程价款范围内"享有承包人、转包人的建设工程优先权。

需要指出的是,当前最高人民法院对可以突破合同相对性向发包人主张权利的实际施工人范围作了进一步限缩。最高人民法院民一庭 2021 年第 21 次法官会议讨论认为:对于《施工合同司法解释(一)》第 43 条解释的适用应当从严把握。该条解释只规范转包和违法分包两种关系,未规定借用资质的实际施工人以及多层转包和违法分包关系中的实际施工人有权请求发包人在欠付工程款范围内承担责任。因此,可以依据《施工合同司法解释(一)》第 43 条的规定突破合同相对性原则请求发包人在欠付工程款范围内承担责任的实际施工人不包括借用资质及多层转包和违法分包关系中的实际施工人。

其后,多地法院也重审了上述观点。例如,2022 年 5 月 17 日,浙江省高级人民法院民一庭以解答方式明确:根据最级人法院法民一庭的意见,《施工合同司法解释(一)》第 43 条规定的实际施工人应作限缩解释,并非所有类型的实际施工人均可援引该条,其仅适用于单层转分包关系(直接从总包单位处转承包或者分承包工程)的实际施工人。同时,该院指出了相应的裁判方式,即借用资质的实际施工人或者多层转分包关系中的实际施工人依据《施工合同司法解释(一)》第 43 条起诉与其无合同关系的发包人的,应驳回其对发包人的起诉。该实际施工人同时起诉与其有合同关系的转分包人的,该部分纠纷应予审理。驳回实际施工人对发包人的起诉,可以采取裁定方式,也可以采取判决吸收裁定方式。2022 年 12 月,

《重庆市高级人民法院、四川省高级人民法院关于审理建设工程施工合同纠纷案件若干问题的解答》第10条指出，实际施工人向其合同相对方转包人或者违法分包人主张合同权利，同时请求发包人在欠付工程款范围内承担责任，人民法院应当依法受理。但多层转包和多次分包关系中的实际施工人依据《施工合同司法解释（一）》第43条的规定向发包人主张权利的，不予支持。

（三）转包、违法分包情形下的实际施工人以代位权向发包人主张工程款债权的，应当享有建设工程优先权

《民法典》第535条规定，因债务人怠于行使其债权或者与该债权有关的从权利，影响债权人的到期债权实现的，债权人可以向人民法院请求以自己的名义代位行使债务人对相对人的权利，但是该权利专属于债务人自身的除外。《施工合同司法解释（一）》第44条规定，实际施工人依据《民法典》第535条规定，以转包人或者违法分包人怠于向发包人行使到期债权或者与该债权有关的从权利，影响其到期债权实现，提起代位权诉讼的，人民法院应予支持。如果转包、违法分包合同中的实际施工人可以以自己名义向发包人提起代位权诉讼，能否在主张工程款债权的同时主张享有建设工程优先权呢？

本书认为，回答上述问题，需要探讨三个问题：一是建设工程优先权是否属于代位权的权利客体；二是建设工程优先权是否符合代位权的构成要件；三是实际施工人行使代位权的法律效果。

1. 建设工程优先权是否属于代位权的权利客体

所谓代位权客体就是代位权指向的对象，即债权人代位行使债务人对次债务人的权利。《最高人民法院关于适用〈中华人民共和国合同法〉若干问题的解释（一）》（以下简称《合同法司法解释（一）》）第13条规定的代位权的客体仅仅针对债务人对相对人所享有的具有金钱给付内容的到期债权，也就是《合同法司法解释（一）》将代位权的客体范围限缩在金钱债权。根据该规定，实际施工人以代位权之诉诉请主张建设工程优先权似乎没有相应的请求权基础。但是，《民法典》第535条将《合同法司法解释（一）》第13条规定的“到期债权”修改为“债权或者与该债权有关的从权利”，“与该债权有关的从权利”主要是指担保权利（包括担保物权和保证）。同时，《民法典》第535条中的“代位行使债务人对相对人的权利”，用的是“相对人”而不是“次债务人”，也是与扩大代位权的客体范围有关。因为“次债务人”指的是债务人的债务人，而不能包括为债务人的债权提供担保的

抵押人、质押人、保证人等担保人，而使用“相对人”的概念则涵盖范围更广。

此外，从比较法的视野分析，许多国家或地区如日本、法国以及我国台湾地区，其“民法”中对于代位权客体类型的规定，比我国现行规定要宽泛得多。在日本民法中，除专属于债务人自身的权利以外，都可以由债权人代位行使。法国民法甚至规定诉权也可以成为代位权的客体。为更好地发挥代位权制度的作用，应当采目的性扩张的解释方法，将我国代位权制度的客体扩展到对物权及物权请求权。① 实践中也逐渐将优先受偿权作为代位权的客体对待。如在(2019)最高法民终519号民事判决书中，最高人民法院认为，工程款债权本质上是可流通转让的财产权，建设工程优先权属于附属工程款债权的担保权利，系与债有关的从权利。从一般法理分析，主债权转让的，担保权利应一并依法转让。工程款债权转让的，具有担保工程款债权实现功能的建设工程价款优先受偿权应一并转让。

此外，根据现行法律及司法解释的相关规定，建设工程优先权的范围不仅包括建筑工人的劳动报酬即人工费，还包括材料费、施工机具使用费、企业管理费、利润、规费及税金等，因此不能仅以保护建筑工人利益为由肯定优先受偿权的人身专属性。况且，允许建设工程优先权随主债权一并转让，有利于主债权人通过流转的方式加速实现权利，继而保障工程价款债权人的利益。因此，建设工程优先权作为工程款债权的担保物权，应当属于代位权客体的范围。

2. 建设工程优先权是否符合代位权的构成要件

《民法典》第535条规定的具体构成要件有四个：第一，实际施工人对转包人、违法分包人享有合法债权。实际施工人虽为违法施工行为的主体，但并不意味着其享有的债权非法，实际施工人在工程建设中实际投入了人工和物资，因合同无效产生了折价补偿的请求权，这一请求权虽然并非基于有效合同而产生的债权，但亦属于合法债权。第二，实际施工人对转包人、违法分包人的债权，以及转包人、违法分包人对发包人的债权已经到期。根据合同约定或者其他证据，两个合法债权均到期，但是转包人、违法分包人在缺乏正当理由情况下仍未向发包人主张。第三，转包人、违法分包人的债权不是专属于其自身的债权。建设工程优先权涵盖的债权内容并不属于该条规定的基于人身权或者人身依附关系而产生的

---

① 参见唐倩：《实际施工人的建设工程价款优先受偿权实证研究》，载最高人民法院民事审判第一庭编：《民事审判指导与参考》总第81辑，人民法院出版社2021年版，第109页。

给付请求权范围。在转包、违法分包订立的施工合同中，这类债权表现为实际施工人在工程建设中的成本，该费用往往大部分或者全部已经由实际施工人支出。第四，转包人、违法分包人怠于向发包人行使到期债权或者与该债权有关的从权利。

上述前两个构成要件是没有争议的，但是后两个构成要件存在争议。

（1）优先受偿权是否属于专属于承包人的权利

一般而言，专属于债务人的自身的债权，往往与权利人（自然人）的身份相关。这类权利主要包括基于扶养关系、抚养关系、赡养关系、继承关系产生的给付请求权，以及劳动报酬、退休金、养老金、抚恤金、安置费、人寿保险、人身伤害赔偿请求权等权利。换言之，代位权诉讼中专属于债务人自身的债权是针对自然人而言的。但是，建设工程优先权与权利人的身份并没有直接关系，并不具有专属性。建设工程优先权的权利内容并非基于人身权或者人身依附关系而产生的给付请求权范围。因此，在转包人或者违法分包人多为企业的情况下，建设工程优先权并不具有专属性，而是表现为实际施工人在工程建设中的成本。

（2）该“从权利”是否包括建设工程优先权

一种观点认为，该“从权利”包括建设工程优先权。《民法典》第535条规定的“从权利”指哪些权利，《民法典》未予明确。全国人大常委会法工委民法室编写的民法典释解与适用丛书中说明“‘与该债权有关的从权利’主要是指担保权利（包括担保物权和保证）”[①]。最高人民法院民法典贯彻实施工作领导小组认为，《民法典》第807条规定的建设工程优先权，是为保障承包人的建设工程债权的实现所设立的一项法定权利，核心是保障承包人能够直接从建筑物的折价或变现中优先受偿工程价款，故相对于工程债权而言，工程价款优先受偿权属于从权利。《民法典》第535条中所指的债务人怠于行使与其债权有关的从权利是附属于主债权的权利，如担保物权中抵押权、质权、保证以及附属于主债权的利息、建设工程优先权等。[②]

在（2019）最高法民再258号民事判决书中，最高人民法院认为，1999年《合

---

① 石宏主编：《〈中华人民共和国民法典〉释解与适用·合同编》（上册），人民法院出版社2020年版，第138页。

② 参见最高人民法院民法典贯彻实施工作领导小组主编：《中华人民共和国民法典合同编理解与适用》（一），人民法院出版社2020年版，第502页。

同法》第 286 条赋予承包人建设工程优先权，但并未直接赋予实际施工人建设工程优先权，故实际施工人不能对案涉工程享有建设工程优先权。但在发包人欠付承包人工程款数额明确，且承包人怠于行使建设工程优先权的情况下，考虑到可能会因为承包人的不积极作为而影响实际施工人收取工程款的合法权益，应允许实际施工人基于代位权向发包人主张优先受偿权。再如湖南省高级人民法院(2020)湘民终 1196 号民事判决书中，法院认定实际施工人符合债权人行使代位权的条件，有权向发包人行使债权人代位求偿权。章某是案涉工程的实际施工人，而案件以债权人行使代位权为基础，章某代某建公司行使的权利范围包括建设工程优先权。

另一种观点认为，该"从权利"不包括建设工程优先权。最高人民法院民一庭认为，建设工程优先权是对世权，具有优先于设立在建设工程上的抵押权、普通债权的效力，对交易安全和第三人利益影响较大，为维护交易安全和善意第三人利益，对其权利主体不宜过度放宽。同时，《民法典》第 535 条规定的从权利主要指以一定公示行为为条件的担保物权和保证，而对于承包人所享有的建设工程价款优先受偿权并不要求以登记为要件，亦没有规定需法定确认等前置程序，但却赋予了其对世性和极强的优先效力。因此，建设工程优先权与担保物权在成立条件、效力优先性以及对交易安全的影响等方面均有巨大差异，建设工程优先权并非《民法典》第 535 条中所规定的从权利。[①]

在徐州市中级人民法院(2019)苏 03 民终 2223 号民事判决书中，法院不支持实际施工人主张代位权时享有建设工程优先权，理由是建设工程优先权并不属于 1999 年《合同法》规定的能够代位行使的债权，建设工程优先权这一权利专属于承包人，且实际施工人是违法承建工程的主体，本应受到规制。如果允许实际施工人享有与合法的承包人同等的权利，与立法精神相背离。

本书认为，首先，设立建设工程优先权的目的在于保护承包人的工程价款债权。在转包、违法分包情形下，转包人、违法分包人取得转包、违法分包利益后，并不关心发包人是否按约定的数额和期限支付工程款，在发包人欠付工程款后怠于主张建设工程优先权，导致实际施工人处于救济无门的境地。这种"承包人"已经

---

① 参见最高人民法院民事审判第一庭编著：《最高人民法院新建设工程施工合同司法解释(一)理解与适用》，人民法院出版社 2021 年版，第 456－459 页。

没有必要给予额外的法律保护。此时，确认实际施工人可代位行使建设工程优先权符合建设工程优先权的设立本意，有利于保障进行实际投入的承包人的利益，也体现了目前司法审判不可或缺的价值取向。

其次，建设工程由承包人组织工人劳动建设而成，承包人享有工程价款的优先受偿权使工人劳动权利得以保障，两者并不矛盾。因此，在承包人与实际施工人主体相分离的情况下，有必要区分实际承包人与名义承包人，只有真正投入人力、财力、物力的施工主体，才是立法本意保护的承包人。在具体实践中，名义承包人并不参与项目的实际施工，甚至并不组织工人施工建设，全部工程均由实际承包人完成，实际承包人负责工人工资的发放、人员的安排等。若权利仅限于由名义承包人享有，则显然与立法本意相不符。

再次，代位权属于债的保全，其存在的意义是为防止债权人的到期债权无法实现；而建设工程优先权虽属于法定优先权，但本身具有一定的担保性质，且具有从属性，符合《民法典》第535条中“从权利”的标准，实际施工人代承包人向发包人主张工程款时一并行使从权利并无不妥。况且，从建设工程优先权转让方面分析，既然部分法院支持建设工程优先权随主债权一并转让，那么实际施工人在依据《施工合同司法解释（一）》第44条代位主张工程款时一并主张建设工程优先权也同样不应存在障碍。

最后，有人担心赋予实际施工人建设工程优先权可能会鼓励违法承包行为，这种观点其实是混淆了民事责任与行政责任的界限。一方面，在整个国家权力架构中，民事责任与行政责任作用于不同领域，其内部机理和价值追求有所差异；另一方面，如《建筑法》对转包、违法分包规定了没收违法所得、罚款、责令停业整顿、降低资质等级、吊销资质证书等处罚措施，对于转包、违法分包行为，必须通过行政手段进行管控，而不能以剥夺实际施工人的建设工程优先权来达到禁止的目的。

3. 实际施工人行使代位权的法律效果

对于代位权行使的法律后果，也存在不同观点。一种观点认为[①]，实际施工人代位主张建设工程优先权的，仅能产生权利人已经行使建设工程优先权的效果，

---

① 参见唐倩：《实际施工人的建设工程价款优先受偿权实证研究》，载最高人民法院民事审判第一庭编：《民事审判指导与参考》总第81辑，人民法院出版社2021年版，第111页。

因行使建设工程优先权而取得的财产，应当归属于有效施工合同的承包人。实际施工人因工程建设享有的折价补偿请求权，并不由此直接受偿，仍需依普通债权另行主张。即《合同法司法解释(一)》关于债权代位制度下的直接清偿规则不应当适用于由实际施工人代位行使的建设工程优先权中。

另一种观点认为[①]，根据《民法典》第537条的规定，人民法院认定代位权成立的，由债务人的相对人向债权人履行义务，债权人接受履行后，债权人与债务人、债务人与相对人之间相应的权利义务终止。据此，如果人民法院支持实际施工人向发包人提起的代位权之诉，应当判决发包人直接向实际施工人履行清偿义务。发包人向实际施工人履行清偿义务后，发包人与转包人或者违法分包人之间的债权债务，以及实际施工人与转包人、违法分包人之间的债权债务均消灭。

本书认为，关于代位权行使的后果，一直存在"入库原则说"和"优先受偿说"两种观点。我国《民法典》并未简单采用"入库原则说"，而是兼顾了"入库原则说"和"优先受偿说"，既然赋予债权人代位请求权，自应发生相应实体权利归属于债权人的法律效果。根据《民法典》第537条的规定，实际施工人行使代位权的后果直接归属于实际施工人，法院直接判决发包人向实际施工人支付工程款，并确认该债权是否享有建设工程优先权。立法机关采取"优先受偿说"，主要是为了调动债权人行使债权的积极性。

【实务中应注意的问题】

实际施工人行使代位权的诉讼中，如何确定管辖法院？《合同法司法解释(一)》第14条规定："债权人依照合同法第七十三条的规定提起代位权诉讼的，由被告住所地人民法院管辖。"该解释虽然已于2021年1月1日被废止，但《最高人民法院关于印发〈全国法院贯彻实施民法典工作会议纪要〉的通知》第12条规定："……上述司法解释中的程序性规定的精神，与民事诉讼法及相关法律不冲突的，如合同法解释一第十四条、第二十三条等，人民法院可以在办理程序性事项时作为参考。"因此，根据上述规定的精神，代位权诉讼一般情况下应由被告所在地人民法院进行管辖。

考虑到建设工程合同纠纷专属管辖，如果《合同法司法解释(一)》第14条规

---

① 参见最高人民法院民事审判第一庭编著：《最高人民法院新建设工程施工合同司法解释(一)理解与适用》，人民法院出版社2021年版，第459页。

定的由被告所在地管辖与法律规定的专属管辖冲突，因专属管辖是特别规定，应按照专属管辖确定代位权诉讼的管辖。[①] 同时，最高人民法院民一庭认为，实际施工人对发包人提起的代位权诉讼通常涉及建设工程价款债权，涉及建设工程施工合同纠纷。结合《最高人民法院关于适用〈中华人民共和国民事诉讼法〉的解释》（以下简称《民诉法解释》）第 28 条第 2 款以及《民事诉讼法》第 34 条关于专属管辖的规定，实际施工人对发包人提起的代位权诉讼涉及建设工程价款债权的，应由建设工程所在地人民法院管辖，不涉及建设工程价款债权的，应由发包人住所地人民法院管辖。由此可见，在实际施工人以代位权方式向发包人主张工程款债权以及建设工程优先权的诉讼中，仍然按照不动产专属管辖处理。

二、借用资质的实际施工人是否享有优先受偿权

【问题的提出】

《民法典》第 807 条规定："发包人未按照约定支付价款的，承包人可以催告发包人在合理期限内支付价款。发包人逾期不支付的，除根据建设工程的性质不宜折价、拍卖外，承包人可以与发包人协议将该工程折价，也可以请求人民法院将该工程依法拍卖。建设工程的价款就该工程折价或者拍卖的价款优先受偿。"依照该规定，有权行使建设工程优先权的主体是建设工程的承包人。根据 2017 版《建设工程施工合同（示范文本）》（以下简称《2017 版施工合同范本》）通用合同条款的定义，承包人是指与发包人签订合同协议书，具有相应工程施工承包资质的当事人及取得该当事人资格的合法继承人。实践中，就可享有建设工程优先权的主体"承包人"争论较多，司法裁判也未能确立统一的裁判规则。其中，对于借用资质的实际施工人是否享有建设工程优先权争议更大，关键在于《民法典》第 807 条规定的"承包人"的范围界定。

【基本观点/不同观点】

实务中，对于借用资质的实际施工人是否享有建设工程优先权主要存在以下三种观点。

第一种观点：借用资质的实际施工人不享有建设工程优先权。该观点认为，

---

① 参见最高人民法院民法典贯彻实施工作领导小组主编：《中华人民共和国民法典合同编理解与适用（一）》，人民法院出版社 2020 年版，第 504 页。

建设工程优先权作为一种物权性权利，根据《民法典》第 116 条“物权的种类和内容，由法律规定”之物权法定原则，享有建设工程优先权的主体必须由法律明确规定。从文义解释分析，建设工程优先权的主体应仅限于建设工程承包人，现行法律及司法解释并未赋予实际施工人建设工程优先权，况且借用资质的实际施工人并非建设工程施工合同的当事人，与发包人之间不存在建设工程合同法律关系，即将《民法典》第 807 条规定的“承包人”范围作缩小解释。最高人民法院民一庭 2021 年第 21 次专业法官会议亦明确“实际施工人不享有建设工程价款优先受偿权”。

第二种观点：借用资质的实际施工人是否享有建设工程优先权，取决于其借用资质订立的施工合同是否有效。该观点认为，实际施工人都涉及违法施工，故从价值层面应对其作否定评价，对其权利保护不应与合法承包人等同。[①] 考虑到建设工程优先权具有强大的对抗效力，如果违法合同的实际施工人也能享有此项权利，并以此对抗享有担保物权的债权人及其他合法的一般债权人，显然有违法理，且可能变相刺激其为谋取更有保障的利益而更多地参与实施违法施工行为，进而加大建筑工程质量不合格风险，给社会公众造成更多损失。但是，如果能够认定借用资质订立的施工合同有效，该实际施工人可以直接依据《民法典》第 146 条的规定，向发包人主张建设工程优先权。[②] 对于如何认定发包人和借用资质的实际施工人的法律关系，又存在通谋虚伪说、委托代理说、事实合同说三种思路。

第三种观点：借用资质的实际施工人享有建设工程优先权。该观点认为，工程价款债权是以权利人对建设工程进行施工为前提形成的债权，出借资质的企业未对工程进行施工，自然无主张涉案工程债权及建设工程优先权的依据。而借用资质的实际施工人已取代名义上的承包人作为实际承包人与发包人成立事实上的建设施工合同关系，是建设工程人、财、物的实际投入主体，故赋予借用资质的实际施工人工程价款请求权和建设工程优先权，更符合法律保护工程价款请求权和设立建设工程优先权的目的。本书赞同该观点。

---

① 参见肖峰、韩浩：《建设工程合同纠纷实务争议问题研究》，载最高人民法院民事审判第一庭编：《民事审判指导与参考》总第 84 辑，人民法院出版社 2021 年版，第 168 页。

② 参见唐倩：《实际施工人的建设工程价款优先受偿权实证研究》，载最高人民法院民事审判第一庭编：《民事审判指导与参考》总第 81 辑，人民法院出版社 2021 年版，第 107 页。

【观点分析】

(一)合同效力不影响建设工程优先权的行使

本书认为,合同效力不影响建设工程优先权的行使。理由是:第一,从本质上而言,建设工程优先权属于法定优先权。法定优先权具有独立性,包括独立的权能、独立的效力以及独立的价值利益。其中独立的效力就是指发生原因上的独立性,即优先权的发生原因与被其赋予优先效力的权利相互独立。优先效力直接来源于法律规定,与当事人之间产生债权债务关系的原因行为无涉。根据现行司法解释的规定,借用资质所订立的施工合同是无效的,在此基础上,承包人获得报酬的权利性质发生了改变,不再是依据合同享有的约定之债,而成为依法享有的获得折价补偿的权利,该项权利是法定的权利,并不因"约定之债"不存在了从而导致优先权的合法基础不存在。如在(2020)最高法民终774号民事判决书中,最高人法院认为,建设工程施工合同无效并不意味着债权消灭,建设工程施工合同的效力亦不影响承包人行使建设工程优先权。

第二,从立法目的而言,建设工程优先权制度的设立是保护承包人已经物化到建筑物中的劳动和建筑材料的费用。依照《民法典》第793条规定,建设工程施工合同无效,但是建设工程经验收合格的,承包人仍然可以参照合同关于工程价款的约定结算工程款。建设工程优先权的权利基础来源于工程债权,如果工程债务仍需清偿,但优先受偿权得不到支持,将不利于建设工程领域债权债务的清理。如在(2022)最高法民终118号民事判决书中,最高人民法院认为,建设工程优先权是法律规定的建设工程承包人的一项法定权利,目的是保障承包人能够优先获得工程款,建设工程施工合同有效并非承包人行使建设工程优先权的前提条件。

第三,从法律和司法解释规定而言,最高人民法院在有关释义书中强调优先受偿权与建设工程质量是否合格有关,无须以建设工程施工合同有效为条件。①《施工合同司法解释(一)》第38条规定:"建设工程质量合格,承包人请求其承建工程的价款就工程折价或者拍卖的价款优先受偿的,人民法院应予支持。"该司法解释明确规定承包人的建设工程优先权与建设工程质量是否合格相关,不与合同效力直接相关。考虑到现实中有大量的施工合同被认定为无效,如果将优先受偿

---

① 参见最高人民法院民法典贯彻实施工作领导小组主编:《中华人民共和国民法典合同编理解与适用(三)》,人民法院出版社2020年版,第2039页。

权与合同效力挂钩，将会导致众多承包人尤其是实际施工人的权利保护失去有效保障，建设工程优先权的制度功能也会大打折扣。既然承包人可以参照合同约定请求工程价款，其当然也可以主张建设工程优先权。①

第四，从司法政策而言，最高人民法院的态度逐渐发生转变。最高人民法院民一庭认为，建设工程施工合同无效，不应影响建设工程优先权的行使。因为在发包人拖欠承包人的工程款中，有相当部分是承包人应当支付给工人的工资和其他劳务费用。在无效建筑工程合同中，上述有关费用也已实际支出，应当由发包人予以支付。即便合同无效，认定承包人就该笔费用享有建设工程优先权，依然有利于促进劳动者利益的保护，符合建设工程优先权制度的立法目的。②

（二）借用资质的实际施工人享有建设工程优先权的法理分析

一般而言，借用资质的实际施工人主要包括以下三类：(1)发包人与借用资质的实际施工人直接签订了施工合同协议（名目可能多种多样），同时，承包人与借用资质的实际施工人也签订了相关协议。(2)尽管发包人没有直接与借用资质的实际施工人签订施工合同协议，但是工程款直接支付给借用资质的实际施工人，或后续发包人对欠付的工程款进行确认。如在(2019)浙09民再495号建设工程施工合同纠纷案中，浙江省高级人民法院认为，借用资质的葛某与发包人某公司订立了《工程承包协议书》并实际承建了涉案工程，该协议书虽因葛某未取得建筑施工企业资质而应认定无效，但不能仅以合同无效否定葛某对欠付工程款享有建设工程优先权。发包人某公司后续向借用资质的葛某出具《欠款证明》，明确涉案《工程承包协议书》系双方真实意思表示，且涉案工程已初验验收，故借用资质的葛某有权参照合同约定请求发包人某公司支付剩余工程款并对该款项享有建设工程优先权。(3)尽管发包人没有直接与借用资质的实际施工人签订施工合同，但是借用资质的实际施工人以自身实际行为履行了案涉工程的权利义务。如在浙江省高级人民法院(2020)浙民再324号破产债权确认纠纷案中，借用资质的陈某与承包人虽然订立了内部承包合同，但陈某非承包人员工，其经营方式是独立核算、自主经营、自负盈亏，承包人只收取陈某工程总额1%的管理费，实际上陈某是借用承包人的资质，代表承包人全程参与了案涉工程的招投标和施工活动。从

① 参见曹文衔、宿辉、曲笑飞：《民法典建设工程合同章条文释解与司法适用》，法律出版社2021年版，第493页。

② 参见最高人民法院民事审判第一庭编：《民事审判实务问答》，法律出版社2021年版，第61页。

案涉证据可以认定发包人完全知晓且认可陈某借用承包人名义进行施工并接受了陈某履行建设工程合同的成果,陈某与发包人之间形成了事实上的合同关系。鉴于陈某与发包人事实上属于案涉《建设工程施工合同》的双方当事人,故法院支持陈某享有建设工程价款的请求权和建设工程优先权。

借用资质的实际施工人借用有资质企业的名义与发包人签订的建设工程施工合同属于真意保留。在民法学历史上,关于真意保留行为的效力问题,学界观点经历了从主观主义到客观主义再到主观主义与客观主义相结合的过程。如果相对人是善意的,则优先保护交易安全和相对人利益,采客观主义,以表意人的表示行为作为认定其意思表示的依据。如果相对人并非出于善意,其知道表意人保留真意之事实以及表意人表示行为之后所保留的效果意思,则应当采主观主义,以表意人的效果意思作为认定其意思表示的依据。[①] 具体而言,应区别情况对待。

1. 发包人知晓挂靠情形存在的情形

如发包人知道或者应当知道借用资质事实,此时发包人具有一定的过错,发包人的真实意思是与实际施工人订立合同,事实上也是实际施工人履行了与发包人的承发包合同,所以发包人和借用资质的实际施工人形成事实上的承发包合同关系。这种情况下,发包人知晓借用资质事实,就意味着发包人和借用资质的实际施工人之间已经达成一致的意思表示,在事实上围绕订立、履行建设工程施工合同形成一系列法律关系,虽然合同无效,但双方当事人之间会基于这些法律关系产生债法上的请求权,借用资质的实际施工人可直接向发包人请求支付工程款,并可以同时主张建设工程优先权。最高人民法院民一庭 2021 年第 20 次专业法官会议认为:"没有资质的实际施工人借用有资质的建筑施工企业名义与发包人签订建设工程施工合同,在发包人知道或者应当知道系借用资质的实际施工人进行施工的情况下,发包人与借用资质的实际施工人之间形成事实上的建设工程施工合同关系。"在(2022)最高法民终 4 号民事判决书中,最高人民法院认为,虽然借用资质的实际施工人郭某不是合同名义主体,但郭某是实际权利义务主体,且为发包人知晓,郭某有权就案涉工程主张建设工程优先权。

但是,也有地方法院对此持否定态度,如《福建省高级人民法院建设工程施工

---

① 参见姜伟主编,最高人民法院第四巡回法庭编:《最高人民法院第四巡回法庭疑难案件裁判要点与观点》,人民法院出版社 2020 年版,第 59 页。

合同纠纷疑难问题解答》(2022 年)第 15 条观点,依据《民法典》第 807 条以及《施工合同司法解释(一)》第 35 条的规定,只有与发包人订立建设工程施工合同的承包人才享有建设工程价款的优先受偿权。尽管在发包人明知挂靠情况下,挂靠人与发包人形成事实上的建设工程施工合同关系,但挂靠人仍不属于"与发包人订立建设工程施工合同的承包人",不享有建设工程价款优先受偿权。这些法院的态度值得我们关注。

2. 发包人不知晓挂靠情形存在的情形

由于发包人不知道实际施工人的存在,发包人订立合同的意思表示是向出借资质的企业作出的,发包人履行合同义务的行为也是向出借资质的企业作出的。借用资质的实际施工人一直是以出借资质的企业的名义履行合同,订立合同、履行合同的主体均是发包人与出借资质的企业。这种情况下,对于发包人来说,有理由相信真实承包人就是出借资质的企业,则应优先保护善意相对人的利益,双方所签订的建设工程施工合同直接约束发包人和出借资质的企业,该合同并不仅因存在挂靠关系而无效。出借资质的企业将所承包工程交由借用资质的实际施工人施工的行为系转包行为。[①] 转包合同违反法律强制性规定,属无效合同。此时,对于借用资质的实际施工人而言,其只能基于挂靠协议向出借资质的企业主张工程款,但是在出借资质的企业怠于向发包人行使到期债权或者与该债权有关的从权利,影响其到期债权实现时,就可提起代位权诉讼,并就代位求偿的工程价款债权优先受偿。如《湖南省高级人民法院关于审理建设工程施工合同纠纷案件若干问题的解答》(2022 年)第 23 条针对挂靠人直接起诉发包人的问题作出规定:发包人对借用资质不知情的,出借资质方怠于向发包人主张权利,实际施工人可参照《施工合同司法解释(一)》第 44 条规定行使代位权。人民法院应追加被挂靠人为第三人。

但是,上述情形中,也有研究者持不同意见,认为应当在化繁为简的基础上最大限度保护各方利益,即借用资质的实际施工人作为实际付出劳动的人,可直接向发包人主张价款和建设工程优先权。因为在工程质量合格、利益得到最大维护的基础上,借用资质的实际施工人是工程建设成本的付出方,急需资金回笼,而出

---

① 参见姜伟主编,最高人民法院第四巡回法庭编:《最高人民法院第四巡回法庭疑难案件裁判要点与观点》,人民法院出版社 2020 年版,第 53 页。

借资质的企业因为付出利益较少而时常怠于向发包人主张权利，在此种情况下，直接赋予借用资质的实际施工人向发包人主张价款的权利是相对务实之举。[①] 否则，只能促使借用资质的实际施工人继续借用出借资质企业的名义进行诉讼活动或者陷入维权主体的诸多困难。该观点的依据有：第一，类似法律的规定。如2020年第二次修正的《最高人民法院关于审理民间借贷案件适用法律若干问题的规定》第22条规定："法人的法定代表人或者非法人组织的负责人以单位名义与出借人签订民间借贷合同，有证据证明所借款项系法定代表人或者负责人个人使用，出借人请求将法定代表人或者负责人列为共同被告或者第三人的，人民法院应予准许。法人的法定代表人或者非法人组织的负责人以个人名义与出借人订立民间借贷合同，所借款项用于单位生产经营，出借人请求单位与个人共同承担责任的，人民法院应予支持。"第二，类似地方法院的实践。如《河南省高级人民法院民事审判第四庭关于实际施工人相关问题的会议纪要》第5条规定："无论是被挂靠企业起诉发包人还是实际施工人以被挂靠企业名义起诉发包人，均符合合同相对性原则，均不违反程序法的规定。但如果实际施工人不同意被挂靠企业单独起诉发包人主张工程款，要求参加诉讼，人民法院应当追加实际施工人为有独立请求权第三人，一体解决纠纷。实际施工人和被挂靠企业同时参加诉讼的，经审理查明涉案工程确由实际施工人施工或实际施工人与发包人已形成事实上建设工程施工合同关系的，应当判决发包人直接向实际施工人支付工程款，不宜再以合同相对性为由判决发包人向被挂靠企业支付工程款，以免损害实际施工人合法权益。"

区别发包人是否明知借用资质事实的存在，进而认定借用资质的实际施工人是否与发包人存在事实法律关系，以此认定其是否可以直接向发包人主张工程债权以及优先受偿权，具备民法学的原理基础，也能逻辑自洽。但是，该分类极易导致借用资质的实际施工人作为合同权利义务履行者在维护权益方面的"程序空转"。故从便捷有效解决实际问题考虑，上述务实做法不失为一种补正方案。问题是实践中的"挂靠行为"多种多样。因此，"实际付出成本的主体"是相对复杂的，上述"补正方案"显然也存在不足。如面临资质的借用方或者出借方中的一方

---

① 参见王毓莹、史智军：《建设工程施工合同纠纷疑难问题和裁判规则解析》，法律出版社2022年版，第121页。

向发包人主张建设工程价款债权后，另一方权利如何保护等问题的困扰。此外，在司法领域，事实上的合同关系认定思路相对趋向统一，而鉴于仲裁领域更加注重当事人之间契约自由，“事实合同说”是否能够得到支持，则存在较大争议。

本书认为，以下情况应当赋予借用资质的实际施工人建设工程优先权：一是发包人、承包人分别与借用资质的实际施工人签订了施工合同或三方协议。二是尽管发包人没有直接与借用资质的实际施工人签订施工合同，但是工程款直接支付给借用资质的实际施工人，或后续发包人对欠付的工程款进行确认，双方之间形成了事实上的直接合同关系。三是尽管发包人没有直接与借用资质的实际施工人签订有关合同，但是借用资质的实际施工人以自身实际行为履行了案涉工程的全部或者主要的权利义务。

此外，考虑到借用资质的行为较为隐蔽，发包人并不能完全掌握其发包的工程是否存在该事实，但也存在发包人积极追求与无资质的实际施工人建立施工合同关系的情形。因此，仅仅从发包人的主观善意与否出发，认定合同相对方以及确认建设工程优先权，从证据角度分析对裁判者苛以较高要求。同时，建设工程优先权并非是为平衡发包人与承包人之间的关系，而主要是为平衡承包人与发包人的其他债权人之间的关系。建设工程优先权是以牺牲其他债权的优先性，降低担保物权的可预测性为代价的制度。为减少优先权制度的负面影响，部分国家对建设工程优先权的规范方式呈现由法定向意定、特别优先向一般优先的变化趋势。① 随着建筑行业的发展，建设工程价款优先受偿权适用困难的现象会越发严重，适用的范围会越发狭窄，各国都在积极寻求其他途径，例如以修改工程担保制度的方式来实现对建设工程价款债权人的保护。从长远考虑，我国立法不宜像美国法那样将与发包人存在间接工程承包合同关系的次承包人列入建设工程价款优先受偿权的保护范围，而应采纳大陆法系立法的通行做法，将建设工程价款优先受偿权的权利主体界定在与发包人有直接合同关系的承包人范围之中。②

【实务中应注意的问题】

值得思考的是，上述包括最高人民法院会议纪要在内的观点的核心，都在于

① 参见顾长河、张婧：《比较法视野下的建筑工程优先权的发展趋势及其完善》，载《岭南学刊》2011 年第 5 期。

② 参见曹文衔、宿辉、曲笑飞：《民法典建设工程合同章条文释解与司法适用》，法律出版社 2021 年版，第 492 页。

发包人对于借用资质的事实是否明知,而要审查“发包人知道或者应当知道”,又是一个实际操作难题,这需要在个案证据中查明。以往,对于“发包人知道或者应当知道”或者“发包人明知”之表现形式,以合同签订时点划界,区分为发包人“事先明知”和“事后明知”。但事实上,“发包人明知”的时间与案件结果之间并无必然关联。有学者研究分析,“发包人明知”的典型表现形式包括[①]:(1)实际施工人直接向发包人缴纳各种保证金。该保证金可能包括投标担保、履约担保、农民工工资支付担保等不同形式。(2)发包人直接向实际施工人支付工程价款。既包括发包人仅向实际施工人支付款项,也包括发包人分别向出借资质方和实际施工人支付款项。(3)发包人追求或积极促成承包人出借资质给实际施工人。(4)发包人知晓承包人与实际施工人之间存在挂靠协议。发包人知晓挂靠协议的情形既包括从承包人处得知,也包括从实际施工人处得知。(5)发包人从实际施工人处接收工程。包括实际施工人参与工地例会、发包人直接向实际施工人发布指示、移交场地、参与竣工验收等持续性互动行为。

客观而言,上述列举仅为实践中的一部分情形,且一般的借用资质行为都符合上述列举情况,但是否都构成“发包人明知”?正因为“发包人明知”会对挂靠施工、转包等情形下的施工合同效力和责任分担产生影响,所以有学者注意到我国法学界和司法界对于“知道”“明知”“应当知道”等概念的解释和适用是较为混乱的,这已经对法律规则的统一适用产生了负面影响,因而构成一个重大的理论难题和实践难题。[②] 这就需要我们对于“发包人明知”适用更为严格的证明标准。综合理论与司法实务,发包人在个案中的行为,只要同时满足以下条件,无论发包人是否实际知晓挂靠行为,都应该认为其不构成法律意义上的“明知”:第一,发包人没有主动追求或积极促成出借资质的行为;第二,发包人仅向承包人要求工程交付,第三,发包人仅向承包人支付工程价款。此项认定标准的依据是《民法典》第788条第1款规定:“建设工程合同是承包人进行工程建设,发包人支付价款的合同。”

最高人民法院(2021)最高法民终394号案阐释了“发包人明知”的认定依据。该案中,发包人支付的工程款,大部分直接进入承包人相关账户,并未向借用资质的实际施工人直接支付。借用资质的实际施工人虽有在工程联系单上的签字,也

---

① 参见宿辉、王彬彬:《建工合同争议“发包人明知”规则之滥用及其证明标准|天同不动产》,载微信公众号“天同诉讼圈”2022年9月20日,https://mp.weixin.qq.com/S/-SOxwhgMX-vCj77-KJIqw。

② 参见张继成:《知道规则的内在逻辑与科学分类》,载《中国法学》2022年第3期。

是以承包人代表的名义向监理、业主报送，和发包人之间并未直接发生关系。承包人与实际施工人在案涉工程中标之前签订项目内部承包协议，也仅证明双方有转包或者挂靠的合意。最高人民法院认为，以上事实"均不能证明发包人同意或明知挂靠人以承包人名义承揽工程"。该案中，最高人民法院关注到了发包人并未实施放任或配合行为，故不构成"发包人明知"。

2022 年 9 月，福建省高级人民法院发布的《建设工程施工合同纠纷疑难问题解答》第 6 条列举了"发包人明知"的认定标准：(1) 挂靠人直接向发包人支付投标保证金，或者二者存在出借款项、保证金支付、工程款支付等其他直接款项往来；(2) 发包人在工程项目招标、合同签订、履行等过程中对挂靠人是实际履行主体情况知情；(3) 挂靠人与发包人就合同事宜直接进行磋商，或者发包人知悉挂靠人与被挂靠人之间挂靠事实。

对上述案例和裁判规则的研究，能够帮助我们梳理"发包人明知"的一般裁判规则，以便统一裁判标准。

第三节　专业分包人、装饰装修承包人、工程款债权受让人是否享有优先权

一、专业分包人是否享有建设工程优先权

【问题的提出】

《民法典》第 807 条规定："发包人未按照约定支付价款的，承包人可以催告发包人在合理期限内支付价款。发包人逾期不支付的，除根据建设工程的性质不宜折价、拍卖外，承包人可以与发包人协议将该工程折价，也可以请求人民法院将该工程依法拍卖。建设工程的价款就该工程折价或者拍卖的价款优先受偿。"《施工合同司法解释(一)》第 35 条规定："与发包人订立建设工程施工合同的承包人，依据民法典第八百零七条的规定请求其承建工程的价款就工程折价或者拍卖的价款优先受偿的，人民法院应予支持。"

根据上述法律及司法解释的规定，享有建设工程优先权的主体是与发包人订

立建设工程施工合同的承包人。但是,由于司法实践中案件的复杂多样性,未直接与发包人签订施工合同的专业分包人,是否一概不能享有建设工程优先权,司法实践中存在争议。

【基本观点】

合法专业分包人一般不享有建设工程优先权,但也存在例外情形。

【观点分析】

(一)合法专业分包人不属于“与发包人订立建设工程施工合同的承包人”

根据《2017 版施工合同范本》通用条款的规定,承包人是指与发包人签订合同协议书的,具有相应工程施工承包资质的当事人及取得该当事人资格的合法继承人;[①]而分包人是指按照法律规定和合同约定,分包部分工程或工作,并与承包人签订分包合同的具有相应资质的法人。[②]

根据上述定义,合法专业分包人是指与施工总承包人直接签订合同的施工主体。我国在建设工程领域实行施工总承包机制,建设单位应当将一个单位工程全部施工任务发包给一个具有施工总承包资质的施工企业,不得将应由一个承包单位完成的建设工程分解成若干部分发包给不同的承包单位,否则将构成肢解发包。[③] 因此,在合法专业分包情形下,分包人一般是与施工总承包人直接签订施工分包合同,而非与发包人订立施工合同,并不属于《施工合同司法解释(一)》第 35 条规定的“与发包人订立建设工程施工合同的承包人”,不能主张建设工程优先权。

(二)合法专业分包人不能突破合同相对性向发包人主张权利

《民法典》第 465 条第 2 款规定了合同相对性原理:“依法成立的合同,仅对当事人具有法律约束力,但是法律另有规定的除外。”基于合同的相对性原理,合法专业分包人与发包人之间没有直接的合同关系,发包人并不负有向分包人支付工程价款的义务。而建设工程优先权是建设工程价款主债权的从权利,分包人对发包人不享有主债权,当然也不应享有从权利。如果赋予分包人建设工程优先权,是对合同相对性原则的不合理突破。

(三)分包人可以主张建设工程优先权的例外情形

实践中情况多样,为更好体现建筑市场交易主体的真实意思及保护分包人合

---

① 参见《2017 年版施工合同范本》通用合同条款第 1.1.2.3 条。

② 参见《2017 年版施工合同范本》通用合同条款第 1.1.2.6 条。

③ 参见《建设工程质量管理条例》第 7 条、第 78 条。

法权益，不应一概而论认为分包人不享有建设工程优先权，在部分例外情形下分包人仍有享有建设工程优先权的可能性。

1. 发包人与分包人之间有直接合同关系

（1）发包人肢解发包情形下的分包人

实践中，部分专业分包工程如桩基、幕墙等，常常由发包人与施工单位签订名为“分包合同”的施工合同。虽然该“分包”实际为平行发包，可能因发包人的肢解发包行为被认定无效，但合同效力并不影响建设工程优先权的成立，施工单位可依据施工合同向发包人主张建设工程优先权。

在湖南省高级人民法院（2020）湘民终 916 号案中，原《施工合同司法解释（二）》规定，与发包人订立建设工程施工合同的承包人，根据 1999 年《合同法》第 286 条规定请求其承建工程的价款就工程折价或者拍卖的价款优先受偿的，人民法院应予支持。原告作为分包人与被告发包人签订了《幕墙工程专业分包工程合同》，分包人就其所施工的发包人开发建设的房地产项目外装专业分包工程第三标段幕墙工程折价或者拍卖的价款在剩余未支付工程款范围内享有优先受偿权。

在最高人民法院（2021）最高法民再 188 号案中，法院认为，1999 年《合同法》第 286 条规定的享有建设工程优先权的承包人所完成的工程并不局限于单独的建筑物或构筑物，如装饰装修工程的承包人也享有建设工程优先权。对于同一建设工程，由于工程技术内容不同、需要多方投资等原因，存在多个承包人是常见现象；只要承包人完成的工程属于建设工程，且共同完成的建设工程宜于折价、拍卖的，就应当依法保障承包人的优先受偿权。承包人施工的基坑支护、降水、土石方挖运工程，从设计到具体施工，均与总包方密切联系，与主体工程的施工严密配合，交叉进行，属于案涉大厦项目建设工程不可缺少的内容。在整个施工过程中，中成煤建公司投入的建筑材料和劳动力已经物化到案涉海峡友谊大厦项目整个建筑物之中，与建筑物不可分割。承包人作为与发包方订立建设工程施工合同的承包人，在未受偿工程款范围内有权就案涉大厦工程折价或者拍卖的价款优先受偿。

（2）发包人指定分包情形下的分包人

在我国工程实践中，发包人指定分包是指由业主和工程师挑选或指定的进行与项目实施、货物采购等工作有关的分包。由于发包人对总承包合同范围内的部分专业工程如消防工程、幕墙工程等工程的施工质量、成本、工期进行有效控制的考量，业主指定专业工程分包商的情形在目前市场上大量存在。《房屋建筑和市政基础设施工程施工分包管理办法》明确禁止指定分包[①]，但由于该规定系部门规章，因此即使违反也不会导致指定分包合同无效。在合同有效的情形下，指定分包的分包人能否突破合同相对性向发包人主张建设工程优先权，不无疑问。

实践中，根据签订主体的不同，指定分包主要有承包人与分包人签订分包合同和发包人、承包人、分包人签订三方合同两种。

第一，承包人与分包人签订分包合同。

工程实践中，业主为规避法律风险，一般要求总承包人与专业分包人签订合同，但分包人由发包人选定，总承包人收取总包服务费并进行一定的现场管理。

如果在合同实际履行过程中，存在发包人事实上直接管理分包人、直接向分包人付款等情形，此时合法分包人与发包人虽未直接签订施工合同，但根据《民法典》第490条第2款之规定，双方已履行分包合同主要权利义务，双方之间成立事实合同关系，分包人向发包人主张建设工程优先权，并未突破合同相对性。

承包人与分包人签订施工合同，还可能构成《民法典》第925条规定的隐名代理。如果分包人的选定、合同内容、现场管理、结算、付款都由发包人实际进行，总承包人仅为名义上合同相对人，则总承包人与分包人签订的分包合同应当直接约束分包人与发包人。

以下情形法院可能会认定分包人与发包人直接成立合同关系：发包人参与了专业工程分包招标并确定中标人；发包人直接审批支付进度款、进行结算，发包人直接向分包人支付工程款；发包人直接进行工期、质量的管理。

在(2020)浙09民申20号案[②]中，浙江省高级人民法院认为，项目桩基础及围护桩工程的招标人为发包人，分包人的投标保证金也系汇入发包人公司账户，中标后分包人根据发包人的要求与总承包人签订了合同，并纳入总包单位管理。分包人还曾向总承包人出具承诺书，承诺同意按照总承包人与发包人所签订承包合同的约定自行同建设方结算。发包人也承认分包人是由其招标后指定与总承包人签订协议。由此可以认定，分包人实际系发包人指定的对特定项目进行施工的分包人，而且在履行过程中，指定分包人完全代替承包人履行了合同义务，分包人

---

① 《房屋建筑和市政基础设施工程施工分包管理办法》第7条规定："建设单位不得直接指定分包工程承包人。任何单位和个人不得对依法实施的分包活动进行干预。"

② 参见浙江省舟山市中级人民法院民事裁定书，(2020)浙09民申20号。

与发包人形成了事实合同关系。且分包人已为案涉工程投入了相关的人力与物力并物化到案涉建设工程中，该工程也已经竣工验收合格，故分包人对总承包人所欠工程款在案涉项目工程折价或拍卖价款中享有建设工程优先权。

第二，发包人、承包人、分包人签订三方合同。

发包人、总承包人和分包人之间签订三方合同，约定了发包人与分包人之间的权利义务，如进度款的申报和审批主体、款项支付方式等，同时约定了承包人计取总包服务费等条款的，由于分包人由发包人指定，且发包人依据三方合同直接参与工程分包，故分包人与发包人之间形成了直接的合同关系，分包人向发包人主张建设工程优先权并未突破合同相对性，应予支持。

在北京市朝阳区人民法院(2021)京0105民初55123号案[①]中，法院认为，分包人与发包人、总承包人共同签订了分包合同。在履行过程中，分包人完全代替承包人就涉案工程履行了装修义务，承包人仅承担配合义务，应属于发包人指定了分包人。结算协议书约定最终是由发包人向承包人付款。本案已经竣工验收合格，发包人在签订结算协议后未及时支付工程款，分包人有权就其承建的涉案工程享有建设工程优先权。

2. 分包人代位行使建设工程优先权

当承包人怠于主张其享有的建设工程优先权，可能因此损害分包人的债权时，分包人可以依据《民法典》第535条的规定，就其承建的工程在发包人欠付承包人工程价款范围内向发包人主张建设工程优先权。根据最高人民法院的观点，分包人完成了其与总承包人之间合同约定的施工义务且工程质量合格，在总包人不主张或者怠于主张工程价款优先受偿权的情况下，应允许分包人就其承建的工程部分在发包人欠付的工程款范围内向发包人主张建设工程优先权。[②]

部分高级人民法院的指导性文件也持该观点，安徽省高级人民法院2009年发布的《关于审理建设工程施工合同纠纷案件适用法律问题的指导意见》第18条规定："分包人或实际施工人完成了合同约定的施工义务且工程质量合格的，在总包人或非法转包人怠于主张工程价款优先受偿权时，就其承建的工程在发包人欠付的工程款范围内主张工程价款优先受偿权，可予支持。"浙江省高级人民法院

---

① 参见北京市朝阳区人民法院民事裁定书，(2021)京0105民初55123号。

② 参见杜万华主编，最高人民法院民事审判第一庭编：《民事审判指导与参考》(总第65辑)，人民法院出版社2016年版，第252页。

2012年发布的《关于审理建设工程施工合同纠纷案件若干疑难问题的解答》第22条规定,“分包人或实际施工人完成了合同约定的施工义务且工程质量合格,在总承包人或转包人怠于行使工程价款优先受偿权时,就其承建的工程在发包人欠付工程价款范围内可以主张工程价款优先受偿权”。河北省高级人民法院2018年发布的《建设工程施工合同案件审理指南》第33条规定,“分包人或实际施工人在总包人或非法转包人怠于主张工程价款时,主张建设工程价款就该工程折价或拍卖的价款优先受偿的,人民法院应予支持”。

【实务中应注意的问题】

分包施工内容是否属于被拍卖建筑物的组成部分?

《民法典》第807条规定的建设工程优先权立法目的是承包人在施工过程中投入了人力、物力、财力,物化到建设工程中,是实现建设工程经济价值的物质基础,因此需保障承包人工程价款债权的实现。因此,承包人享有建设工程优先权的前提是承包人投入的生产要素物化为建筑物中不可分割的组成部分,而有的专业分包合同施工内容并不符合上述要求,如基坑施工合同。有观点认为,基坑施工是对建筑物所占用土地现状进行的改变,未形成建筑物的组成部分,故基坑施工合同的分包人不享有建设工程优先权。在(2021)最高法民再188号案中,最高人民法院认为,根据建筑行业管理规范和办法,深基坑工程施工包括支护结构施工、地下水和地表水控制、土石方开挖等内容,故基坑支护、降水、土石方挖运工程施工合同的承包人,要求在未受偿工程款范围内享有建设工程优先权的,人民法院应予支持。建设工程中基坑工程承包人投入的建筑材料和劳动力已物化到建筑物中,与建筑物不可分割,基坑施工合同的承包人应享有建设工程优先权。

二、装饰装修工程承包人是否享有建设工程优先权

【问题的提出】

《民法典》第807条规定了承包人的建设工程优先权,但装饰装修工程的承包人是否享有该权利,在司法解释规定上经历了一个逐渐明确的过程。虽然《施工合同司法解释(一)》第37条①明确了装饰装修工程的承包人是享有建设工程优

---

① 《施工合同司法解释(一)》第37条规定:装饰装修工程具备折价或者拍卖条件,装饰装修工程的承包人请求工程价款就该装饰装修工程折价或者拍卖的价款优先受偿的,人民法院应予支持。

先权的主体,但是实践中,如何界定装饰装修工程承包人的概念和范围、如何理解"装饰装修工程具备折价或者拍卖条件"、家庭居室装饰装修是否有建设工程优先权等问题,仍值得探讨。

【基本观点】

在装饰装修工程中,正是因承包人之劳动行为而使原先之不动产增值,故其与其他建筑工程具有相同属性①。故与发包人有合同关系的装饰装修工程承包人亦享有建设工程优先权,但需具备折价或者拍卖条件。

【观点分析】

(一)装饰装修工程的概念

《建设工程质量管理条例》第 2 条第 2 款规定,该条例所称建设工程,是指土木工程、建筑工程、线路管道和设备安装工程及装修工程。《建筑装饰装修工程质量验收标准》(GB 50210—2018)第 2.0.1 条规定,建筑装饰装修,是指为保护建筑物的主体结构、完善建筑物的使用功能和美化建筑物,采用装饰装修材料或装饰物,对建筑物的内外表面及空间进行的各种处理过程。最高人民法院对装饰装修的定义是"以已经建造的建筑物为基础而进行的二次加工和修缮",强调了其添附属性。装饰装修工程不是法律概念,但可以认定为建设工程范围。

(二)何种情况下装饰装修工程可以单独发包

一般而言,除施工总承包下的专业分包外,可单独发包的工程最小单元应为单位工程。《建筑工程施工发包与承包违法行为认定查处管理办法》第 6 条第 5 项将"建设单位将一个单位工程的施工分解成若干部分发包给不同的施工总承包或专业承包单位"定义为违法发包。关于单位工程的定性,《质量验收统一标准》第 4.0.2 条将单位工程按原则划分为两部分:具备独立施工条件并能形成独立使用功能的建筑物或构筑物为一个单位工程;对于规模较大的单位工程,可将其能形成独立使用功能的部分划分为一个子单位工程。由此提取出来的单位工程的特征应为"独立施工条件并能形成独立使用功能"。实践中,装饰装修工程单独发包屡见不鲜。发包人将专业工程直接发包,在不涉及建设单位将一个单位工程的施工分解成若干部分发包给不同的施工总承包单位或专业承包单位等肢解发包

---

① 参见最高人民法院民事审判第一庭编著:《最高人民法院新建设工程施工合同司法解释(一)理解与适用》,人民法院出版社 2021 年版,第 386 页。

的情况下,直接发包一般认定为有效。与发包人签订装修装修施工合同的承包人,可就其承建的装饰装修工程折价或者拍卖的价款优先受偿。

(三)相关规定的演变过程

装饰装修工程承包人的建设工程优先权首次出现于《装饰装修工程优先权函复》。该函系最高人民法院对福建省高级人民法院的答复:装修装饰工程属于建设工程,可以适用1999年《合同法》第286条关于建设工程优先权的规定,但装修装饰工程的发包人不是该建筑的所有权人或者承包人与该建筑物的所有权人之间没有合同关系的除外。享有建设工程优先权的承包人只能在建筑物因装修装饰而增加价值的范围内优先受偿。

原《施工合同司法解释(二)》第18条对《装饰装修工程优先权函复》进行了吸收,规定:装饰装修工程的承包人,请求装饰装修工程价款就该装饰装修工程折价或者拍卖的价款优先受偿的,人民法院应予支持,但装饰装修工程的发包人不是该建筑物的所有权人的除外。这与《装饰装修工程优先权函复》规定大体一致,但除外条件中删除了"承包人与该建筑物的所有权人之间没有合同关系"的表述。

《施工合同司法解释(一)》第37条再次进行了调整,规定:装饰装修工程具备折价或者拍卖条件,装饰装修工程的承包人请求工程价款就该装饰装修工程折价或者拍卖的价款优先受偿的,人民法院应予支持。新规定删除了"但装饰装修工程的发包人不是该建筑物的所有权人的除外",增加了"具备折价或者拍卖条件"的表述。

(四)如何理解"具备拍卖或折价条件"

装饰装修工程承包人享有建设工程优先权,除了需要满足享有建设工程优先权的一般条件以外,还需要满足与装饰装修工程特征相符合的特殊条件。实践中,法院支持装饰装修工程承包人优先权,主要考虑以下几个因素:

1. 发包人为建筑物所有人或承包人对建筑物所有人具有合法权益

《施工合同司法解释(一)》虽然删除了"但装饰装修工程的发包人不是该建筑物的所有权人的除外"的表述,但是并不意味着不再考虑该因素,装饰装修工程发包人是否为建筑物所有权人仍然是重要且关键的考虑因素。实践中,发包人可能是建筑物的所有权人,也可能是建筑物使用权人。以租赁、联营等方式实际占有和使用该建筑物的占有人为发包人的,对这些装饰装修工程承包人的优先受偿权应当进行合理限制,即在该装饰装修工程未征得建筑物所有权人同意担保的前提下，该装饰装修工程的承包人不享有建设工程优先权[①]。如(2017)渝01民终8196号民事判决书、(2019)最高法民终1800号民事判决书、(2020)浙09民初55号民事判决书、(2017)粤06民终5648号民事判决书、(2022)粤01民终3161号民事判决书，均在支持装饰装修工程款优先受偿时将发包人是否为建筑物所有权人作为考虑因素。

值得注意的是，不同法院在个案中考虑是否支持优先权以及对举证责任如何分配有不同看法。如(2022)鲁02民终7682号民事判决书、(2016)川民初91号民事判决书将"不宜折价或者拍卖"的举证责任分配给发包人，(2022)云08民终188号民事判决书则认为，"不宜折价或者拍卖"的举证责任应由承包人承担。本书认为，发包人作为建设方，对建设工程状态的了解程度大于其他主体，既然发包人抗辩"装饰装修工程不宜折价或拍卖"，那就应当对此承担举证责任。

2. 工程整体需要折价或者拍卖，同时工程整体变价时包含装饰装修工程的价值且该价值能单独计算

《装饰装修工程优先权函复》将装饰装修工程价款的优先受偿权范围限定在建筑物因装修装饰而增加价值的范围内，由于函复仍然现行有效，且后续司法解释也没有就此问题作出相反规定，因此这一规定理应被继续遵守。最高人民法院在《最高人民法院新建设工程施工合同司法解释(一)理解与适用》中指出，由于装饰装修工程依附于主体工程，装饰装修工程的价值，只有与其依附的主体工程一起使用才能体现出来，而且装饰装修工程通常因主体工程用途的改变而改变，因而工程价款优先受偿权以装饰装修工程具备折价或者拍卖条件为前提，承包人不得仅因装饰装修工程价款便要求对建设工程整体进行处分。

3. 优先受偿的范围

最高人民法院在《最高人民法院新建设工程施工合同司法解释(一)理解与适用》中指出[②]，装饰装修工程价款优先权的行使范围应当限定在装饰装修工程使建筑物增加价值的限度之内。该观点显然借鉴了添附理论当中有关加工的部分。理论上讲，承包人的施工行为本质上也属于对既有不动产的添附行为，工程装饰

---

① 参见中国建设工程法律评论第四工作组编著：《建设工程优先受偿权》，法律出版社2017年版，第16页。

② 参见最高人民法院民事审判第一庭编著：《最高人民法院新建设工程施工合同司法解释(一)理解与适用》，人民法院出版社2021年版，第386页。

装修属于对既存工程的添附[①]。

【实务中应注意的问题】

（一）装饰装修工程价值如何单独计算

因装饰装修而使建筑物增值部分，不等同于装饰装修工程施工合同约定的工程价款，更不等同于整个建筑物的价值。理论上，对于增值部分，有约定则从约定，没有约定则可能需要通过司法鉴定综合判定，但司法实务中，很少见到这种约定。在裁判阶段，法院的判项或者裁项基本表述为“在欠付工程款××元范围内就其施工的××工程折价或拍卖所得价款优先受偿”。在执行阶段，由于装饰装修工程依附于主体工程，导致其折价拍卖存在难度，价格会受附着的建筑工程价值的影响，实务中一般将装修装饰工程与其他工程分别进行评估，确定各自在总价值中的比例，然后一并拍卖，拍卖成交后再确定装修装饰工程承包人可以优先受偿的金额。

（二）家庭装饰装修承包人优先权问题

一般来说，装饰装修工程可以分为工业装饰装修工程和家庭居室装饰装修工程。《住宅室内装饰装修管理办法》第2条第2款规定，该办法所称住宅室内装饰装修是指住宅竣工验收合格后，业主或者住宅使用人对住宅室内进行装饰装修的建筑活动。《家庭居室装饰装修管理试行办法》第2条规定，家庭居室装饰装修是指居民为改善自己的居住环境，自行或者委托他人对居住的房屋进行修饰处理的工程建设活动。可见，两者的性质、资质要求等均不相同。多地法院关于施工合同的规范性文件当中对两者进行了区分对待。如重庆市高级人民法院、四川省高级人民法院发布的《关于审理建设工程施工合同纠纷案件若干问题的解答》第2条[②]。

---

① 参见曹文衔：《建设工程价款优先权主体中的施工承包人——评〈建工司法解释（二）〉（征求意见稿）第二十五条和第二十六条|建工衔评》，载微信公众号“天同诉讼圈”2018年7月5日，https://mp.weixin.qq.com/s/AEROhk2idbrizzy--IJQlw。

② 该条以问答的形式作出规定：“二、装饰装修合同的承包人不具备相应的施工资质是否影响合同效力？

答：装饰装修工程可以分为工业装饰装修工程和家庭居室装饰装修工程。工业装饰装修工程的承包人应当具备相应的施工资质，不具备相应的施工资质或者超越资质等级所签订的装饰装修合同应当认定为无效。家庭居室装饰装修工程的承包人不具备相应的施工资质的，不影响装饰装修合同的效力，但装修活动涉及变动建筑主体和承重结构，或者法律、法规要求承包人应具备相应施工资质的除外。

通常情形下，家庭居室装饰装修工程的装修对象应为住宅用房、商服用房，办公用房等非住宅用房的装修不属于家庭居室装饰装修工程。家庭居室装饰装修工程主体应为业主或者住宅使用人，建设单位为进行成品房销售而实施的批量住宅装修一般不属于家庭居室装饰装修工程。”

关于家庭居室装饰装修工程合同的法律性质，一种观点认为其性质属于建设工程合同，受到《建筑法》调整；另一种观点认为不属于《建筑法》的调整范围，对于家庭居室装饰装修合同引起的纠纷应当依据《民法典》有关承揽合同的规定，并参照《住宅室内装饰装修管理办法》予以处理。据此产生两种观点，前者认为家庭装饰装修承包人享有建设工程优先权，后者则认为不享有。最高人民法院在《最高人民法院新建设施工合同司法解释（一）理解与适用》中持第二种观点，主要理由有二：一是家庭居室装饰装修工程应适用《民法典》合同编有关承揽合同的规定，依现行《建筑法》的规定，家庭装饰装修活动不属于建筑法的调整范围。二是认定家庭居室的装饰装修工程承包人不享有建设工程优先权，符合最高人民法院司法解释与司法政策的精神。本书赞同第二种观点，虽然在增值理论上，工业装饰装修工程和家庭居室装饰装修并无本质差别，但并不意味着所有符合增值理论的权利均需要上升到通过建设工程优先权进行特别保护的程度。家庭居室装饰装修并不具备建设工程的典型特征：一是本身建设周期长，公共性质明显，多数情况下涉及不特定多数人的安全；二是行政监管强，是否具备专业资质直接影响合同效力。但家庭居室装饰装修一般只涉及特定主体，对资质要求也较低，适用承揽合同的相关规定即可保护债权人权益。司法实践中也很少遇到家庭装修承包人主张建设工程优先权。

三、建设工程价款债权受让人是否享有建设工程优先权

【问题的提出】

实务中，由于融资需要等多种原因，承包人将其工程价款债权转让的现象并不鲜见。此种情况下，由于对优先受偿权的性质、立法目的及其是否具有人身专属性存在不同观点，受让人是否可以主张承包人享有的建设工程优先权，实务中存在争议。最高人民法院在其制定的多个司法解释中，未对该问题作出规定。《最高人民法院建设工程施工合同司法解释（二）理解与适用》一书中，也回避了这一问题，并指出“请求发包人支付建设工程价款的债权转让后，受让人是否应享有优先受偿权尚无定论”①。

---

① 最高人民法院民事审判第一庭编著：《最高人民法院建设工程施工合同司法解释（二）理解与适用》，人民法院出版社2019年版，第373页；最高人民法院民事审判第一庭编著：《最高人民法院新建设工程施工合同司法解释（一）理解与适用》，人民法院出版社2021年版，第365页。

【不同观点】

实务中，对于承包人将建设工程价款债权转让后，受让人是否享有建设工程优先权，主要存在以下两种观点：

肯定说认为，建设工程价款债权转让后，受让人应享有建设工程优先权。建设工程优先权性质为法定优先权，具有担保物权属性，其功能是担保工程款债权实现，该权利依附于承包人的工程价款债权，是工程价款债权的从权利，并非专属于承包人的权利。受让人基于债权转让而取得工程款债权，自然也就取得了建设工程优先权。如最高人民法院有裁判观点认为，建设工程优先权为法定优先权，功能是担保工程款优先支付，系工程款债权的从权利，不专属于承包人自身，可以随建设工程价款债权一并转让。故建设工程价款债权转让的，建设工程优先权随之转让并不违反法律规定。[①] 部分地方法院的规范性文件也持该观点，例如，山东省高级人民法院民一庭发布的《关于审理建设工程施工合同纠纷案件若干问题的解答》第12条规定："建设工程价款优先受偿权依附于工程款债权，属于从属性权利，承包人将建设工程价款债权转让的，建设工程价款优先受偿权随之转让。"

否定说认为，建设工程债权转让后，受让人不应享有建设工程优先权。建设工程优先权的立法目的主要是保障承包人背后广大建筑工人的生存利益。建设工程债权转让后，承包人的工程价款债权已经实现，受让人与建筑工人利益无关，如赋予其建设工程优先权，有悖于该制度的立法目的。如最高人民法院裁判观点认为，建设工程优先权为法定优先权，其设立初衷意在通过保护承包人的建设工程价款债权进而确保建筑工人的工资权益得以实现，专属于承包人。[②] 2022年12月28日重庆市高级人民法院、四川省高级人民法院联合出台的《关于审理建设工程施工合同纠纷案件若干问题的解答》第17条规定，建设工程价款优先受偿权属于法定优先权，行使主体应限定为与发包人形成建设工程施工合同关系的承包人，建设工程价款债权转让后，受让人主张对建设工程享有优先受偿权的，人民法院不予支持。

本书倾向于肯定说，即工程价款债权转让的，建设工程优先权作为从权利，一并转让。

---

① 参见最高人民法院民事判决书，(2021)最高法民终958号。

② 参见最高人民法院民事裁定书，(2019)最高法民申3349号。

【观点分析】

（一）建设工程价款优先受偿权属于应当一并转让的从权利

《民法典》第 547 条第 1 款规定："债权人转让债权的，受让人取得与债权有关的从权利，但是该从权利专属于债务人自身的除外。"此处规定的从权利，包括担保物权。《中华人民共和国民法典合同编理解与适用（一）》一书中的观点为"由于从权利的范围较广，特别是在担保物权领域，有关担保物权虽然都是从权利……主债权转让后，相应的从权利就一并转让，即使该从权利未办理转移登记或转移占有，受让人仍然取得该从权利"。[①]

本书认为，建设工程优先权的法律性质为法定优先权，是主债权的从权利，作用在于担保主债权的实现，具有担保物权的属性，因此其不具有独立存在的价值，工程价款债权转移的，优先权应当随同转移，工程价款债权受让人可以基于债权转让取得建设工程优先权。

我国法律对同为法定优先权的船舶优先权、民用航空器优先权均规定，优先权随主债权转移而转移。[②] 建设工程优先权与之本质相似，做相同理解，符合体系解释的解释规则。

（二）建设工程价款优先受偿权并非专属于承包人自身的权利

《合同法司法解释（一）》虽然已被废止，但根据最高人民法院《全国法院贯彻实施民法典工作会议纪要》第 15 条的规定，在合同编司法解释尚未出台的情况下，人民法院可以根据案件情况需要引用《合同法司法解释（一）》的条文作为裁判依据[③]。《合同法司法解释（一）》第 12 条规定："合同法第七十三条第一款规定的专属于债务人自身的债权，是指基于扶养关系、抚养关系、赡养关系、继承关系产生的给付请求权和劳动报酬、退休金、养老金、抚恤金、安置费、人寿保险、人身伤害赔偿请求权等权利。"

---

① 最高人民法院民法典贯彻实施工作领导小组主编：《中华人民共和国民法典合同编理解与适用（一）》，人民法院出版社 2020 年版，第 569 页。

② 《海商法》第 27 条规定，该法第 22 条规定的海事请求权转移的，其船舶优先权随之转移。《民用航空法》第 23 条规定，该法第 19 条规定的债权转移的，其民用航空器优先权随之转移。

③ 最高人民法院《全国法院贯彻实施民法典工作会议纪要》第 15 条规定："人民法院根据案件情况需要引用已废止的司法解释条文作为裁判依据时，先列明《时间效力规定》相关条文，后列明该废止的司法解释条文。需要同时引用民法通则、合同法等法律及行政法规的，按照《最高人民法院关于裁判文书引用法律、法规等规范性法律文件的规定》确定引用条文顺序。"

从上述规定内容来看,所谓专属债权,基本上是基于婚姻、家庭、继承或劳动者等特殊的身份关系而产生,具有较强的人身属性;而建设工程优先权是基于建设工程价款债权产生,与身份关系无涉。

(三)允许建设工程优先权转让更符合立法目的

肯定受让人享有建设工程优先权,有利于建设工程价款债权的流转,使承包人的工程价款债权加速实现,进而更有利于维护农民工权益。有建设工程优先权作为担保的工程款债权,容易以更高对价转让;而没有建设工程优先权担保的工程款债权难以变现,导致承包人的价款债权难以实现,进而会影响建筑工人生存利益。将建设工程优先权解释为专属于承包人,会阻碍工程价款债权的自由流转。从另外一个角度看,赋予债权受让人建设工程优先权,对发包人并不会产生不利的影响。

(四)允许建设工程优先权转让有利于保障实际施工人利益

最高人民法院民一庭法官会议纪要的观点认为实际施工人并不享有建设工程优先权[①],该观点渐成主流。在实际施工人直接向发包人主张建设工程优先权缺乏直接路径的情况下,允许实际施工人受让承包人工程价款债权的同时获得优先受偿权,更符合该制度的立法目的。优先受偿权的立法目的是保障承包人背后的建筑工人的劳动报酬的实现,而转包人、违法分包人、被挂靠人等名义上的承包人没有实际投入,因此并不是该制度的保护对象。

【典型案例】

天津斯丹尔科技发展有限公司、廊坊市安居房地产开发有限公司等普通破产债权确认纠纷案

承包人江苏建昌建设工程有限公司(以下简称建昌公司)向廊坊市中级人民法院起诉发包人廊坊市安居房地产开发有限公司(以下简称安居公司),诉请支付工程款、停工损失费并享有建设工程价款优先受偿权。廊坊市中级人民法院作出民事调解书确认:解除合同,安居公司需支付建昌公司工程款、停工损失费。建昌公司向廊坊市中级人民法院申请强制执行。后建昌公司申请对安居公司进行破产清算,廊坊市中级人民法院裁定受理了破产清算申请。天津斯丹尔科技发展有限

① 参见最高人民法院民一庭:《实际施工人不享有建设工程价款优先受偿权》,载微信公众号"最高人民法院民一庭"2022 年 4 月 8 日,https://mpweixin.qq.com/s/linKMOcToPvTdippXaaog。

限公司(以下简称斯丹尔公司)与建昌公司签订了债权转让协议,法院裁定变更斯丹尔公司为案件申请执行人。安居公司破产管理人作出债权确认通知书认定,建设工程款优先受偿权是实际承包人自身的从权利,建设工程款优先权不得转让,斯丹尔公司以受让方式取得对债务人涉案工程款不享有建设工程款优先权。斯丹尔公司对此有异议,向廊坊市中级人民法院提起诉讼,请求确认斯丹尔公司申报的建设工程款债权依法享有法定优先受偿权。

一审、二审法院均认为,建设工程价款优先受偿权与建设工程价款请求权具有人身依附性,承包人将建设工程价款债权转让,建设工程价款的优先受偿权消灭。斯丹尔公司的诉讼请求于法无据,不予支持。

斯丹尔公司不服判决,向最高人民法院申请再审。

最高人民法院认为,建设工程优先权为法定优先权,立法初衷系通过保护承包人的建设工程价款债权进而确保建筑工人的工资权益得以实现。对该债权的保护,不应因债权主体的改变而改变,而允许受让人享有该优先受偿权,有利于原债权人获得合理的、充足的债权转让对价,更有利于实现建筑工人的劳动债权;反之,如果建设工程价款优先受偿权随之消灭,则会间接损害劳动债权的受偿。本案所涉建昌公司与斯丹尔公司之间的债权转让有关转让协议涉及的财产权利,是双方当事人之间的民事权益,没有证据证明系建昌公司放弃债权、无偿或低价转让财产、处分财产的不当行为。故本案确认斯丹尔公司受让建设工程价款债权后依然享有优先受偿权,并不违背建设工程价款优先受偿权制度保护建筑工人劳动报酬的制度目的。再审判决撤销一审、二审判决,确认斯丹尔公司申报的建设工程款债权享有优先受偿权。

第三章 建设工程优先权的范围

第一节 概 述

建设工程优先权的范围，是指建设工程承包人作为权利人可以就建设工程折价或拍卖所得价款优先受偿的债权范围。

2002年《优先权批复》第3条规定："建筑工程价款包括承包人为建设工程应当支付的工作人员报酬、材料款等实际支出的费用，不包括承包人因发包人违约所造成的损失。"从该条规定来看，建设工程优先权的范围仅限于承包人为工程建设支付的实际支出，不包括承包人利润、损失等。但是，在批复的实施过程中，出现了比较多的分歧，司法实践逐步突破该批复规定的优先受偿权的范围，很多法院出台的指导性意见和司法裁判将承包人的利润等也包括在建设工程优先权范围之内。

《施工合同司法解释（一）》顺应司法实践的趋势，在第40条规定："承包人建设工程价款优先受偿的范围依照国务院有关行政主管部门关于建设工程价款范围的规定确定。承包人就逾期支付建设工程价款的利息、违约金、损害赔偿金等主张优先受偿的，人民法院不予支持。"需要注意的是，本条并未直接罗列建设工程价款所包含的各个组成部分，而是直接规定依照国务院有关行政主管部门关于建设工程价款范围的规定确定。

现行的有关行政主管部门关于工程价款范围的规定主要有二：一是住房和城乡建设部、财政部发布的《建筑安装工程费用项目组成（按费用构成要素划分）》规定："建筑安装工程费按照费用构成要素划分：由人工费、材料（包含工程设备，下同）费、施工机具使用费、企业管理费、利润、规费和税金组成。其中人工费、材料费、施工机具使用费、企业管理费和利润包含在分部分项工程费、措施项目费、其他项目费中（见附表）。"二是原建设部《建设工程施工发包与承包价格管理暂行规定》（已失效）第5条规定，"工程价格由成本（直接成本、间接成本）、利润（酬金）和税金构成"。虽然上述两个规定对工程价款组成的表述不同，但实质上基本一致。根据《施工合同司法解释（一）》第40条的规定，应当根据上述规定确定建设工程优先权的范围。如果国务院有关行政主管部门关于建设工程价款范围的规定发生变化,建设工程优先权的范围也随之变化。

一、可优先受偿的债权

工程价款是指工程施工单位在施工过程中,根据施工合同约定的施工内容和施工费用计价方式、标准,以及施工单位实际完成的工程量,从而确定的工程施工单位应得的报酬。

(一)工程造价与工程价款

1. 工程造价

根据《工程造价术语标准》(GB/T 50875—2013)第2.1.1条的规定,工程造价(Project Costs)是指工程项目在建设期预计或实际支出的建设费用。由于所处的角度不同,工程造价有不同的含义。

含义一:从投资者(业主)的角度分析,工程造价是指建设一项工程预期开支或实际开支的全部固定资产投资费用。投资者为了获得投资项目的预期效益,需要对项目进行策划决策、建设实施(设计、施工)直至竣工验收等一系列活动。在上述活动中所花费的全部费用,即构成工程造价。从这个意义上讲,工程造价就是建设工程固定资产总投资。

含义二:从市场交易角度分析,工程造价是指工程发承包交易活动中形成的建筑安装工程费用或建设工程总费用。工程造价的这种含义是指以建设工程这种特定的商品形式作为交易对象,通过招标投标或其他交易方式,在多次估算的基础上,最终由市场形成的价格。实务中,建设工程合同纠纷中的工程造价通常指的是该含义。

2. 建筑安装工程费

根据《工程造价术语标准》(GB/T 50875—2013)第2.2.10条的规定,建筑安装工程费(Cost of Construction & Installation Work)是为完成工程项目建造、生产性设备及配套工程安装所需的费用。

建筑安装工程费按照专业工程类别分为建筑工程费和安装工程费。建筑工程费在民用建筑中还应包括电气、采暖、通风空调、给排水、通信及建筑智能等建筑设备及其安装工程费。安装工程费是指用于设备、工器具、交通运输设备、生产家具等的安装或组装,以及配套工程安装而发生的全部费用。

3. 工程造价与工程价款的关系

工程造价是建设工程的建造价格，是完成一项建设工程的费用总和。我国现行工程造价的构成主要包括设备及工器具购置费用、建筑安装工程费用、工程建设其他费用、预备费、建设期贷款利息、固定资产投资方向调节税等几项。但是在实践中工程造价这一概念使用比较泛化，很多时候当事人将工程合同中确定的价款也称为工程造价，混淆了工程合同价款与工程造价的含义。

如前所述，工程价款是工程施工单位履行施工合同义务而应得的报酬，而工程造价是指工程建设过程中，根据工程的设计、施工、质量、安全等要求，结合当地的市场价格，综合考虑材料、机械、人工等各项费用，最终确定的工程建设总费用。因此，简言之，工程价款是施工单位应得的报酬，而工程造价是工程建设总费用。

工程造价与工程合同价款是既有差异又密切相关的两个概念。当事人在签订合同时，往往以工程造价为基本考量。合同价款是表现形式，而工程造价是本质内容，工程造价以合同价款的方式表现在外。工程价款是工程造价相对应部分的应付部分工程款债权，工程造价进入应付状态才成为工程价款。

（二）工程造价费用组成体系

根据住房和城乡建设部、财政部颁布的《关于印发〈建筑安装工程费用项目组成〉的通知》（建标〔2013〕44 号），我国现行建筑安装工程费用项目按两种不同的方式划分，即按费用构成要素划分和按造价形成划分。

1. 建筑安装工程费用按费用构成要素划分（定额计价）

建筑安装工程费按照费用构成要素划分，由人工费、材料（包含工程设备，下同）费、施工机具使用费、企业管理费、利润、规费和税金组成。其中人工费、材料费、施工机具使用费、企业管理费和利润包含在分部分项工程费、措施项目费、其他项目费中。

（1）人工费

建筑安装工程费中的人工费，是指按照工资总额构成规定，支付给直接从事建筑安装工程施工作业的生产工人和附属生产单位工人的各项费用。

（2）材料费

建筑安装工程费中的材料费，是指工程施工过程中耗费的各种原材料、辅助材料、构配件、零件、半成品或成品、工程设备费用。

(3)施工机具使用费

建筑安装工程费中的施工机具使用费,是指施工作业所发生的施工机械、仪器仪表使用费或其租赁费用。

(4)企业管理费

企业管理费是指建筑安装组织施工生产和经营管理所需的费用。

(5)利润

利润是指施工企业完成所承包工程获得的盈利,由施工企业根据企业自身需求并结合建筑市场实际自主确定。

(6)规费

规费是指按国家法律、法规规定,由省级政府和省级有关权力部门规定必须缴纳或计取的费用。包括社会保险费、住房公积金、工程排污费(2018 年停征)。

(7)税金

建筑安装工程费用中的税金是指按照国家税法规定的应计入建筑安装工程造价内的增值税额,按税前工程造价乘以增值税税率确定。

2. 建筑安装工程费用构成按造价形成划分(工程量清单计价模式)

建筑安装工程费按照工程造价形成由分部分项工程费、措施项目费、其他项目费、规费、税金组成,分部分项工程费、措施项目费、其他项目费包含人工费、材料费、施工机具使用费、企业管理费和利润。

(1)分部分项工程费

分部分项工程费是指各专业工程的分部分项工程应予列支的各项费用。各类专业工程的分部分项工程划分应遵循现行国家或行业计量规范的规定。

①专业工程:是指按现行国家计量规范划分的房屋建筑与装饰工程、仿古建筑工程、通用安装工程、市政工程、园林绿化工程、矿山工程、构筑物工程、城市轨道交通工程、爆破工程等各类工程。

②分部分项工程:指按现行国家计量规范对各专业工程划分的项目。如房屋建筑与装饰工程划分的土石方工程、地基处理与桩基工程、砌筑工程、钢筋及钢筋混凝土工程等。各类专业工程的分部分项工程划分见现行国家或行业计量规范。

分部分项工程费 = Σ(分部分项工程量 × 综合单价)

综合单价包括人工费、材料费、施工机具使用费、企业管理费和利润以及一定范围的风险费用。

(2)措施项目费

措施项目费是指为完成建设工程施工,发生于该工程施工前和施工过程中的技术、生活、安全、环境保护等方面的费用。内容包括安全文明施工费、夜间施工增加费、二次搬运费、冬雨季施工增加费、已完工程及设备保护费、工程定位复测费、特殊地区施工增加费、大型机械设备进出场及安拆费、脚手架工程费。

(3)其他项目费

①暂列金额:是指建设单位在工程量清单中暂定并包括在工程合同价款中的一笔款项。用于施工合同签订时尚未确定或不可预见的所需材料、工程设备、服务的采购,施工中可能发生的工程变更、合同约定调整因素出现时的工程价款调整以及发生的索赔、现场签证确认等的费用。

②计日工:是指在施工过程中,施工企业完成建设单位提出的施工图纸以外的零星项目或工作所需的费用。

③总承包服务费:是指总承包人为配合、协调建设单位进行的专业工程发包,对建设单位自行采购的材料、工程设备等进行保管以及施工现场管理、竣工资料汇总整理等服务所需的费用。

④规费和税金

规费和税金的构成与按费用构成要素划分建筑安装工程费用项目组成部分是相同的。

(三)工程价款与应付总价款

工程价款是工程造价相对应部分的应付部分工程款债权,但并非发包人全部的应付款项。实务中,发包人的应付总价款既包括工程价款,也包括其他应付款,比如发包人应承担的利息、违约金,应当退还承包人的履约保证金、垫付的保险费等。《施工合同司法解释(一)》第40条规定:“承包人建设工程价款优先受偿的范围依照国务院有关行政主管部门关于建设工程价款范围的规定确定。承包人就逾期支付建设工程价款的利息、违约金、损害赔偿金等主张优先受偿的,人民法院不予支持。”根据上述规定,工程价款关系到建设工程价款优先受偿的范围问题,因此需要注意对工程价款与发包人应付总价款的区分,并非发包人的应付账款均可以纳入优先受偿的范围。

二、不可优先受偿债权的范围

《施工合同司法解释(一)》第 40 条规定:“承包人建设工程价款优先受偿的范围依照国务院有关行政主管部门关于建设工程价款范围的规定确定。承包人就逾期支付建设工程价款的利息、违约金、损害赔偿金等主张优先受偿的,人民法院不予支持。”国务院有关行政部门对建设工程价款组成的规定有两个:一是《住房和城乡建设部、财政部关于印发〈建筑安装工程费用项目组成〉的通知》规定:“建筑安装工程费用项目按费用构成要素组成划分为人工费、材料费、施工机具使用费、企业管理费、利润、规费和税金……”二是原建设部《建设工程施工发包与承包价格管理暂行规定》(已失效)第 5 条规定,“工程价格由成本(直接成本、间接成本)、利润(酬金)和税金构成”。两者虽然表述不同,但所指相同,因人工费、材料费和施工机具使用费可归为直接成本,企业管理费和规费可归为间接成本。司法解释并未直接罗列建设工程优先权的范围,而是直接规定依照国务院有关行政主管部门关于建设工程价款范围的规定确定。通过该条规定可知,工程价款的利息、违约金、损害赔偿金不属于建设工程优先权的范围。本书同意该观点。

(一)利息

关于工程款利息应否优先受偿,实务中存在以下三种观点。

第一种观点认为,应划定利息的合理范围,属于法定孳息的利息应在建设工程优先权的范围内,而超出此范围的利息部分(约定利息)则虽属合法债权但不属于建设工程优先权的范围。[①] 该观点认为法定孳息属于建设工程优先权范围的理论基础系认为建设工程优先权发轫于担保物权,建设工程优先权的性质本身在学界存在较大争议,且一直争论不已,目前主流观点认为优先权应为法定优先权,由于理论基础支撑不同,结论自然各异。

第二种观点认为,利息是因发包人违约所造成的损失,不属于工程价款的范畴,不应在建设工程优先权的范围内。施工合同存在大量因违法转分包、违反招投标法律、挂靠等导致合同无效的情形,施工合同无效情形下超期支付工程款承

---

① 参见项昭亮、广和律师:《第 202 期|关于工程价款优先受偿权所保障债权范围的再讨论》,载微信公众号“建工诉讼法律实务研究”2021 年 10 月 30 日,https://mp. weixin. qq. com/s/aXrxolojyu_EbasJ9wnwig。

包人可主张利息损失，且实践中这样的判例颇多，该种观点从利息系发包人违约造成的损失角度去界定建设工程优先权的范围，没有充分的学理基础。[①]

第三种观点认为，利息不属于工程价款的组成部分，基于此，利息不应划归为建设工程优先权债权的范畴，主要理由是建设工程优先权不仅对发包人的利益影响巨大，对抵押权人等第三方的利益也有较大影响，司法解释从平衡各方当事人利益的角度出发，且承包人的利润已经考虑在内，故利息不应再优先受偿。[②] 本书赞同该观点。

（二）违约金、损害赔偿金

违约金，是缔约双方在合同中约定一定金额用于一方违约时向守约方支付的金钱补偿，违约金不足以弥补守约方的损失时，可额外增加经济损失赔偿要求。如前所述，基于现行法律规定，关于债权是否属于建设工程优先权的范围的标准有且仅有一个维度，即按照最高人民法院司法解释的规定，若其属于建安费用，则属于建设工程优先权的范畴；反之，应排除在外。违约金是从合同履行角度而言，基于诚信原则和利益衡平原则对信守契约一方的补偿，我国目前对于违约金的适用原则仍然以补偿为主，惩罚为辅，违约金基于合同约定，在双方未有合同约定时，自不存在违约金的探讨空间，守约方可主张预期利益损失、经济损失赔偿等权益来弥补合同未如期履约的经济损失。而建安费用组成是承包人将施工成本物化到工程中，以某种计价规则、工程量计量规则、消耗量计算方法得出的直接成本、间接成本等支出。虽然目前施工过程中存在大量的无效合同，但在工程质量合格的情况下，承包人施工成本也应获得补偿；而在合同无效情形下，违约金自无适用空间。因此，建安成本与违约金的法理基础不同，两者无法相提并论，违约金也当然不在优先受偿债权的范畴内。至于以后法律法规对建设工程优先权范围的重新定义或者国务院主管部门对建安费用组成进行调整后，是否可将利息、违约金等纳入优先受偿权范围，届时再行讨论。

损害赔偿金亦不应纳入建设工程优先权的范围，理由同违约金。在此不作赘述。

---

① 参见中国建设工程法律评论第四工作组编著：《建设工程优先受偿权》，法律出版社 2017 年版，第 43 页。

② 参见最高人民法院民事审判第一庭编著：《最高人民法院新建设工程施工合同司法解释（一）理解与适用》，人民法院出版社 2021 年版，第 415 页。

第二节 实务中的具体争议问题

一、预期利益应否属于建设工程优先权范围

【问题的提出】

《民法典》第584条规定的可得利益损失，是否属于承包人主张的建设工程优先权的范围。

【基本观点】

预期利益是违约方向守约方进行的经济赔偿，不属于工程款范畴，不应适用《民法典》第807条规定的建设工程优先权。

【观点分析】

预期利益是合同履行后一方可以预期获得的经济利益。《民法典》第584条规定："当事人一方不履行合同义务或者履行合同义务不符合约定，造成对方损失的，损失赔偿额应当相当于因违约所造成的损失，包括合同履行后可以获得的利益；但是，不得超过违约一方订立合同时预见到或者应当预见到的因违约可能造成的损失。"法律规定预期利益的目的主要在于通过加重当事人的违约成本，以期遏制违约行为的发生，督促当事人诚信履约，保护守约方的信赖利益，并弥补守约方因对方违约而造成的实际损失。因而，应当将可得利益纳入合同解除后的损失赔偿范围，但应以不超过违约方在订立合同时预见或应当预见违反合同可能造成的损失为限。

通过上述法律规定可以看出，预期利益属于因违约导致的经济损失范畴，我国违约赔偿以补偿性原则为主，以惩罚性原则为辅。预期利益应当包含在损失范围内，且以合同签订时应当预见的获利范围为限。但实务中，关于预期利益的计算标准并没有统一的规定，也造成了各地审判机关对预期利益采用了不同的计算方式。2009年《最高人民法院关于当前形势下审理民商事合同纠纷案件若干问题的指导意见》第三部分"区分可得利益损失类型，妥善认定可得利益损失"指出：根据交易的性质、合同的目的等因素，可得利益损失主要分为生产利润损失、经营利润损失和转售利润损失等类型。人民法院在计算和认定可得利益损失时，应当综

合运用可预见规则、减损规则、损益相抵规则以及过失相抵规则等，从非违约方主张的可得利益赔偿总额中扣除违约方不可预见的损失、非违约方不当扩大的损失、非违约方因违约获得的利益、非违约方亦有过失所造成的损失以及必要的交易成本。上述指导意见对于实务中守约方主张预期利益损失的情形具有突破性的指导意义，但同时需要注意的是，实务中裁判者对预期利益支持的信心尚不足，原因有二：一是可预见性原则的实操性弱。何为违约方订立合同时应预见？除非双方在合同中对利润率进行了约定，否则个体对于单个交易合同的可预期利益的预判属于违约之后对签订合同时主观状态的推定，行业市场的平均利润具有一定的参考性，但具体交易行为的利润肯定是千差万别的，且利润作为市场个体的商业秘密，通常不为外人所具体知悉。二是预期利益的定量困难。不同的合同类型下的预期利益计算方法、可参照范围是存在差异的。很难制定一条放之四海而皆准的计算公式，这就导致裁判者不情愿支持预期利益损失。综合以上原因，预期利益通常采取由守约方举证预期利益的存在、预期利益的计算方法，加之裁判者的内心确信和自由裁量进行确定。

对于建设工程施工合同解除后的预期利益损失赔偿，应当予以支持，理由如下：一是建设工程施工合同的订立双方属于商事主体，盈利是商事主体参与商事活动的主要目的；二是利润可以有明确的计算依据。根据《建筑安装工程费用项目组成》规定，建筑安装工程费按照费用构成要素划分，由人工费、材料费、施工机具使用费、企业管理费、利润、规费和税金组成，上述费用套用相应的定额具有明确的计算依据。由此可见，在施工合同解除的情况下，若违约方为建设单位，其对施工单位依约完成施工合同的预期利益/利润为可预见，且施工利润的计算方式如在定额计价方式下可以通过计算得出，相对客观、统一。在施工单位作为违约方的情况下，建设单位的预期利益较建安费用组成计算方式有所差别，鉴于本书的讨论对象是建设工程优先权的范围，对此不做展开。

经过上述分析，将建设工程施工合同解除后的预期利益限缩在施工单位一方，主要是从利润的角度出发予以考量。在此，需要澄清的是，其前提是发承包双方签订的合同是有效的，若施工合同无效，自不存在谈及预期利益的前提。结合司法实务，支持预期利益的案件中关于预期利益的计算，有约定法、行业平均利润率、个体平均利润与行业平均利润比例法、定额利润计算法、投标价与第三人承包价的差额等方法，均具有一定道理，也为建设工程施工合同解除后，施工单位主张预期利益提供了计算方法。同时,结合上述对施工合同解除后的预期利益计算可以看出,其与建筑安装项目费用组成中的利润存在区别,少数判决虽采用建筑安装项目费用组成中利润的计算方式,也仅为确定预期利益寻找参照标准,因预期利益属于违约方向守约方的经济赔偿,自不在工程价款的范畴内,当然不属于建设工程优先权的范围。

【实务中应注意的问题】

承包人的预期利益在订立建设工程施工合同时应当为发包人所预见;在发包人违约导致合同解除的情况下,确定承包人的预期利润损失时在方法上应优先考虑合同约定,在合同无约定的情况下可以参考建筑业(或其他工程项目)的平均利润与承包人的个体利润,结合特定合同及工程项目的实际情况进行综合裁量。

【典型案例】

福建宏盛建设集团有限公司诉山东中万置业有限公司建设工程施工合同纠纷案[①]

福建宏盛建设集团有限公司(以下简称宏盛公司)、山东中万置业有限公司(以下简称中万公司)于2013年签订《建设工程施工合同》,约定中万公司将其开发建设的工程项目发包给宏盛公司施工,施工过程中,中万公司因图纸不到位、图纸变更等原因导致施工延期,且中万公司多次逾期支付进度款,导致双方签订的施工合同未能如约履行完毕,双方及第三人合意解除合同。后双方因工程款欠付数额产生纠纷诉至法院。

人民法院经审理认为,本案的争议焦点之一为中万公司是否应支付宏盛公司可得利益损失,数额应为多少。

法院最终认定,宏盛公司主张可得利益损失,理由是中万公司图纸不到位、变更图纸迟延下发导致工期延期。根据审理查明的事实,双方解除合同除宏盛公司提出的原因外,宏盛公司未按时支付案外人济南聚大建筑劳务有限公司劳务费也是合同解除的重要原因,即宏盛公司亦存在未完全履行合同义务的情况。而且现已查明,中万公司不存在拖欠工程款的事实,履行了合同约定的主要义务,在此前提下,一审判决中万公司承担宏盛公司主张的绝大部分的可得利益损失有失公允,应当予以调整。综合本案全案案情,二审法院判决中万公司将预期利润的

---

① 参见山东省高级人民法院民事判决书,(2019)鲁民终1328号。

40%计1,053,385.93元(2,633,464.83元×40%)作为可得利益损失支付给宏盛公司。

二、垫资款应否属于建设工程优先权范围

【问题的提出】

承包人垫资是指在建设工程项目中,在发包人尚未支付(或未足额支付)工程预付款或进度款的情形下,承包人利用自有资金先进场进行施工,待工程施工到一定阶段或者工程全部完成后,再由发包方支付垫付的工程款的情形。根据《施工合同司法解释(一)》第40条的规定,承包人建设工程价款优先受偿的范围依照国务院有关行政主管部门关于建设工程价款范围的规定确定。由此产生对承包人垫资款性质是否属于工程价款,进而是否应当纳入建设工程优先权范围的争议。

【基本观点】

第一种观点认为,垫资属于建设工程优先权范围。该观点认为,在建设工程施工过程中,承包人的垫资款是其实际付出的成本,既然承包人投入建设工程中的劳务成本和原材料成本都予以保护,基于同样的道理,因承包人的垫资款已经物化到了建设工程之中,形成建筑物的一部分,故属于工程款范畴,应当予以同等保护。况且垫资是我国目前市场条件下承包人一种不得已而为之的行为,同时也是一种国际惯例,成为工程价款,应当优先受偿。①

第二种观点认为,垫资不应纳入建设工程优先权的范围。一种理由是垫资行为发生后,在发包人和承包人之间产生一般的债权债务关系,其性质属于企业间的资金拆借行为,虽不宜将此类行为视为非法行为并予以处罚,但如果将由此产生的债权赋予建设工程优先权,则与立法目的及法理不合。建设工程优先权的立法目的在于工程价款有相当部分是建筑工人的工资,应优先保护,但垫资款则来自承包人的自有资金,并非工人的工资。如将垫资款所生债权纳入优先受偿的范围,与立法目的不符。另一种理由是对垫资行为的法律效力应当具体分析。如果垫资行为扰乱了建筑市场,就危害了社会公共利益,那么垫资当然不能享有建设

---

① 参见王牧:《建设工程价款优先受偿权的行使》,载中国法院网2003年12月18日,https://www.chinacourt.org/article/detail/2003/12/id/96620.shtml。

工程优先权;如果垫资行为对公共利益不构成危害,有关部门的禁止性规定只能认定为有害于建筑企业,对垫资只能认定为承包人自甘冒险。即使垫资的效力可认定,也只是发包人、承包人之间的借贷行为。这样,如果这种因借贷而形成的债权应当优先受偿,银行的借贷也应当优先受偿①。

第三种观点认为,承包人的垫资若其实际上已用于工程建设,且已经物化在建设工程中,应属于建设工程优先权的范围。对此,最高人民法院汪治平法官亦认为,垫资款能否优先受偿,应视是否已物化成为已完工程组成部分而定。承包人的垫资实际上有两种情况:一种情况是,虽然承包人垫付了资金,但未必真正用到工程中去,这种情况属于企业之间借款性质,有其明显的违法性,显然不能受1999年《合同法》第286条的保护;另一种情况是,承包人垫付的资金确实已经物化到建设工程中去了,这部分资金应该列入1999年《合同法》第286条所称的"工程价款"的范围,并且应该优先受偿。②

第四种观点认为,在双方对垫资有明确约定的情况下,垫资不属于工程价款,原则上应不属于建设工程优先权范围;而双方对垫资没有明确约定的情况下,垫资按工程欠款处理,应属于建设工程优先权的范围。该观点的主要理由是,最高人民法院民一庭对垫资是否可以优先受偿持较为审慎的态度,认为:"不宜直接将承包人的垫资认定为建设工程价款优先受偿的范围,主要是基于以下几方面的考虑:(1)有关垫资施工的法律法规以及配套制度尚不完善,存在一定社会风险,不宜提倡。(2)承包人对于建设工程价款优先受偿的范围,应依照建筑行政主管部门关于建设工程价款范围的规定而确定。目前来看,发包人应付的全部建设工程价款都可就建设工程折价或者拍卖的价款优先受偿,足以偿付承包人的垫资。(3)实践中的情况较为复杂,即便承包人垫资施工,但完成的建设工程质量不合格的,无权请求发包人支付工程价款。"③因此,结合《施工合同司法解释(一)》第25条第2款"当事人对垫资没有约定的,按照工程欠款处理"的规定,只有在双方对垫资没有明确约定的情况下,垫资才可按工程欠款处理,并将其纳入建设工程优先权的保护范围。

---

① 参见汪治平:《建设工程价款优先受偿权的若干问题》,载《人民司法》2002年第8期。

② 参见汪治平:《建设工程价款优先受偿权的若干问题》,载《人民司法》2002年第8期。

③ 最高人民法院民事审判第一庭编著:《最高人民法院新建设工程施工合同司法解释(一)理解与适用》,人民法院出版社2021年版,第265页。

【观点分析】

本书认为，承包人垫资款项应当纳入建设工程优先权保护范围，主要理由如下。

首先，承包人垫资是建筑施工行业的交易惯例，除非当事人另有约定，垫资款的性质应认定为工程欠款。在一个正常的工程款支付关系中，工程款一般分为工程预付款、工程进度款和工程结算款等，现实中向承包人提供预付款的发包人较为少见，常见的方式是承包人先行垫付一定的资金并完成一定数量的合格工程，发包人按时间节点（如按月、按季）或按工程进度节点向承包人支付相当于已完工程价值一定比例的进度款，不足部分由承包人垫付。即承包人先施工，发包人后付款，待工程竣工验收合格后，再进行最终结算，发包人按约定支付结算款，这是建筑市场最为普遍的交易方式，从这个意义上讲，垫资施工本身也可以将其视为与月度付款、工程进度节点付款等方式并列的工程款支付的一种方式，只是这种方式需要承包人垫付更多的资金和更长的时间。比如《建设工程价款结算暂行办法》规定“发包人应按不低于工程价款的 60%，不高于工程价款的 90% 向承包人支付工程进度款”。住房和城乡建设部颁布的《2017 版施工合同范本》和国际通行的 FIDIC《施工合同条件》（红皮书）均有类似条款，属于建筑施工行业的交易惯例。在国际通行的“交钥匙工程”中，承包人往往需要垫付所有涉及建设工程的款项，待工程交付后收取相应价款。目前实务中的垫资施工除了全额垫资外，发包人更多采用低比例支付进度款、延期付款、大节点付款等方式，比传统的进度款付款比例更低、期限更长。因此，如果这种做法是垫资的话，可以说工程建设中几乎所有的价款都是垫资，若将这种垫资排除在建设工程优先权范围之外，这显然与《民法典》第 807 条的立法目的不符。《施工合同司法解释（ ）》第 25 条第 2 款“当事人对垫资没有约定的，按照工程欠款处理”的规定已经明确表明，除非当事人另有约定，垫资的性质就是工程欠款。《江苏省高级人民法院关于审理建设工程施工合同纠纷案件若干问题的意见》（已失效）第 21 条第 1 款规定：“承包人的优先受偿权范围限于建设工程合同约定的工程价款，包括承包人应当支付的工作人员报酬、材料款、用于建设工程的垫资等实际支出的费用。”《浙江省高级人民法院执行局执行中处理建设工程价款优先受偿权有关问题的解答》第 3 条也规定，“建设工程价款优先受偿权的范围为建设工程的工程价款，包括承包人应当支付的工作人员报酬、材料款和用于建设工程的垫资款等”。可见，用于建设工程的垫资款属于工程价款的范畴已经在司法审判实践中得到较为普遍的认可。而且,由于是先施工后付款,无论是依合同约定垫付的,还是承包人被迫自行垫付的,承包人用于工程施工的垫资款实际上已经物化为工程的一部分,当然应属于工程价款的范畴,应属于建设工程优先权所涵盖的工程款债权范围。

其次,承包人垫资并不具有违法性,应当受到法律的保护。原建设部、国家发展和改革委员会、财政部、中国人民银行联合发布的《关于严禁政府投资项目使用带资承包方式进行建设的通知》规定:"政府投资项目一律不得以建筑业企业带资承包的方式进行建设,不得将建筑业企业带资承包作为招投标条件;严禁将此类内容写入工程承包合同及补充条款,同时要对政府投资项目实行告知性合同备案制度。"《政府投资条例》第 22 条第 2 款规定:"政府投资项目不得由施工单位垫资建设。"虽然前述规定承包人不得在政府投资项目中垫资建设,但是法律、法规并未禁止承包人在非政府投资项目中垫资建设。而且,政府投资项目中,发包人与承包人约定垫资建设的条款是否有效尚有争论。即使相应的条款无效,也不应影响承包人在发包人未按期支付垫资款的情况下行使建设工程优先权。而且,从客观上分析,虽然垫资行为本身违反了有关部门的行政管理规定,但只要承包人确实将垫资用于工程建设,其性质已属于工程价款,如果不对其加以保护,显然也是不合理的。

最后,将垫资款纳入建设工程优先权范围体现了建设工程优先权制度的立法目的。从我国建筑市场的现状来看,发包人居于优势地位,建筑施工企业处于弱势地位,是典型的发包人市场。建筑施工行业的准入门槛相对较低,施工企业僧多粥少,建筑施工行业在大量吸纳劳动力、解决社会就业问题的同时又面临极为惨烈的内部竞争,而且在今后若干年内这种状况还将持续。为了迎合发包方,以便能够揽到工程,建筑企业往往只能同意发包人提出的苛刻条件,其中就包括垫资施工。所以,建筑企业并非"自冒风险",而是为求生存,被迫垫资的。有观点认为垫资款是来自承包人的自有资金,并非工人工资,因此不能优先受偿。该观点显然对中国的建筑市场和建筑施工行业了解不深。建筑业是公认的低利润行业,又是非常依赖于资金流动性的行业,由一个承包人全部使用自有资金垫资完成一个项目几乎不可能,所能采取的方法往往就是通过层层垫付、层层拖欠,向下游分包商、供应商乃至劳务人员转移资金压力,这种做法带来的只能是市场和行业的恶性循环。本书认为,建设工程优先权制度的主要立法目的在于保护承包人因承建工程而物化至建设工程之中的实际支出费用，进而促进整个建筑市场的健康发展。因此，将实际用于工程施工并已经转化为工程价款的垫资款纳入建设工程优先权保护范围既体现了《民法典》第 807 条的立法目的，也完全符合我国建筑市场的实际情况。

【实务中应注意的问题】

实务中需要注意，如果承包人虽垫付了资金或者向发包人出借了资金，但实际上并未用于工程建设（名为垫资实为借贷），或者合同约定承包人垫付一定的建设资金，但同时分配一定的房屋（名为垫资实为承包人的投资行为）的情形下，承包人的垫资不应属于建设工程优先权的保护范围。

【典型案例】

浙江国泰建设集团有限公司诉泰州开泰汽车城发展有限公司、上海欣成投资（集团）有限公司建设工程施工合同纠纷案①

泰州开泰汽车城发展有限公司（以下简称开泰公司）、浙江国泰建设集团有限公司（以下简称国泰公司）、上海欣成投资（集团）有限公司（以下简称欣成公司）于 2012 年签订《框架协议》，约定开泰公司将其开发建设的工程项目发包给国泰公司总承包施工，国泰公司垫资 8000 万元实物施工工程量，垫资期间为进场施工完成合格工程量达到 8000 万元满两年，垫资工程量应当经监理、开泰公司审核确认。2012 年 9 月，开泰公司向国泰公司发送中标通知书，并签订《建设工程施工合同》，约定承包人施工的合格工程量经监理、发包人审核满 8000 万元之日起满两年，发包人于一周内一次性向承包人支付该笔 8000 万元工程款。后双方又签订一份未包含垫资内容的备案合同。2015 年 12 月，工程竣工验收合格，后双方因款项支付问题产生争议。国泰公司诉请开泰公司支付工程款（含垫资）并主张建设工程优先权。

人民法院经审理认为，本案的争议焦点之一为案涉垫资款项是否属于建设工程优先权受偿范围。

法院最终认定，合同中对国泰公司需垫资施工 8000 万元以及返还垫资款相关事项进行了约定，案涉工程施工中国泰公司垫资 8000 万元施工，且施工过程中双方对于 8000 万元垫资施工工程量、垫资款及利息结算支付进行了结算确认，故

---

① 参见最高人民法院民事判决书，（2019）最高法民终 314 号。

应以上述合同为工程款结算的依据。根据1999年《合同法》第286条的规定,建设工程价款可就该工程折价或者拍卖的价款优先受偿。国泰公司在上述工程垫资款及进度款1.3亿元范围内对案涉工程折价或拍卖价款享有优先受偿权。

三、质量保证金应否属于建设工程优先权范围

【问题的提出】

质量保证金应否属于建设工程优先权范围。

【基本观点】

与履约保证金不同,质量保证金属于工程款的组成部分,虽然有担保的特点,但其应属于《民法典》第807条规定的建设工程优先权的范围。

【观点分析】

质量保证金(也称质保金)是指发包人可以根据建设工程施工合同的约定,从应付工程款中预留相应比例工程款,用以担保承包人在缺陷责任期内对建设工程质量出现的不符合工程建设强制性标准、设计文件以及承包合同约定的缺陷进行维修,若质量缺陷责任期内未发现质量问题,则依约将该部分工程款退还给承包人。《建设工程质量保证金管理办法》(以下简称《质保金管理办法》)第2条规定:"本办法所称建设工程质量保证金(以下简称保证金)是指发包人与承包人在建设工程承包合同中约定,从应付的工程款中预留,用以保证承包人在缺陷责任期内对建设工程出现的缺陷进行维修的资金。"实务中,对于质保金属于工程款的一部分这一观点已经得到广泛认同,基于此,质保金应当属于《施工合同司法解释(一)》第40条规定的建设工程优先权的范围。

关于质量保证金的性质,与实务界不同,学界一直存在争议,本书就其中三种典型观点进行简要介绍。

观点一,质保金属于"金钱担保"。《质保金管理办法》中对质保金的定义指出,质保金是保证承包人在缺陷责任期内对建设工程出现的缺陷进行维修的资金。如果工程质量不符合合同要求,则可以依据合同约定或相关法律法规,扣留工程质量保证金以迫使承包商或施工单位履行其责任,以实现建设工程合同的目的。质保金作为保证金的一种,具备了担保所具有的从属性、补充性和保障债权

切实实现性，所以属于金钱担保。①

观点二，质保金属于“附条件支付工程款”。附条件给付合同是指在合同中约定了一定的条件，只有在满足条件的情况下，才会进行给付。质保金属于工程价款的一部分，只是在建设工程合同中对该部分款项设定了给付条件，当合同中约定的特定建设工程质量符合约定时才向对方给付该部分款项。质保金本身属于主合同价款的一部分，而担保属于从合同，将质保金认定为金钱担保是不符合逻辑的。②

观点三，主张根据质量保证金在实践中缴纳、保管方式上的差异，在区分情况的基础上对其性质作出两种不同界定。如果采取发包人扣留工程款的形式，工程质量保证金的性质属于约定的金钱担保，《质保金管理办法》对于质量保证金的定位就是“担保功能”。再者，我国民法中买卖合同对于质量保证金的相关界定对建设工程领域是具有参考意义的，买卖合同中质量保证金的交付即为出卖人对于将来不会发生质量不符合约定的违约行为的一种特别担保；如果工程质量保证金采取的是向特定账户存入保证金的形式，则属于保证金质押，《最高人民法院关于适用〈中华人民共和国民法典〉有关担保制度的解释》（以下简称《民法典担保制度解释》）在“非典型担保”一节专门规定了保证金，其第 70 条第 1 款明确规定：“债务人或者第三人为担保债务的履行，设立专门的保证金账户并由债权人实际控制，或者将其资金存入债权人设立的保证金账户，债权人主张就账户内的款项优先受偿的，人民法院应予支持。当事人以保证金账户内的款项浮动为由，主张实际控制该账户的债权人对账户内的款项不享有优先受偿权的，人民法院不予支持。”若由承包人直接存入保证金或由发包人将部分工程款直接划入专门设立的质保金账户，并由发包人取得该账户的控制权，则符合《民法典担保制度解释》第 70 条的规定。③

【实务中应注意的问题】

实务中应注意质量保证金和履约保证金的区别。如果是从应付工程款中预

---

① 参见崔建远：《“担保”辨——基于担保泛化弊端严重的思考》，载《政治与法律》2015 年第 12 期。

② 参见雷新勇：《质保金的性质及其处理规则》，载《人民法院报》2009 年 9 月 17 日，第 6 版。

③ 参见王毓莹、史智军：《建设工程施工合同纠纷疑难问题和裁判规则解析》，法律出版社 2022 年版，第 250 页。

留，用于保证承包人在一定期限内履行质量保修义务的保证金，则符合《建设工程质量管理条例》《质保金管理办法》所规定的质量保证金的特征，属于工程价款的一部分，应纳入建设工程优先权范围；如果是以承包人向发包人缴纳现金等方式出现的保证金，不管其名义上如何称呼，在法律上都是一种债的担保，实质上应认定为履约保证金，不宜纳入优先受偿的范围。实践中，承包人应注意防范以现金等方式向发包人缴纳“质量保证金”“工程押金”的风险。

【典型案例】

浙江中成建工集团有限公司与天津万炬电子产业投资有限公司建设工程合同纠纷案①

2013 年 2 月 15 日，天津万炬电子产业投资有限公司（以下简称万炬公司）与浙江中成建工集团有限公司（以下简称中成公司）根据中标结果签订《天津市建设工程施工合同》（以下简称《备案合同》），2013 年 7 月 8 日，双方签订《天津宝坻电子商务产业基地 A 区建设工程总承包合同》（以下简称非备案合同），未办理备案手续。非备案合同对工程规模、合同价款等实质性内容作了约定。2013 年年初，中成公司实际进场施工。2016 年年底，诉争工程彻底停工。截至 2017 年 1 月 20 日，万炬公司已向中成公司实际支付工程款 2.224 亿元。最高人民法院审理中的争议焦点问题之一为万炬公司应付中成公司工程款中应否扣除质量保证金以及中成公司享有建设建设工程优先权的范围应否包括质量保证金。

最高人民法院认为，案涉《备案合同》解除后，尚未履行的条款应终止履行。《质保金管理办法》第 2 条第 1 款规定，质量保证金为发包人与承包人在建设施工合同中约定，从应付的工程款中预留，用以保证承包人在缺陷责任期内对建设工程出现的缺陷进行维修的资金。案涉《备案合同》第 26 条约定，“余款 5% 作为工程保修款，待工程竣工满 1 年后 7 天内支付保修款总价的 50%，待工程竣工满 2 年后 7 天内支付保修款总价的 50%”。该条款系当事人就质量保证金的支付比例及返还时间所作约定。案涉工程至今未完工，缺陷责任期尚未起算，上述质保金条款尚未履行，自《备案合同》解除之时，该条款应终止履行。一审判决仍然依据该条款扣除质量保证金，依据不足。对于中成公司已完工部分，万炬公司并未主张该部分工程存在质量问题需要维修，且承包人的保修义务是法定义务，即便质

① 参见最高人民法院民事判决书，(2018) 最高法民终 638 号。

保金条款终止履行,中成公司仍然应对已完工程的质量问题在保修期内承担保修责任。万炬公司主张扣留质保金,依据不足。

最高人民法院最终认定,根据《质保金管理办法》第2条第1款的规定,质保金属于工程款的组成部分,属于建设工程优先权的范围。

四、停窝工损失应否属于建设工程优先权范围

【问题的提出】

施工过程中经常发生由于发包人的原因导致停工,由此给承包人造成了一系列停窝工损失,此项损失是否属于建设工程优先权范围,也是实务中争议的一个问题。

【基本观点】

停窝工损失的产生原因多样,除发包人原因之外的村民阻工、政策因素均可造成工程无法照常进行。本书探讨的停窝工损失限缩在因发包人过错导致承包人施工过程中施工成本增加,承包人得依约向发包人索赔,该损失的产生是发承包双方施工履行过程中,因一方过错原因导致的施工成本增加,属于损害赔偿金范畴,不享有建设工程优先权。另有少数观点认为,停窝工损失从费用构成角度划分,主要包括人工费、材料费、施工机械费和管理费,该些费用名目均属于《建筑安装工程费用项目组成》中工程费用的构成要素,即属于建设工程价款的组成部分,享有建设工程优先权。本书赞成第一种观点。

【观点分析】

建设工程价款优先受偿权属于法定优先权,其范围亦应当法定。我国《民法典》第798条规定:"隐蔽工程在隐蔽以前,承包人应当通知发包人检查。发包人没有及时检查的,承包人可以顺延工程日期,并有权请求赔偿停工、窝工等损失。"第803条规定:"发包人未按照约定的时间和要求提供原材料、设备、场地、资金、技术资料的,承包人可以顺延工程日期,并有权请求赔偿停工、窝工等损失。"第804条规定:"因发包人的原因致使工程中途停建、缓建的,发包人应当采取措施弥补或者减少损失,赔偿承包人因此造成的停工、窝工、倒运、机械设备调迁、材料和构件积压等损失和实际费用。"《第八次全国法院民事商事审判工作会议(民事部分)纪要》第32条规定:"因发包人未按照约定提供原材料、设备、场地、资金、技术资料的,隐蔽工程在隐蔽之前,承包人已通知发包人检查,发包人未及时检查等原

因致使工程中途停、缓建,发包人应当赔偿因此给承包人造成的停(窝)工损失,包括停(窝)工人员人工费、机械设备窝工费和因窝工造成设备租赁费用等停(窝)工损失。”参照《2017 版施工合同范本》通用合同条款第 16.1.1 条“发包人违约的情形”,因发包人过错造成的停窝工一般包含以下几种情形:(1)发包人未依约提供施工条件、场地、图纸、建筑材料等;(2)发包人逾期支付工程款导致工程无法继续;(3)发包人迟延履行隐蔽工程验收及中间工程验收并办理相应交接手续;(4)因勘察设计错误导致工程停缓建;(5)其他。通过上述规定可以看出,停窝工损失系基于发包人过错而对承包人作出的一定经济损失赔偿,结合《施工合同司法解释(一)》第 40 条第 2 款“承包人就逾期支付建设工程价款的利息、违约金、损害赔偿金等主张优先受偿的,人民法院不予支持”的规定,可以得出停窝工损失应当理解为发包人对承包人的“损害赔偿金”。在工程停缓建的情况下,承包人的损失一般包括人员损失、机械台班损失和材料损失,以及可能因停缓建导致的后期人工材料的涨价损失。[①] 人员遣散费主要包含经济补偿金、项目管理人员的工资损失等;机械台班费由折旧费、检修费、维护费、安拆费及场外运输费、燃料动力费、人工费及其他费用组成。工程停缓建期间,机械台班损失持续在发生,因此发包人应当予以赔偿。材料损失又包含了周转材料损失和材料涨价损失。

因发包人原因导致承包人产生的上述合理停窝工损失,承包人得依法向法院主张,理论界和实务界对此趋向一致。但对于停窝工损失是否属于建设工程优先权的范围主要存在两种不同观点:一种观点认为停窝工损失的计算方式参照了定额计价或者清单计价方式,属于《施工合同司法解释(一)》第 40 条规定的“国务院有关行政主管部门关于建设工程价款范围”,应当属于建设工程优先权的受偿范围;另一种观点认为停窝工损失属于承包人的经济损失,属于《施工合同司法解释(一)》第 40 条第 2 款的损害赔偿金范畴,不享有建设工程优先权。从本质上看,窝工、停工损失等系因停工造成的人员、机械等现场停滞损失,不属于工程价款,不享有建设工程优先权。针对上述两种观点,具体分析如下:

根据《建筑安装工程费用项目组成》的规定,建筑安装工程费按照费用构成要素划分,由人工费、材料费、施工机具使用费、企业管理费、利润、规费和税金组成,

---

① 参见曹文衔、宿辉、曲笑飞:《民法典建设工程合同章条文解释与司法适用》,法律出版社 2021 年版,第 448 - 454 页。

上述费用可套用相应的定额,具有明确的计算依据。停缓建期间,施工机具使用费、材料损失是持续存在和发生的,人工费损失既包含项目管理人员的工资费用,又包含施工单位为了防止损失进一步扩大产生的人员遣散费。至此,界定停窝工损失是否属于工程价款范畴的核心是承包人是否依法享有索赔权,承包人索赔停窝工损失,取决于能否证明发包人的过错、损失项目、损失金额,以及过错与损失之间存在直接、必然因果关系,该证明责任内容与工程造价的证明责任内容明显不同,工程造价系按照合同约定的计价方式和方法进行计算得来的,而停窝工损失的索赔成功与否,需承包人证明发包人有过错在先,显然,该损失的产生具有归因性,停窝工损失的计算方法与工程价款计价方法存在重合性,但这仅仅是计算方法问题,不是区分二者的关键点,停窝工损失本质上是发包人违约(合同有效)/过错(缔约过失)等情形下的补偿原理在工程领域的具体体现,因此,从其产生的原因属性考量,其区别于工程的取得前提,不属于施工履行的正常成本,具有过错补偿性,不属于建设工程优先权范围。

【实务中应注意的问题】

在发承包双方对索赔进行程序性约定的情况下,若承包人未按照合同约定的程序索赔,停窝工损失难以得到司法机关支持;若双方未在施工合同中进行索赔程序约定或者虽然进行了约定,但承包人在诉讼中未能举证证明停窝工损失金额、因果关系,其损失仍然难以得到裁判者的支持。工程实践中,承包人有义务避免损失进一步扩大,若承包人恶意扩大损失,就扩大部分的损失进行索赔时,难以获得支持。一般情况下,停窝工损失不能仅凭承包人单方的计算得来,必要情况下应当委托第三方鉴定机构进行评估,或者法院在某些情形下可谨慎行使自由裁量权。

【典型案例】

甘肃省第八建设集团有限责任公司与陇西锦隆房地产开发有限责任公司建设工程施工合同纠纷案①

2019年5月30日,陇西锦隆房地产开发有限责任公司(以下简称锦隆公司)与甘肃省第八建设集团有限责任公司(以下简称八建公司)签订了《施工协议书》,约定由八建公司承建锦隆公司开发的"锦隆·万汇'双创'孵化园二期工程"

---

① 参见甘肃省高级人民法院民事判决书,(2022)甘民终545号。

12～17#楼、3 幢门卫房及地下车库，承包方式为包工包料的总承包方式。其间锦隆公司未按合同约定的节点支付相应的进度款，2020 年 10 月中旬八建公司因无资可垫停工。

本案的争议焦点之一为锦隆公司是否应该向八建公司支付停窝工损失费。

二审法院经审理认为，八建公司提交了 2021 年 10 月 11 日锦隆公司出具的“补充协议”，该份证据中第 4 条完整内容为：“关于停工期间损失及融资成本，在 2021 年 9 月 25 日本公司提供的关于推进‘锦隆万汇双创孵化园二期工程项目’的方案第四项第二条已包含，已计算 1500 万元”，因八建公司不能提交补充协议所引用的 2021 年 9 月 25 日“方案”，仅凭补充协议无法确认“方案”内容，以及是否存在锦龙公司曾承诺无条件承担窝工损失的明确意思表示，抑或附有其他条件。同时也无法区分补充协议中“关于停工期间损失及融资成本”的具体数额划分，因此仅依据该补充协议无法支持八建公司所主张的 600 万元窝工损失。此外，八建公司在上诉中还认为“工程停工后，机械设备租赁费用持续发生，且施工现场看护人员工资仍需发放，水电费用继续产生”，但因其只是陈述存在上述内容的损失，并未提交相应证据以证明具体数额，法院也无法组织对方当事人进行质证，故八建公司此项上诉请求因证据不足，不予支持。

五、税金（营改增后）是否属于建设工程优先权范围

【问题的提出】

《施工合同司法解释（一）》第 40 条规定：“承包人建设工程价款优先受偿的范围依照国务院有关行政主管部门关于建设工程价款范围的规定确定。”涉及国务院有关行政主管部门的规定共有两项：一是 2013 年住房和建设部、财政部印发的《建筑安装工程费用项目组成》，其规定建筑安装工程费用项目按费用构成要素组成划分为人工费、材料费、施工机具使用费、企业管理费、利润、规费和税金；二是1999 年原建设部印发的《建设工程施工发包与承包价格管理暂行规定》（已失效），其规定：“工程价格由成本（直接成本、间接成本）、利润（酬金）和税金构成。”二者均将税金作为工程价款的组成部分，故税金应属于建设工程优先权的范围。但是，2017 年国务院废止了《营业税暂行条例》，营业税改为增值税。引出的问题是，营改增后的税金是否属于建设工程优先权的范围？

【基本观点】

第一种观点认为，营业税改为增值税后，相应的税金组成变为增值税。虽两种税金的计算依据和计算方式不同，但建设工程价款应当包括发包人向承包人支付的税金，工程价款 = 税前工程造价 ×（1 + 税率），增值税属于建设工程优先权的范围。

第二种观点认为，《建筑安装工程费用项目组成》规定的属于建设工程优先权范围内的税金应是计入建筑安装工程造价内的营业税、城市维护建设税、教育费附加以及地方教育附加。营改增税制改革后，增值税、城市维护建设税、教育费附加以及地方教育附加属于价外税，不应属于建设工程优先权的范围。

【观点分析】

笔者未检索到关于增值税是否属于建设工程优先权的相关文章、案例，仅能从营改增政策变化、税金性质以及工程价款计算等方面逐步分析得出结论，倾向于赞同第一种观点，即增值税以及增值税所涉及的城市维护建设税、教育费附加以及地方教育附加，均属于优先权的范围。具体分析如下：

（一）营业税和增值税的性质以及计算方式不同

第一，营改增的政策背景。所谓营改增，即营业税改为增值税，营业税是指对在中国境内提供应税劳务、转让无形资产或销售不动产的单位和个人，就其所取得的营业额征收的一种税。增值税是对销售货物或者提供加工、修理修配劳务以及进口货物的单位和个人就其实现的增值额征收的一个税种。2012 年，交通运输业和部分现代服务业营改增在上海率先试点，2016 年，建筑业开始实施营改增改革，住房和城乡建设部于 2016 年发布《关于做好建筑业营改增建设工程计价依据调整准备工作的通知》，调整了工程计价依据。

第二，营业税和增值税的计算方式变化。营业税是价内税，根据《营业税暂行条例》（已废止）第 4 条第 1 款“纳税人提供应税劳务、转让无形资产或者销售不动产，按照营业额和规定的税率计算应纳税额”的规定可知，营业税是以应税劳务等的流转总额作为计税依据的商品税，应纳税额的计算方式为：应纳税额 = 营业额 × 税率，这一概念表明营业税本身就包含在应税行为的价格成本中，是典型的价内税，无法轻易与工程价款剥离，所以纳入工程价款本身并且适用优先权无可非议。增值税属于价外税，增值税一般应纳税额的计算方法是：应纳税额 = 当期销项税额 - 当期进项税额；当期销项税额 = 含税销售额 ÷（1 + 税率）× 税率；当期进项税额的抵扣是指纳税人(如无特别说明,本书所称纳税人均为一般纳税人)购进货物或者接受应税劳务支付或者负担的增值税额。由此,从税金的计算方式来看,尚无法得出增值税应当属于工程价款的结论,甚至可以利用增值税的税、价分离的计价模式,将工程造价和增值税分别单独计算,那增值税将不再属于建设工程优先权的范围。

(二)增值税是否属于工程造价是判断标准

《建筑安装工程费用项目组成》未及时更新。该文件是2013年由住房和城乡建设部、财政部印发,营改增后未及时更新,但该文件明确指出,“国家税法规定的应计入建筑安装工程造价内的营业税”是建设安装工程费用项目组成部分,故应当讨论的是新的增值税是否属于工程造价。

第一,税金政策上,明确指出工程造价包括增值税。《住房和城乡建设部办公厅关于做好建筑业营改增建设工程计价依据调整准备工作的通知》第2条规定:“按照前期研究和测试的成果,工程造价可按以下公式计算:工程造价=税前工程造价×(1+11%)。其中,11%为建筑业拟征增值税税率,税前工程造价为人工费、材料费、施工机具使用费、企业管理费、利润和规费之和,各费用项目均以不包含增值税可抵扣进项税额的价格计算,相应计价依据按上述方法调整。”2018年和2019年,住房和城乡建设部办公厅前后两次调整了税率,根据2019年《住房和城乡建设部办公厅关于重新调整建设工程计价依据增值税税率的通知》,“工程造价计价依据中增值税税率由10%调整为9%”。工程造价=税前工程造价×(1+9%),即工程造价的9%是增值税额,所有的工程造价是按照不含税工程造价+增值税额计算得出的,工程造价包括了增值税额。

第二,计算案例上,增值税系工程造价的其中一项。陕西省发布的《关于调整陕西省建设工程计价依据的通知》对此解释得十分清晰,规定:“在现行计价依据不变的前提下,采用过渡性综合系数法计算营改增过渡后的工程造价。具体方法是,根据价税分离的原则,分别计算出营业税下不含税工程造价和增值税下税前工程造价;再测算出营业税下不含税工程造价和增值税下税前工程造价的比值,即为过渡性综合系数;然后以该综合系数乘以营业税下不含税工程造价,得出增值税下税前工程造价,作为计算增值税的计税基础。”

(三)工程造价是建设工程价款的计算依据

在建设工程施工合同纠纷中,若不存在发包人支付工程款条件不成就的情形，如建设工程质量合格，支付时间已到期等，发包人欠付承包人的工程价款 = 工程造价 - 发包人已付工程款。按照上述分析，无论是住房和城乡建设部发布的营改增政策依据，还是地方省市作出的细化规定都将增值税计入了工程造价，究其原因，虽然营业税和增值税的计税方式不同，营业税是价内税，数额等于工程造价 × 税率，增值税是价外税，数额等于工程造价 ÷（1 + 税率）× 税率。但是，住房和城乡建设部以及地方细化规定为了计算方便，采取了工程造价 = 税前工程造价 ×（1 + 税率）的计算标准。由此，建设工程价款 = 税前工程造价 + 增值税额 - 发包人已付工程款，增值税额属于建设工程价款的组成部分，属于建设工程优先权的范围。城市建设税、教育附加和地方教育附加等附加税是以增值税作为计税依据的税负，因此也应纳入建设工程优先权范围。另外，笔者也从工程造价实务中寻找到了印证，在《建设工程造价案例分析》（2017 年版）一书中①，以工程量清单计价模式为例，工程价款 = ∑计价项目费用 ×（1 + 规费率）×（1 + 税率），同样未针对增值税作出单独的“价税分离”。

综上，本书的论证逻辑为增值税在营改增政策和造价实务中的计算方式中都被计入工程造价，而建设工程价款又以工程造价为依据，所以营改增后的增值税及其附加税也应纳入建设工程优先权范围。未来，若营改增政策发生变化，不再采用过渡性综合系数法计算营改增过渡后的工程造价，而是实行完全的价税分离，将有可能影响本书的倾向性结论。

六、配合走账但未实际收到的工程款应否属于建设工程优先权范围

【问题的提出】

建设工程领域中承包人配合发包人走账但实际未收到工程款的情况在较长一段时间中屡见不鲜，亦即发包人出于套现、缓解资金压力等特定目的，假借向承包人支付工程款实现资金融通并要求承包人通过特定方式返还相应款项。但在建设工程施工合同纠纷中，走账中的款项往来不仅关系发包人与承包人之间工程价款的实际支付情况，而且也直接影响对承包人建设工程优先权范围的认定。

笔者结合司法裁判案例发现，当前对于承包人配合走账情形下，能否就走账

---

①　全国造价工程师执业资格考试培训教材编审委员会编：《建设工程造价案例分析》，中国城市出版社 2017 年版。

款项享有建设工程优先权仍存在较大争议。尤其是涉及发包人与承包人间直接发生走账和发包人与承包人约定以银行贷款走账时，承包人是否因此丧失建设工程优先权存在不同观点。因此，梳理并区分承包人配合走账的常见情形，结合司法案例明确承包人配合走账但实际未收到工程款情况下建设工程优先权的范围尤为必要。

【基本观点】

顾名思义，“走账”一词属于会计术语，而非法律术语，通常具有两层含义：一是指记账，即通过公司对公账户收付，会计人员根据相应的票据，把收付的款项记录在账簿上；二是指代其他单位或个人出于避税、套现、备案等目的利用公司账户虚构业务关系进行资金往来的行为，也称为“过账”。第一种含义的走账属于规范的财务处理，无须多言；第二种含义的走账则是不规范的财务处理，蕴含着极大的法律风险，实践中也屡见不鲜。

具体到建设工程领域，以资金来源是否为第三人进行区分，实务中常见的承包人配合走账的情形主要包括两种：一是发包人与承包人基于双方之间的约定，在发包人直接向承包人支付一定金额的工程款后，承包人根据发包人要求，通过借款等特定形式将上述款项返还给发包人或其指定账号；二是发包人以支付工程款为由向银行等金融机构（第三人）申请贷款，银行按照专款专用的原则将贷款作为工程款支付给承包人后，承包人根据发包人指示将上述款项支付至发包人或其指定账号。当然，上述两种情形可能也涉及垫资施工、虚开发票、骗取贷款等法律风险，因篇幅所限，本书仅探讨上述情形下建设工程优先权范围的认定问题。

尽管对承包人而言，两种情形下最终都未实际收到工程款，一旦发生发包人未能按照合同约定支付工程价款时，承包人也仅能依据《民法典》第 807 条规定主张享有建设工程优先权。但需要关注的是，现有司法裁判实践针对两种情形下是否支持承包人就走账但实际未收到的工程款享有建设工程优先权却有着截然不同的认定路径。

关于第一种走账情形的主流裁判观点：当发包人假借向承包人支付工程款并要求承包人根据发包人指示通过借款等特定形式将上述款项返还给发包人或其指定账号时，司法机关一般倾向于将该部分款项认定为“走账”款，不计入已付工程款，承包人仍可据此主张建设工程优先权。结合现有案例来看，采用该裁判观点通常需具备以下前提①：

1. 当事人双方间存在关于走账的约定；

2. 承包人实际未收到工程款，亦即承包人在收到发包人的走账款项后，又根据发包人指令将款项返还给发包人或其指定账号；

3. 发包人到期未足额支付工程款；

4. 在承包人行使建设工程优先权的合理期限内。

关于第二种走账情形的主流裁判观点：当发包人将银行贷款以工程款名义直接从贷款监管账户内支付至承包人时，司法机关则倾向于认定此情形下，即便承包人未实际使用该款项，但因货币性质上属于特殊种类物，遵循"占有即所有"的原则，故自上述款项划付至承包人账户时起，发包人即已完成相应的工程款支付义务，承包人也对该款项享有所有权，有权自行处置，双方间因工程款而产生的相应债权债务关系消灭。嗣后，承包人依其与发包人间的约定，将款项转给发包人或其指定的第三人，实际上是在承包人与发包人之间产生其他新的债权债务关系。即便发包人与承包人将走账款约定为非工程款，实际也是在相应工程款债权债务关系消灭后，双方基于走账约定对新的债权债务关系的确认。总而言之，承包人与发包人约定以银行贷款走账，走账款应认定为案涉工程款，发包人已支付足额工程款，裁判机关不应支持承包人的优先权请求。②

【观点分析】

如前所述，走账本质上属于不规范的财务处理行为，实践中发包人也往往是出于避税、套现、备案等目的，利用实际中与承包人不对等的市场地位，要求承包人通过资金账户流转配合走账以实现最终资金回流。值得关注的是，在发包人与承包人直接发生走账的情形（第一种走账方式）中，裁判机关对于走账款性质的认定倾向于根据货币资金的最终归属予以确定，隐藏其中的法律逻辑是，走账行为

---

① 参见浙江腾虎建设工程有限公司、浙江腾虎建设工程有限公司平潭分公司与协力微集成电路（平潭）有限公司、协力（平潭）科技有限公司建设工程施工合同纠纷案，最高人民法院（2018）最高法民终121号民事判决书；漳州市建筑工程有限公司与福建省融都置业有限公司建设工程施工合同纠纷案，福建省高级人民法院（2017）闽民终1138号民事判决书。

② 参见江苏南通二建集团有限公司与上海农村商业银行股份有限公司浦东分行等建设工程施工合同纠纷案，最高人民法院（2021）最高法民申3629号民事判决书；清远市美雅建筑工程有限公司与清远市长利兴旅游服务有限公司建设工程施工合同纠纷案，最高人民法院（2019）最高法民再57号民事判决书。

的不法性、发包人与承包人间关于走账的通谋虚假意思表示以及货币“占有即所有”的原则,使得发包人与承包人间存在层层复杂的法律关系,若是一一去剖析,无疑将耗费极大的精力和时间。相较之下,若是遵循会计准则中实质重于形式的原则,严格穿透走账环节中货币的流转归属,则是一力降十会,不言自明。因而,在此情形下,发包人依然实质控制着走账资金,承包人也仅是配合走账实际却并未收到工程款,自然并不导致建设工程优先权的丧失。

与之不同的是,当发包人与承包人以银行贷款走账(第二种走账方式)时,承包人以未收到足额工程款为由主张建设工程优先权的,其主张却往往不能得到支持,则主要有以下几个原因。

(一)承包人同意走账对其工程款债权无法实现具有重大过错

承包人对自身资金账户的使用,应负谨慎、注意义务,不得出租、出借,否则由此导致的不利法律后果,亦应由承包人自行承担。承包人与发包人约定出借账户走账,将贷款银行支付至其账户的、本可足额实现债权的工程款走账转给第三人,以致自身被拖欠工程款。承包人对其工程债权无法实现存在过错,应承担相应的过错责任。承包人不应把因自身过错而造成建设工程价款债权无法实现的风险转嫁给抵押权人,否则有违公平原则。

(二)承包人的主张不符合建设工程优先权行使的前置条件

发包人未按照合同约定支付工程价款,是承包人行使建设工程优先权的基本前提。换言之,如发包人已实际支付完毕工程价款,则承包人不再享有此项权利。而在走账款被认定为工程款的情况下,发包人事实上已通过银行贷款等方式,向承包人足额支付了工程款。因此,承包人主张建设工程优先权,欠缺“发包人未按照约定支付价款”这一程序要件,故其主张依法不能被支持。

(三)抵押权人以发放贷款方式涤除了顺位在先的建设工程优先权

《施工合同司法解释(一)》第42条规定:“发包人与承包人约定放弃或者限制建设工程价款优先受偿权,损害建筑工人利益,发包人根据该约定主张承包人不享有建设工程价款优先受偿权的,人民法院不予支持。”据此,承包人可以在一定条件下放弃建设工程优先权。既然建设工程优先权可以约定放弃,那么,享有抵押权的银行作为贷款出借人将贷款以工程款的名义,通过发包人账户直接支付至承包人的账户,使承包人收到工程款,以避免承包人可能行使的建设工程优先权,也符合上述规定之立法目的。进言之,贷款抵押权人通过现行法律允许的方式，以某种风控手段使承包人收到以发放贷款形式支付的工程款，以期以清偿工程价款债权的方式使承包人不再主张建设工程优先权，涤除顺位在先的建设工程优先权，即类似于抵押权人为防止其在建筑物上的抵押权落空，通过发放贷款的方式以清偿其他顺位优先债权的行为，并未影响承包人工程价款债权的实现，亦属合理商业手段，从该角度来看，不宜对贷款银行的此种风险控制方式给予法律上的负面评价。

（四）承包人优先权的主张亦与民法原则相悖

建设工程优先权是法律赋予建设工程施工人的法定权利，属于具有担保性质的民事财产权利。作为民事财产权利，权利人当然可以自行处分，但不能滥用该权利损害他人合法权益。本来工程价款已由发包人通过银行贷款支付，承包人的建设工程优先权本已无实行之必要，但由于承包人滥用权利将其账户出借用于走账，使工程抵押权人的权益受到损害。在承包人滥用权利的情况下，其优先权主张亦与《民法典》第 6 条“民事主体从事民事活动，应当遵循公平原则，合理确定各方的权利和义务”和第 7 条“民事主体从事民事活动，应当遵循诚信原则，秉持诚实，恪守承诺”的规定相悖，故不能支持承包人对建设工程优先权的主张。

【实务中应注意的问题】

实务中承包人作为商事主体，对于走账行为的性质及后果应当充分认知，并审慎对待发包人走账要求，即便承包人迫于劣势地位而配合走账，但其仍应尽可能避免因自身具有重大过错导致工程款债权无法实现的情形出现；同时，承包人应加强往来款项管理，明确往来款性质和用途，做好相应留痕工作。

【典型案例】

江苏南通二建集团有限公司与上海佳程房地产开发有限公司、第三人上海农村商业银行股份有限公司浦东分行等建设工程施工合同纠纷案①

上海佳程房地产开发有限公司（以下简称佳程公司）通过协议招标，于 2015 年 4 月 22 日与江苏南通二建集团有限公司（以下简称南通二建）签订施工合同，约定由南通二建承建案涉工程。后 2016 年 3 月 28 日，上海农村商业银行股份有限公司浦东分行（以下简称农商银行）与佳程公司签订《固定资产借款合同》《抵押合同》，约定佳程公司向农商银行借款 4 亿元用于商业用房开发，将案涉工程抵

① 参见最高人民法院民事判决书，(2021) 最高法民申 3629 号。

押给农商银行并办理抵押登记。农商银行自2016年5月18日至2017年3月21日已向佳程公司发放贷款共计37,324万元。

2016年10月,南通二建与佳程房产公司签订《补充协议》,协议约定承包人配合发包人提请开发贷款,承包人应在收到贷款后扣除相应部分工程款将其余贷款返还至发包人。此后经法院审理查明,南通二建累计收到农商银行发放的贷款14,543万元,其中作为工程款部分金额为2974万元,其余11,569万元已通过银行转账返还至佳程公司。

最高人民法院再审认为,建设工程优先权是建设工程承包人享有的一项法定优先权,但承包人不得滥用该项权利,且在特定情形下,因承包人自身存在过错行为,其还可能丧失建设工程优先权。本案南通二建就案涉工程应否享有建设工程优先权,应结合南通二建所实施行为的主观过错、后果、是否损害他人合法权益、是否影响建筑工人利益等因素综合予以认定。第一,从主观过错来看,南通二建在原审中自认其曾向农商银行出具5份《施工方已收到资金确认函》,确认收到工程款26,147万元。南通二建作为长期专业从事工程建设的市场主体,应对农商银行要求其出具收到资金确认函的目的以及其出具收到资金确认函所产生的法律后果具有相应的认知。在此种情况下,南通二建仍向农商银行出具与实际收到工程款金额不符的《施工方已收到资金确认函》,并将其实际收到的14,543万元工程款中的11,569万元返还给佳程公司,配合佳程公司套取农商银行贷款。南通二建的行为在主观上存在重大过错,其应对此承担相应的法律责任。第二,从行为后果来看,南通二建在原审中自认由其出具的5份资金确认函载明其已收到佳程公司支付的工程款合计26,147万元,超过原审法院认定的南通二建施工工程的总价款15,770万元。发包人欠付工程款是承包人享有建设工程优先权的前提和基础,南通二建在资金确认函中确认收到的工程款已超出其实际应得的工程款,其因为自身的过错行为丧失了主张建设工程优先权的事实基础,其不应再享有该项优先权。第三,从是否损害他人权益的角度来看,虽然南通二建出具5份收到资金确认函的对象为农商银行,但该行为导致佳程公司从农商银行获取的本应用于支付工程款的贷款被挪作他用,而具有优先受偿权的工程款未获清偿,必然会影响佳程公司其他债权人的债权受偿,故南通二建出具收到资金确认函的行为,不仅损害了农商银行的合法权益,而且损害了佳程公司其他债权人的合法权益,其对佳程公司享有的工程款债权不应再优先于农商银行对佳程公司享有的贷款债权,以及其他债权人对佳程公司享有的债权。第四,南通二建并未提供证据证明其就案涉工程不享有建设工程优先权会损害建筑工人利益。综上,二审判决认定南通二建就案涉工程因其自身过错行为不享有建设工程优先权,并无不当。

七、履约保证金应否属于优先受偿权范围

【问题的提出】

履行保证金是否属于建设工程优先权的范围,实务中存在一定的争议。

【基本观点】

主流观点认为履约保证金是债的担保方式,不属于建设工程价款范畴,不属于建设工程优先权的范围。

【观点分析】

履约保证金是工程发包人为防止承包人在合同履行过程中违反合同约定,并弥补发包人因此造成的损失而要求承包人交纳的一定数目的金钱。发包人不得将履约保证金挪作他用,并在工程竣工验收后退还给承包人。《招标投标法》第46条第2款规定:"招标文件要求中标人提交履约保证金的,中标人应当提交。"有观点认为,履约保证金在法律属性上可以看作以金钱为标的物的"质押",接受保证金的一方类似于"质权人"。根据《民法典》第436条的规定,债务人不履行到期债务或者发生当事人约定的实现质权的情形,质权人可以与出质人协议以质押财产折价,也可以就拍卖、变卖质押财产所得的价款优先受偿。如果债务人不履行债务造成债权人损失,债权人可就损失部分就质押财产优先受偿。因此,履约保证金作为一种债的担保方式,合法有效,但该保证金与建设工程本身没有直接的关系,应当属于一般的债权债务关系。因履约保证金并不属于法律意义上的工程价款范畴,故不属于建设工程优先权所担保债权的范围。

从建设工程价款范围的规定来看,履约保证金并非承包人履行合同、完成工程建设所取得的对价,根据住房和城乡建设部、财政部印发的《建筑安装工程费用项目组成》,建筑安装工程费用项目按费用构成要素组成划分为人工费、材料费、施工机具使用费、企业管理费、利润、规费和税金;按照工程造价形成由分部分项工程费、措施项目费、其他项目费、规费、税金组成。各项费用组成的具体内容中,均不包含履约保证金。可见,建设行业行政主管部门亦未将履约保证金纳入建设工程价款范围,根据《施工合同司法解释(一)》第40条的规定,履约保证金应不属

于建设工程优先权的范围。

另外，基于货币占有与所有一致的原则，发包人接收履约保证金后即享有其所有权，即使发包人将其投入了工程建设，也不宜认定该部分工程价值属于承包人所有，承包人对履约保证金享有的只是一种返还请求权，仍不能就此对建设工程享有优先受偿的权利。

【实务中应注意的问题】

实务中应注意质量保证金和履约保证金的区别，如果是从应付工程款中预留，用于保证承包人在一定期限内履行质量保修义务的保证金，符合《建设工程质量管理条例》《质保金管理办法》所规定的质量保证金的特征，属于工程价款的一部分，应纳入优先受偿范围。如果是以承包人向发包人缴纳现金等方式出现的保证金，不管其名义上如何称呼，在法律上都是一种债的担保，实质上应认定为履约保证金，不宜纳入优先受偿的范围。实践中，承包人应注意防范以现金等方式向发包人缴纳"质量保证金""工程押金"的风险。

【典型案例】

浙江永鑫建设有限公司诉台州市路桥聚众房地产有限公司、台州市万嘉商业管理有限公司建设工程施工合同纠纷案①

浙江拓鑫市政工程有限公司（诉讼过程中更名为浙江永鑫建设有限公司，以下简称永鑫公司）、台州市路桥聚众房地产有限公司（以下简称聚众公司），于2015年10月25日签订《总承包工程合同协议书》，约定聚众公司将其开发建设的工程项目"万嘉广场"，发包给永鑫公司总承包施工。协议约定，自领到施工许可证后7天内，承包人向发包人支付人民币500万元履约保证金担保，保证金不计息，发包人于主体结顶时退还50%，工程初验合格时退还30%，余下20%待竣工备案手续全部完成后退还。2019年9月25日案涉工程竣工验收合格，并于2019年9月30日办理了备案手续。

人民法院经审理认为，本案的争议焦点之一为案涉工程款项的金额范围，以及永鑫公司能否在欠付工程款范围内享有建设工程优先权。

浙江省高级人民法院二审最终认定，履约保证金是为担保合同履行而由承包人交付给发包人的保证金，作为一种债的担保方式，与建设工程本身没有直接关

---

① 参见浙江省高级人民法院民事判决书，(2022)浙民终25号。

系，不属于工程款范畴，承包人对未返还的履约保证金享有的只是一种返还请求权，故不属于建设工程优先权所担保债权的范围。因此，本案中永鑫公司就案涉工程应享有建设工程优先权的范围为欠付工程价款，而不包括应退还的履约保证金。

八、质量优良奖励金应否属于建设工程优先权范围

【问题的提出】

在建设工程实务中，有的发包人为了激励承包人提高施工质量，往往会在合同中约定质量优良奖励金，若承包人完成的工程项目达到一定的质量目标，则给予相应的奖励。但对于该奖励的性质，各种理论学说以及各地法院规定、实务案例均有不同的观点，或认为属于工程价款，或认为属于违约金，抑或认为是可选择之债。鉴于实务中对于工程质量优良奖励金的性质存在不同观点，其是否应当纳入建设工程优先权范围的裁判结果也大不相同。

【基本观点】

关于工程质量优良奖励金是否属于建设工程优先权范围，司法实践中一直存在争议，主要有以下几种观点：

第一种观点：工程质量优良奖励金属于工程价款的组成部分，应属于建设工程优先权保护范围。在最高人民法院（2011）民一终字第62号案中，法院认为："工程价款的利息依法属于工程款法定孳息，本案工程奖励费、赶工费属于工程价款的组成部分，秦浪屿公司主张上述款项不应纳入汕头公司优先受偿权的行使范围，与法律规定不符，本院不予支持。"

第二种观点：工程质量优良奖励金属于违约金，不属于建设工程优先权保护范围。在最高人民法院（2007）民一终字第39号案中，法院认为："参照建设部《建筑工程发包与承包计价管理办法》第五条规定：招标标底和投标报价（工程价款）由成本（直接费、间接费）、利润、税金构成。直接费以人工、材料、机械的消耗量及其相应价格规定。间接费、利润、税金按照有关规定另行计算。最高人民法院《关于建设工程价款优先受偿问题的批复》第三条规定：建筑工程价款包括承包人为建设工程应当支付的工作人员报酬、材料款等实际支出的费用，不包括承包人因发包人违约所造成的损失。按照上述规定，停工损失费属于'因发包人违约造成的损失'，优质工程奖励款不属于工程价款范围，本不应适

用司法解释规定计息。”①

第三种观点:若双方当事人在施工合同等协议中明确约定工程质量奖励金属于工程价款,或者约定包干的工程款内包含工程所涉人、材、机以及赶工费奖励费等,原则上应当予以尊重,奖励金属于建设工程优先权的保护范围。

【观点分析】

根据《施工合同司法解释(一)》第35条“与发包人订立建设工程施工合同的承包人,依据民法典第八百零七条的规定请求其承建工程的价款就工程折价或者拍卖的价款优先受偿的,人民法院应予支持”以及第40条第2款“承包人就逾期支付建设工程价款的利息、违约金、损害赔偿金等主张优先受偿的,人民法院不予支持”的规定,对建设工程奖励金的性质认定直接关系到建设工程优先权的实现,若质量优良奖励金属于工程价款范畴,则应当属于建设工程优先权范围;若质量优良奖励金属于利息、违约金、损害赔偿金等范畴,则不属于建设工程优先权范围。但关于工程奖励金的性质,司法实践中存在争议。

(一)工程质量优良奖励金不属于工程价款范畴

2012年《浙江省高级人民法院民事审判第一庭关于审理建设工程施工合同纠纷案件若干疑难问题的解答》第19条规定:“建设工程施工合同关于工期和质量等奖惩办法的约定,应当视为违约金条款。当事人请求按照《中华人民共和国合同法》第一百一十四条第二款,以及最高人民法院《关于适用〈中华人民共和国合同法〉若干问题的解释(二)》第二十七条、第二十八条、第二十九条的规定调整的,可予支持。”根据此规定,质量优良奖励金也属于违约金,受违约金的相关规定约束。司法实践中通常也会对工程质量不合格约定违约金、工程质量符合一定目标时予以奖励,将奖励与惩罚统称为“奖惩”,将奖励金与违约金同归一类。根据《施工合同司法解释(一)》第40条第2款规定,若奖励金属于违约金性质,则不属于工程价款范畴,不属于建设工程优先权的保护范围。

(二)工程质量优良奖励金应属于工程价款范畴

该观点认为,实务中发包人设定的质量目标,通常会让承包人为了达到奖励金所设定的特定条件而增加施工成本,从而将该奖励款视为施工成本投入的对

① 参见大连渤海建筑工程总公司与大连金世纪房屋开发有限公司、大连宝玉房地产开发有限公司、大连宝玉集团有限公司建设工程施工合同纠纷案判决书。

价。举例而言,根据2021年最新修订的《中国建设工程鲁班奖(国家优质工程)评选办法》,申报中国建筑行业工程质量最高荣誉的鲁班奖的要求是:

1. 符合法定建设程序,执行国家、行业工程建设标准和有关绿色、节能、环保的规定,工程设计先进合理,并已获得省、自治区、直辖市或本行业工程质量最高奖。

2. 工程项目已完成竣工验收备案,经过一年以上使用,且没有发现质量缺陷或质量隐患。

3. 工业交通水利工程、市政园林工程除符合上述1、2项条件外,其技术指标、经济效益及社会效益应达到本专业工程国内领先水平。

4. 住宅工程除符合上述1、2项条件外,入住率应达到60%以上。

5. 积极开展科技创新,积极推行绿色建造和智能建造;积极采用新技术、新工艺、新材料、新设备,其中有一项国内领先水平的创新技术或采用"建筑业10项新技术"不少于7项。

6. 工程项目应具备结构的独立性和设备系统的完整性。所有分部、分项工程应全部完成,使用功能完善。

假设发包人在施工合同中约定,若工程获得鲁班奖,则给予承包人一定金额的奖励。承包人为获得该奖励金,投入更多的人力、物力、财力,采用新技术、新工艺、新材料、新设备,按照更高的标准去提高工程项目的施工质量,同时还要采取更高的防范措施避免发生安全质量事故。此时,承包人的施工成本必然增加,而发包人给予的质量奖励金实质上是对承包人施工成本的补偿。按照"优质优价"的原则,该质量奖励金属于优质工程的工程价款,应当属于建设工程优先权的保护范围。

(三)工程质量优良奖励金性质适用当事人在合同中的特别约定,应当属于建设工程优先权范围

首先,如发承包双方在施工合同等协议中明确约定工程奖励金属于工程价款,或者约定包干的工程款内包含工程所涉人、材、机以及赶工费奖励费、质量优良奖励金等,此时奖励金的性质应当遵循当事人的意思自治,属于工程价款范畴,应当纳入建设工程优先权的保护范围。

其次,即便双方当事人合同未明确约定工程质量奖励金是否属于工程价款,如果合同仅约定了达到质量创优目标给予一定金额的奖励金,但并未约定

未获奖的情况下扣罚承包人相应金额款项的，承包人可选择是否履行该奖励金所对应的非强制性义务，进而将奖励金纳入工程价款范畴。仍旧以鲁班奖为例，若施工合同中约定“建设工程施工质量必须确保全部达到国家现行工程质量验收标准，工程一次验收合格率 100%；若获评鲁班奖的，额外给予承包人 1000 万元奖励金”，此时，承包人既可以选择按照国家现行工程质量验收标准完成施工义务，不追求 1000 万元的质量奖励金，也可以选择按照鲁班奖的标准投入更多的人力、物力、财力提高施工质量，以获得 1000 万元的工程奖励金。即承包人对于是否获得该奖励具有选择权，承包人在达到了合同约定的质量标准后，可以获得相对应的价款，因此，工程质量优良奖励金本质上应当属于工程价款的组成部分。

最后，工程质量优良奖励金不属于逾期支付建设工程价款产生的利息、违约金、损害赔偿金范畴。我国《民法典》第 577 条规定：“当事人一方不履行合同义务或者履行合同义务不符合约定的，应当承担继续履行、采取补救措施或者赔偿损失等违约责任。”第 585 条第 1 款规定：“当事人可以约定一方违约时应当根据违约情况向对方支付一定数额的违约金，也可以约定因违约产生的损失赔偿额的计算方法。”由此可知，合同当事人承担违约责任的前提是不履行合同义务或者履行合同义务不符合约定，利息、违约金、损害赔偿金等均属于违约责任的承担方式。而实务中，达到某项工程质量创优目标通常属于承包人可选择是否履行的非强制性义务，若未达到该目标，只要工程质量合格，即履行了合同义务，即使承包人未获得工程质量优良奖励金，亦不能就此将奖励金认定为违约金。

【实务中应注意的问题】

需要注意的是，虽然通常情况下宜将工程质量优良奖励金归入工程价款范畴，但实务中发包人与承包人就工程质量奖励金的约定方式较为多样，除了常见的在施工合同中直接约定质量创优目标及其奖励金标准外，还有通过承包人出具创优承诺函、签订补充协议等方式，是否属于工程价款范畴需要结合合同的具体约定作出判断。较为极端的一种情形是合同虽约定了“质量奖励金”及其金额标准，并将该金额计入合同总价，但合同奖惩条款中仅约定了不能实现合约约定的创优目标时，发包人有权扣罚或不予支付相应款项。此种情况下的“工程质量优良奖励金”在性质上更符合违约金的特征。

【典型案例】

湖南省第三工程有限公司诉岳阳福隆置业有限公司建设工程施工合同纠纷案①

2008 年 11 月，湖南省第三工程有限公司（以下简称省三公司）与岳阳福隆置业有限公司（以下简称福隆公司）签订《建设工程施工合同》，约定福隆公司将案涉工程（1～3#栋、5～8#栋）发包给省三公司施工。2008 年 12 月，福隆公司被核准实行邀请招标，后福隆公司向省三公司发出中标通知书，双方又签订了《湖南省建设工程施工合同》。2009 年 11 月，双方签订《补充协议一》，约定案涉一期工程（1#栋、7～8#栋）如能获省优以上奖项，福隆公司将按结算总价的 1.5% 给予优质工程奖励。2012 年 12 月，案涉工程竣工验收合格，其中 1～2#栋、7～8#栋被评为湖南省优质工程。后双方因款项支付问题产生争议，省三公司诉请福隆公司支付工程款、优质工程奖励金并主张建设工程优先权②。

人民法院经审理认为，本案的争议焦点之一为优质工程奖励金是否属于工程款及其范围的认定。

人民法院最终认为，案涉工程能够获得优秀工程奖，施工环节中将付出比工程合格更为复杂的劳动及建筑工艺，施工方将劳动成果及材料物化于建设工程上，发包方也享受由此所带来的附加经济利益，故优质工程奖励金应当属于工程款的组成部分。而案涉工程属于必须招标的项目，双方的《建设工程施工合同》未经招投标程序签订，违反了法律强制性规定而无效，而双方在招投标程序后签订的《湖南省建设工程施工合同》及补充合同，构成相互串通而为的虚假招投标也无效，故双方签订的合同均无效。《最高人民法院关于审理建设工程施工合同纠纷案件适用法律问题的解释》（已失效）第 2 条规定："建设工程施工合同无效，但建设工程经竣工验收合格，承包人请求参照合同约定支付工程款的，应予支持。"现案涉工程已竣工验收合格，而补充协议中"案涉一期工程（1#栋、7～8#栋）如能获省优以上奖项，福隆公司将按结算总价的 1.5% 给予优质工程奖励"的约定构成双方对工程款结算的意思。根据该结算方式的约定，本工程优秀工程奖励的计算方

① 参见湖南省高级人民法院民事判决书，（2019）湘民终 199 号。

② 湖南省高级人民法院认为，根据《最高人民法院关于建设工程价款优先受偿权问题的批复》第 4 条"建设工程承包人行使优先权的期限为六个月，自建设工程竣工之日或者建设工程合同约定的竣工之日起计算"的规定，认为案涉工程于 2012 年 12 月 12 日竣工，省三公司没有在工程竣工之后的 6 个月内行使优先权，故对其该项主张不予支持。

式为结算总价的1.5%，则优秀工程奖励的范围应当包含整个工程项目，因案涉工程1～2#栋、7～8#栋均被评为湖南省优质工程，故一审判决按整个工程价款金额计算每栋奖金为50万元，并计算1#、7#、8#栋共150万元，却未包括2#栋优质工程奖错误，应增加该栋优质工程奖金50万元。

九、赶工费是否属于建设工程优先权范围

【问题的提出】

发包人超出施工合同约定和已经批准的工程施工进度计划另行提出赶工要求而额外产生的赶工费用是否属于建设工程优先权范围。

【基本观点】

关于赶工措施费（已称赶工费），其作为工程造价的内容，应当属于建设工程价款优先权的范围。但是对于承包人主张的赶工费、赶工奖励等需要根据具体的合同约定、承包人的举证等进行具体认定。

【观点分析】

赶工措施费是主要指施工方为达到提前竣工的目的需要采取相应措施而发生的费用，如增加设备、增加周转材料、增加施工及管理人员、延长工作时间等发生的一切措施费用。赶工费通常存在两种情形：一种情形是施工合同约定的工期短于项目所在地区定额工期，依据项目所在地计价依据或发承包双方约定而预先在施工合同中约定的一笔费用，该笔费用通常属于总价措施费；另一种情形是合同履行过程中，发包人超出施工合同约定和已经批准的工程施工进度计划另行提出赶工要求，承包人为此投入人工、机械和周转材料而额外产生的赶工费用。司法实践中，对于将第一种情形中的赶工费计入工程造价基本没有歧义，而第二种情形下是否支持承包人的赶工费，通常需要视合同是否有约定、是否约定明确，以及承包人是否能够提供证据证明其实际支出赶工费，赶工是否基于发包人的要求等因素确定。

（一）赶工措施费属于工程价款优先受偿权的范围

赶工费属于措施项目费的一种，其性质与夜间施工、冬雨季施工等总价措施项目并无不同。如果合同工期低于定额工期，为避免赶工费争议，发承包双方应当在施工合同中明确约定是否计取赶工措施费，特别是对于项目所在地计价依据已经对赶工措施费如何计算作出明确规定，而施工合同未采取固定总价计价又未明确约定不计取赶工措施费的项目，如采用定额下浮计价，按照计价依据规定应

当计取赶工措施费，如采用综合单价计价，未列项的措施项目费将可能会构成漏项。[①] 一般来说，赶工可能会从以下几个方面造成承包人成本上升：

1. 由于赶工一般需要增加劳动力并增加班组，调集临时的劳动力或夜间劳动力通常要支付比计划内的日间劳动力更为高昂的费用。相应地，在施工人员增加时，施工管理人员也有增员及加班的情形。因此，人工成本通常在赶工成本中占较大比例。

2. 赶工时由于多道工序交叉进行，工程作业面通常会更为拥挤，为保障施工的安全开展就需要承包人支出更多的安全防护费用。

3. 赶工时由于作业面的铺开，施工机械的数量也会增加，这同样会导致承包人的额外费用支出。

4. 在赶工的情况下由于工人的劳动强度大，将可能导致技术水平的下降，因而也会造成更高的材料耗损。[②]

《施工合同司法解释（一）》第 40 条规定："承包人建设工程价款优先受偿的范围依照国务院有关行政主管部门关于建设工程价款范围的规定确定。承包人就逾期支付建设工程价款的利息、违约金、损害赔偿金等主张优先受偿的，人民法院不予支持。"国务院有关行政主管部门关于建设工程价款范围的规定主要为《住房和城乡建设部、财政部关于印发〈建筑安装工程费用项目组成〉的通知》第 1 条第 1 款的规定："建筑安装工程费用项目按费用构成要素组成划分为人工费、材料费、施工机具使用费、企业管理费、利润、规费和税金（见附件 1）。"即建设工程优先权的范围包括人工费、材料费、施工机具使用费、企业管理费、利润、规费和税金。《房建市政工程总承包管理办法》第 15 条规定："建设单位和工程总承包单位应当加强风险管理，合理分担风险。建设单位承担的风险主要包括：（一）主要工程材料、设备、人工价格与招标时基期价相比，波动幅度超过合同约定幅度的部分；（二）因国家法律法规政策变化引起的合同价格的变化；（三）不可预见的地质条件造成的工程费用和工期的变化；（四）因建设单位原因产生的工程费用和工期的变化；（五）不可抗力造成的工程费用和工期的变化。具体风险分担内容由双方

---

① 参见孔祥强、武唐良子：《赶工费的计价依据与司法认定》，载微信公众号"建纬律师"2022 年 7 月 25 日，https://mp.weixin.qq.com/s/8zO3V_Lj_OTLrIErIGt0BA。

② 参见《疫情下承包人如何主张赶工措施费？》，载微信公众号"同福建设工程法律"2022 年 11 月 8 日，https://mp.weixin.qq.com/s/ckqSMZNG7y42GO-ZV85UTg。

在合同中约定。……”

各地均对赶工措施费应当计入合同计价范围作出了明确规定。例如,《广东省房屋建筑与装饰工程综合定额》(2018)A.1.27部分明确规定:招标工期短于标准工期的,招标工程量清单应开列赶工措施,招标控制价应计算赶工措施费,投标人应计算赶工措施费。非招标工程,发包人要求的合同工期短于标准工期的,施工图预算应计算赶工措施费。招标控制价、施工图预算的赶工措施费按下表计算;工程结算按合同约定,合同对赶工措施费没有约定的,按下表确定。

计算公式	备注
(1-δ)×分部分项的 (人工费+施工机具费)×0.3	(1)0.8≤δ<1; (2)式中:δ=合同工期/定额工期

《2017版施工合同范本》通用合同条款第7.9.1条中对进行抢工有这样的规定:发包人要求承包人提前竣工的,发包人应通过监理人向承包人下达提前竣工指示,承包人应向发包人和监理人提交提前竣工建议书,提前竣工建议书应包括实施的方案、缩短的时间、增加的合同价格等内容。发包人接受该提前竣工建议书的,监理人应与发包人和承包人协商采取加快工程进度的措施,并修订施工进度计划,由此增加的费用由发包人承担。若施工合同对施工过程中产生赶工费进行了约定,承包人接受发包人抢工指令,并提供了发包人以书面方式下达抢工指令的依据,对于发包人的抢工指令,承包人制订了对应的抢工计划和费用预估并经发包人确认,在抢工完毕后,就赶工费形成书面的签证或者协议,此时,赶工费属于工程价款范围,应属于建设工程优先权的范围。

(二)赶工奖励金不属于工程价款体系,不享有优先受偿权的具体分析

《住房和城乡建设部、财政部关于印发〈建筑安装工程费用项目组成〉的通知》第1条第2款规定:“为指导工程造价专业人员计算建筑安装工程造价,将建筑安装工程费用按工程造价形成顺序划分为分部分项工程费、措施项目费、其他项目费、规费和税金(见附件2)。”赶工奖励金与赶工措施费是两个不同的概念,赶工奖励金是指建设方对施工方提前竣工给予的奖励,这笔费用是奖励给每位参与施工的建设者的,其计价方式和计价标准属于双方签订合同时的议定金额,不同于工程造价的方法和计算标准,因此,不属于建设工程优先权的范围。

从税法角度分析,《增值税暂行条例》第6条第1款规定:“销售额为纳税人发

生应税销售行为收取的全部价款和价外费用，但是不包括收取的销项税额。"《增值税暂行条例实施细则》第12条规定："条例第六条第一款所称价外费用，包括价外向购买方收取的手续费、补贴、基金、集资费、返还利润、奖励费、违约金、滞纳金、延期付款利息、赔偿金、代收款项、代垫款项、包装费、包装物租金、储备费、优质费、运输装卸费以及其他各种性质的价外收费。……"综上，因赶工费实质仍是承包人为工程施工所实际支出的费用，其依附于工程本身，是工程施工成本的组成内容，未超出工程价款的范畴，将其纳入建设工程优先权范围，更能彰显建设工程优先权制度的设立意旨和初衷。

【典型案例】

中国新兴建设开发总公司与国泰纸业（唐山曹妃甸）有限公司建设工程施工合同纠纷案①

2013年，中国新兴建设开发总公司（以下简称新兴公司）与国泰纸业（唐山曹妃甸）有限公司（以下简称国泰公司）签订施工合同，约定由新兴公司承建国泰公司生产区一期生产车间、仓库、给水处理站、废水处理站、外网、道路路面工程。2015年，因国泰公司资金困难，工程未能继续施工。2017年，新兴公司诉请解除合同、国泰公司支付拖欠工程款（含赶工费）2.2亿余元并赔偿损失。

人民法院经审理认为，本案的争议焦点之一为赶工费是否属于建设工程优先权范围。

人民法院最终认定赶工费属于建设工程优先权范围。"根据《工程已完产值审核汇总表》记载，土建工程、专业安装工程、赶工费及材料费的数额分别为243,654,519元、8,577,568元、7,145,159元、4,723,942元，四项相加，共计264,101,188元。故工程价款应认定为264,101,188元。工程价款减去已付款后，尚欠工程价款为226,101,188元，新兴公司在此欠款数额范围内对案涉工程的折价或者拍卖价款享有优先受偿权。"

十、设计费用是否属于建设工程优先权范围

【问题的提出】

《施工合同司法解释（一）》第40条规定："承包人建设工程价款优先受偿的

---

① 参见最高人民法院民事判决书，（2017）最高法民终252号。

范围依照国务院有关行政主管部门关于建设工程价款范围的规定确定。承包人就逾期支付建设工程价款的利息、违约金、损害赔偿金等主张优先受偿的,人民法院不予支持。"相应的国务院有关行政主管部门关于建设工程价款范围的规定,未直接明确设计费用是否属于建设工程价款的范围。由此,设计人主张设计费用享有优先受偿权的,法院是否应当支持? 换言之,设计费用是否属于建设工程优先权的范围?

【基本观点】

第一种观点:根据《民法典》第 788 条第 2 款"建设工程合同包括工程勘察、设计、施工合同"的规定,设计合同也属于建设工程合同,设计工作是完成建设工程的必要条件,无设计人完成设计义务,则缺乏设计图纸,无法完成工程建设,故设计费用应当享有建设工程优先权。

第二种观点:《民法典》明确区分了"工程价款"和"设计费用",设计费用不属于建设工程价款范围,故设计费用不应当享有建设工程优先权。本书赞同此种观点。

【观点分析】

(一)客体上,设计费用不属于建设工程价款

第一,根据文义解释规则,设计费用不属于建设工程价款。《民法典》第 800 条规定:"……勘察人、设计人应当继续完善勘察、设计,减收或者免收勘察、设计费并赔偿损失。"第 806 条规定,"合同解除后,已经完成的建设工程质量合格的,发包人应当按照约定支付相应的工程价款"。可见,《民法典》对"工程价款"和"设计费用"作出了明确区分,承包人完成工程建设义务的对价是工程价款,设计人完成设计义务的对价是设计费用。在《民法典》条文语义一致的前提下,建设工程价款的范围不包含设计费用。第二,结合立法目的考察,建设工程优先权是为了通过赋予工程价款优先于其他债权人的清偿顺序,保障承包人的利益。所以,赋予设计费用优先受偿权不能体现建设工程优先权制度的立法目的。第三,设计工作成果并不能形成工程实体。《民法典》第 807 条规定,"建设工程的价款就该工程折价或者拍卖的价款优先受偿"。该规定说明承包人将人力、物力、财力等成本物化凝结于建设工程之后,而借此获得工程价款主债权及相应建设工程优先权。与之类似的是,装饰装修工程的承包人就装饰装修部分享有建设工程优先权。虽然设计工作成果是完成工程建设的先决条件,但设计工作成果形成的是单

独的设计文件或者图纸，工程实体是承包人按照设计文件修建的，所以设计人无法就“该工程”优先受偿。第四，设计费用与工程造价关联不高。在不考虑已付款的情形下，承包人的工程价款与工程造价呈正相关，基本保持一致。但是，设计费用与工程价款关联度不高。

（二）主体上，建设工程优先权主体不包括设计人

第一，探究立法原意，《民法典》第 807 条系来源于 1999 年《合同法》第 286 条，后一条文的起草者梁慧星教授指出：“这里所谓建设工程合同，应当作狭义解释仅指第二百六十九条第二款中的施工合同，勘察合同和设计合同不包括在内。”①建设工程合同作狭义理解，建设工程优先权无法适用于设计合同。第二，建设工程优先权是为解决拖欠工程款问题。从工程建设的总体流程来看，设计工作发生在工程建设之前，发包人尚不存在支付融资款、承包人工程款等资金压力，且如果不及时支付设计费用，也将对自身信用产生不良影响，降低潜在承包人签订建设工程施工合同的意愿，故利用建设工程优先权保障设计费用的实现并无太多必要。

（三）实务上，司法主流观点不支持设计费用享有优先受偿权

第一，最高人民法院在指导《最高人民法院就建设工程施工合同司法解释（一）理解与适用》一书中认为勘察人、设计人不享有建设工程优先权。各地高级人民法院发布的建设工程业务指导文件亦有类似规定，《安徽省高级人民法院关于审理建设工程施工合同纠纷意见案件适用法律问题的指导意见》第 16 条规定：“……工程勘察人或设计人就工程勘察或设计费主张优先受偿权，不予支持。”《浙江省高级人民法院执行局执行中处理建设工程价款优先受偿权有关问题的解答》明确规定：“工程勘察人或设计人就工程勘察或设计费主张优先受偿权的，不予支持。”第二，各地法院案例援引了最高人民法院的观点，在重庆市第二中级人民法院（2019）渝 02 民初 4199 号民事判决书中，法院认为：“与发包人订立建设工程施工合同的承包人享有工程价款优先受偿权。但该优先权不适用建设工程的设计合同关系，因为设计人应得报酬不是工程价款，交付的设计图纸针对特定的工程而言，既不能折价亦不能拍卖，因此，得森公司作为工程设计人并不具备工程价款

---

① 梁慧星：《合同法第二百八十六条的权利性质及其适用》，载《山西大学学报（哲学社会科学版）》2001 年第 3 期。

优先受偿权的主体资格。”

(四)例外:EPC 总承包模式下的设计费用

本书认为,EPC 总承包模式下的设计费用不同于单纯的设计费用,应当享有建设工程优先权,具体分析如下:第一,EPC 总承包模式下,设计和施工的联系更为紧密。从建设流程上看,在传统设计、施工分离模式下,发包人自行选择设计单位开展设计,再另行选择施工单位进行建设。但在 EPC 总承包模式下,总承包人从勘察设计环节便开始统一采购、统一分配,而且在施工过程中需要更改设计图纸的情况时有发生,设计行为贯穿施工过程始终。第二,EPC 总承包模式下需要交付的成果不同于设计、施工分离模式。正因为传统模式下设计与施工相互独立,所以依据设计合同交付的设计图纸,可以作为独立的工作成果交付给发包人。但是在 EPC 总承包模式下,总承包人向发包人交付的是完整的建设工程,设计图纸需要通过施工行为真正落地,才能算作实现合同目的。正因出现了这样的变化,设计费用债权和工程款债权相互独立的基础被打破。第三,EPC 总承包模式下,“一刀切”地鉴定出设计费用并不符合经济原则。EPC 总承包模式下,如果没有预先单列设计费用,或者单列设计费用但并未区分支付,可能导致设计费用和施工费用难以区分,如要区分需要展开鉴定。但鉴定费用的计价一般是根据标的额采用累进方式计价,对于整体造价高但是设计费用占比低的工程来说,鉴定费可能远高于设计费用,实无必要。

【典型案例】

赤峰光大光伏农业发展有限公司与山东电力建设第三工程公司建设工程施工合同纠纷案①

2014 年 9 月,山东电力建设第三工程公司(以下简称电建公司)与赤峰光大光伏农业发展有限公司(以下简称光大公司)签订光伏发电工程承包合同,约定:电建公司总承包光大公司一期 10MWp 设施农业光伏发电项目;总承包范围包括工程设计、设备采购、建筑、安装、调试等。2014 年 10 月 28 日,电建公司与长春美华电力设计有限公司等 3 家公司分别签订建设工程勘察设计合同、规划选址研究报告设计合同,合同总价款 248 万元。电建公司与第三方签订 10MWp 设施农业光伏发电项目咨询服务合同、安稳专题委托评审合同、无功专题委托评审合同、初

① 参见最高人民法院民事判决书,(2017)最高法民终 894 号。

步设计专题委托评审合同,合同总价款 997,380 元。合同签订后,电建公司依约进行项目的工程设计、设备采购等前期工作。电建公司向内蒙古自治区高级人民法院提起诉讼,请求判令电建公司对光大公司一期 10MWp 设施农业光伏发电示范项目工程和 66Kv 线路工程具有优先受偿权。

一审法院经审理认为,关于电建公司主张对案涉工程享有建设工程优先权的依据问题。依据 1999 年《合同法》第 286 条的规定,电建公司作为案涉工程承包人,主张对案涉工程享有建设工程优先权的请求符合上述规定,应当予以支持。故一审法院判决光大公司支付电建公司工程款 104,466,137.64 元及利息,电建公司对光大公司 10MWp 设施农业光伏发电示范项目工程、66Kv 线路工程享有优先受偿权。二审法院经审理认为,一审法院认定事实清楚、适用法律正确,维持一审法院的判决。

十一、人工费、材料费、施工机具使用费调差(合同约定的调差、因发包人违约导致的调差)是否属于建设工程优先权范围

【问题的提出】

《施工合同司法解释(一)》第 40 条规定:“承包人建设工程价款优先受偿的范围依照国务院有关行政主管部门关于建设工程价款范围的规定确定。承包人就逾期支付建设工程价款的利息、违约金、损害赔偿金等主张优先受偿的,人民法院不予支持。”但实务中关于建设工程优先权的范围问题仍存在较大争议,尤其是对于因合同约定或发包人违约导致的人工费、材料费、施工机具使用费等调差费用能否获得优先受偿仍存在不同观点,调差费用是认定为工程造价的变更,还是承包人的损失,尤其是因发包人违约导致的调差是否属于发包人承担的违约金或损害赔偿金范畴,实务中的认定不同导致完全不同的裁判结果,也导致承包人、发包人、抵押权人及其他债权人等相关主体无所适从。

【基本观点】

实务中,对于因合同约定或发包人违约导致的人工费、材料费、施工机具使用费等调差费用是否属于建设工程优先权范围主要存在以下三种观点。

第一种观点:因发包人原因导致施工延期材料价格上涨的差价损失不属于建设工程优先权范围。在最高人民法院(2014)民一终字第 56 号案中,法院认为:“《关于建设工程价款优先受偿权问题的批复》第三条规定:‘建筑工程价款包括

承包人为建设工程应当支付的工作人员报酬、材料款等实际支出的费用,不包括承包人因发包人违约所造成的损失',能够行使建设工程价款优先受偿权的权利范围不包括因发包人违约导致的损失。而从前述中铁公司在本案中被支持的诉请款项来看,包括因瑞讯公司违约给其造成的停窝工损失和材料价差损失两项,均不属于建设工程价款优先受偿权的权利行使范围。"①

第二种观点:应当区分调差发生的原因,根据合同约定,调差费用属于工程价款的,应当纳入建设工程优先权范围;因发包人违约导致的调差费用属于损害赔偿金性质,不属于建设工程优先权的保护范围。

第三种观点:调差费用属于工程价款的组成部分,应属于建设工程优先权的保护范围。该观点认为,无论因何种原因导致人工费、材料费、施工机具使用费等调差费用发生,根据《建筑安装工程费用项目组成》的规定,均属于建设工程价款的费用构成要素,其性质仍为建设工程价款,故调差费用应纳入建设工程优先权范围。本书赞同该观点。

【观点分析】

(一)建设工程优先权的范围包括全部工程价款

与2002年《优先权批复》相比,《施工合同司法解释(一)》第40条的主要变化有二:一是将建设工程优先权的范围由"承包人为建设工程应当支付的工作人员报酬、材料款等实际支出的费用"扩大到全部建设工程价款,体现了优先受偿权对于承包人工程款债权的特殊保护;二是将2002年《优先权批复》规定的"不包括承包人因发包人违约所造成的损失"明确限缩为发包人逾期支付建设工程价款的利息、违约金、损害赔偿金等。

在《最高人民法院就建设工程施工合同司法解释(一)理解与适用》一书中,最高人民法院民一庭认为,建设工程价款优先受偿的范围包括全部工程价款,而非限于承包人的劳务成本或承包人实际投入建设工程的成本。……从建设工程价款的组成部分来看,《施工合同司法解释(一)》第40条规定依据国务院有关行政主管部门关于建设工程价款范围的规定确定。根据国务院有关行政主管部门的规定,常用的关于建设工程价款组成部分的规定有两个:一是《住房和城乡建设

---

① 参见中铁二十二局集团第四工程有限公司与安徽瑞讯交通开发有限公司、安徽省高速公路控股集团有限公司建设工程施工合同纠纷案民事判决书。

部、财政部关于印发〈建筑安装工程费用项目组成〉的通知》,该通知第 1 条第 1 款规定:“建筑安装工程费用项目按费用构成要素组成划分为人工费、材料费、施工机具使用费、企业管理费、利润、规费和税金(见附件 1)。”二是原建设部发布的《建设工程施工发包与承包价格管理暂行规定》(已失效),该规定第 5 条规定:“工程价格由成本(直接成本、间接成本)、利润(酬金)和税金构成。”两者虽然表述不同,但内涵基本一致。因此,目前而言,建设工程优先受偿的范围包括人工费、材料费、施工机具使用费、企业管理费、利润、规费和税金。需要注意的是,本条并未直接罗列建设工程价款所包含的各个组成部分,而是直接规定适用国务院有关行政主管部门关于建设工程价款范围的规定确定。因此,如果以后国务院有关行政主管部门关于建设工程价款范围的规定发生变化,则建设工程优先权的范围也相应变化。

(二)调差费用属于工程价款的组成部分

实务中所称的调差,就是调整价差,通常指由于非施工单位的原因,组成建设工程价款的人工、材料、机械等要素价格增长超出了一定的范围,发承包双方在结算时调整相应的差价,并对合同结算价款进行调整。

2013 年施行的《建设工程工程量清单计价规范》第 3.4.2 条规定:“由于下列因素出现,影响合同价款调整的,应由发包人承担:1. 国家法律、法规、规章和政策发生变化;2. 省级或行业建设主管部门发布的人工费调整,但承包人对人工费或人工单价的报价高于发布的除外;3. 由政府定价或政府指导价管理的原材料等价格进行了调整。因承包人原因导致工期延误的,应按本规范第 9.2.2 条、第 9.8.3 条的规定执行。”该规范第 3.4.3 条规定:“由于市场物价波动影响合同价款的,应由发承包双方合理分摊,按本规范附录 L.2 或 L.3 填写《承包人提供主要材料和工程设备一览表》作为合同附件;当合同中没有约定,发承包双方发生争议时,应按本规范第 9.8.1 ~9.8.3 条的规定调整合同价款。”该规范第 9.1.1 条亦对发承包双方应当按照合同约定调整合同价款的事项作出了相应的规定。

综上可以看出,建设工程调差通常包括人工费调差、材料费调差、机械费调差等。根据《建筑安装工程费用项目组成》的规定,人工费、材料费、施工机具使用费属于建筑安装工程费用项目的构成要素,因此对人工费、材料费、施工机具使用费的调整差价理所当然也属于建设工程价款的范畴。

就调差的实质而言,以材料价差为例,不外乎是原来可以用 100 万元购买的材料,现在需要花120万元,这也就意味着建筑物上的材料价值是120万元。在不考虑市场因素的情况下,材料价格上涨导致建造成本上涨,通常也会导致房价上涨。因此,20万元的材料价差属于工程造价中的材料费的组成部分,其性质当然也属于建设工程价款。

此外,《住房和城乡建设部、财政部关于印发〈建筑安装工程费用项目组成〉的通知》第1条第2款规定,"为指导工程造价专业人员计算建筑安装工程造价,将建筑安装工程费用按工程造价形成顺序划分为分部分项工程费、措施项目费、其他项目费、规费和税金(见附件2)"。附件2中的"(三)其他项目费"包括"暂列金额:是指建设单位在工程量清单中暂定并包括在工程合同价款中的一笔款项。用于施工合同签订时尚未确定或者不可预见的所需材料、工程设备、服务的采购,施工中可能发生的工程变更、合同约定调整因素出现时的工程价款调整以及发生的索赔、现场签证确认等的费用",即调差费用属于合同约定调整因素出现时的工程价款调整,已包含在暂列金额中,属于建筑安装工程费用项目组成中的其他项目费。

从税法角度分析,《增值税暂行条例》第6条第1款规定:"销售额为纳税人发生应税销售行为收取的全部价款和价外费用,但是不包括收取的销项税额。"《增值税暂行条例实施细则》第12条规定:"条例第六条第一款所称价外费用,包括价外向购买方收取的手续费、补贴、基金、集资费、返还利润、奖励费、违约金、滞纳金、延期付款利息、赔偿金、代收款项、代垫款项、包装费、包装物租金、储备费、优质费、运输装卸费以及其他各种性质的价外收费。……"由此可知,违约金、滞纳金、延期付款利息、赔偿金等属于价外费用,而人工费、材料费、施工机具使用费以及相应调整价差的费用均属于价款范畴。

综上,因调差费用实质仍是承包人为工程施工所实际支出的费用,其依附于工程本身,是工程施工成本的组成内容,未超出工程价款的范畴,将其纳入建设工程优先权范围,更能彰显建设工程优先权制度的设立意旨和初衷。

(三)调差费用不属于发包人逾期支付建设工程价款的利息、违约金或损害赔偿金

如前文所述,《施工合同司法解释(一)》第40条将2002年《优先权批复》规定的"不包括承包人因发包人违约所造成的损失"限缩为发包人逾期支付建设工程价款的利息、违约金、损害赔偿金等。

首先,调整价差不属于发包人的违约责任承担方式。《民法典》第577条规定:“当事人一方不履行合同义务或者履行合同义务不符合约定的,应当承担继续履行、采取补救措施或者赔偿损失等违约责任。”在发包人逾期支付建设工程价款的情况下,承包人向其主张逾期付款利息、违约金或损害赔偿金的,均属于违约责任的承担方式,而调整价差显然不属于此列。

其次,调整价差属于对建设工程合同履约风险的分配方式。由于建设工程的施工周期长、影响因素多,为防止出现双方在订立合同时难以预见的情况而导致权利义务严重失衡或合同难以继续履行,需要通过相应的法律制度和合同约定对履约过程中的价格风险进行适当分配。比如,《房建市政工程总承包管理办法》第15条规定:“建设单位和工程总承包单位应当加强风险管理,合理分担风险。建设单位承担的风险主要包括:(一)主要工程材料、设备、人工价格与招标时基期价相比,波动幅度超过合同约定幅度的部分;(二)因国家法律法规政策变化引起的合同价格的变化;(三)不可预见的地质条件造成的工程费用和工期的变化;(四)因建设单位原因产生的工程费用和工期的变化;(五)不可抗力造成的工程费用和工期的变化。具体风险分担内容由双方在合同中约定。……”2013年施行的《建设工程工程量清单计价规范》第3.4.1条规定:“建设工程发承包,必须在招标文件、合同中明确计价中的风险内容及其范围,不得采用无限风险、所有风险或类似语句规定计价中的风险内容及范围。”

又如,《2017版施工合同范本》通用合同条款第11.1条规定了市场价格波动引起的调整,“除专用合同条款另有约定外,市场价格波动超过合同当事人约定的范围,合同价格应当调整”。第11.2条规定了法律变化引起的调整:“基准日期后,法律变化导致承包人在合同履行过程中所需要的费用发生除第11.1款[市场价格波动引起的调整]约定以外的增加时,由发包人承担由此增加的费用;减少时,应从合同价格中予以扣减。”1999版FIDIC红皮书中也有类似规定,13.7为“因法律改变的调整”,13.8为“因成本改变的调整”。

最后,调差费用不属于因发包人逾期付款导致的违约赔偿。工程实际施工过程中,造成调差事件的因素众多,情况复杂。除存在发包人违约的责任事件外,也存在法律法规变化、政策因素、物价上涨等属于发包人风险事件的外界因素。而根据《施工合同司法解释(一)》第40条的规定,如果在发包人逾期支付建设工程价款的情况下,承包人对相应的利息、违约金、损害赔偿金等不享有优先受偿权,也就意味着仅因发包人逾期付款这一责任事件造成的违约金等费用不属于建设工程优先权的范围,并不涵盖因发包人责任事件所造成的调差。比如,因发包人未按约定期限提供施工条件导致工程延期,后续施工过程中材料价格上涨,该事件虽属于发包人责任事件,但通过材料价格调差即可实现对双方权利义务的调整,并不必然需要通过违约责任承担来实现这种调整。而且,调整价差的具体费用归属于实际发生的人工费、材料费、施工机具使用费等,实际用于工程项目并物化于工程实体中,并不属于因发包方违约导致的违约金损失。

通过上述分析论证,若不加区分地将调差费用认定为因发包人违约造成的损失,认为其不属于建设工程优先权的范围,缺乏法律依据支撑及合理性。若将发包人责任事件和发包人风险事件区分处理,将会在原本就复杂的建设工程合同纠纷中增加诉讼的复杂程度,而最终的成效及实际意义并不大。

综上所述,将调差费用认定为属于建设工程优先权的范围,既符合国务院相关行政主管部门关于工程价款范围的确定,也能对承包人为工程实际支出的费用起到充分保障作用,与建设工程优先权的立法价值取向相吻合。

【实务中应注意的问题】

实务中应注意判断当事人是否在工程价款结算时将违约金或利息以调差的名义计入结算价款,以此规避对自身违约事实的认定乃至由此引发的内部追责风险。特别是在以调解方式结案的案件中,若双方将发包人逾期付款产生的利息、违约金、损害赔偿金等,以调整材料价格等方式计入结算金额或未付工程款金额,可能对抵押权人或其他债权人利益造成损害,裁判者应在严格审查的基础上决定是否同意该调解协议。

【典型案例】

中国建筑第二工程局有限公司诉四川秦川物流配送有限公司、四川省仁鼎房地产开发有限公司建设工程施工合同纠纷案①

2015年10月11日,中国建筑第二工程局有限公司(以下简称中建二局)以2.5亿元金额中标承建四川省广元市苍溪县"金湾国际·特色农产品日常生活用品会展中心"项目。2015年10月16日,四川秦川物流配送有限公司(以下简称秦川物流公司)、中建二局、四川省仁鼎房地产开发有限公司(以下简称仁鼎房产公

---

① 参见最高人民法院民事判决书,(2022)最高法民终9号。

司）签订了《建设工程施工合同》，约定由中建二局以施工总承包的方式承建该项目。2016 年 10 月 16 日，仁鼎房产公司退出本项目开发。2017 年 12 月 7 日，秦川物流公司与中建二局就已完工程签订了《竣工结算书》，双方确定结算金额为 95,029,570 元，该金额包括部分调差款项。后由于款项支付问题产生争议，中建二局诉请秦川物流公司与仁鼎房产公司支付工程款（含调差费用）并主张建设工程优先权。

最高人民法院经审理认为，本案的争议焦点之一为案涉调差款项是否属于建设工程优先权范围。

最高人民法院最终认定，根据原《施工合同司法解释（二）》第 21 条及《建筑安装工程费用项目组成》第 1 条的规定，建设工程优先权的范围包括人工费、材料费、施工机具使用费、企业管理费、利润、规费和税金。因此，除《竣工结算书》中汇总表载明的工程款 68,450,756 元属于建设工程价款优先受偿的范围外，2016 年 4—6 月钢筋材料价格调整款 1,209,416.40 元、安全文明施工费率调差款 2,400,000 元及 2017 年 9 月 20 日以前项目签证款 823,317 元，均属于建设工程优先权的范围。一审未将案涉工程的钢筋材料价格调整款、安全文明施工费率调差款及项目签证款计入建设工程优先权范围内，有所不当，应予纠正。

十二、工程保函、保险费是否属于建设工程优先权范围

【问题的提出】

工程保函一般是承包人在工程建设过程中向发包人提供的一种担保方式，以保证其工程质量、进度和安全等方面的履约义务。《国务院办公厅关于清理规范工程建设领域保证金的通知》（国办发〔2016〕49 号）规定："对保留的投标保证金、履约保证金、工程质量保证金、农民工工资保证金，推行银行保函制度，建筑业企业可以银行保函方式缴纳。"实务中，工程保函通常由履行义务的一方当事人向银行等金融机构申请开具并提交给保函受益人。

实务中，工程保险一般可以分为两类：一类是履行义务的一方当事人采用商业保险的方式向对方提供担保，其产生与工程保函相同的效果，此类保险费性质与保函费用性质类同；另一类工程保险是指工程建筑物本身的保险以及依附在主体上的各类财产保险，主要包括建筑工程一切险、安装工程一切险、装修工程一切险以及第三者责任险等。

实务中，当承包人依约向发包人提供了相应的保函或保险的情况下，发包人未按约支付工程价款，承包人能否将已经支出的工程保函及保险费用纳入工程价款，进而主张建设工程优先权？

【基本观点】

一般观点认为，工程保函（包括采用商业保险方式提供的担保，下同）属于一种债的担保方式，保函费用或保险费用并不属于法律意义上的工程价款范畴，故不属于建设工程优先权保护的范围。工程保险是工程所有人为对冲在建造过程中因自然灾害或意外事故而引起的损失的一种风险管理措施，购买工程保险的费用不属于工程价款，因此不应纳入建设工程优先权范围。

也有观点认为，《住房和城乡建设部、财政部关于印发〈建筑安装工程费用项目组成〉的通知》第1条第1款规定："建筑安装工程费用项目按费用构成要素组成划分为人工费、材料费、施工机具使用费、企业管理费、利润、规费和税金（见附件1）。"根据《建筑安装工程费用项目组成》附件1的规定，"企业管理费"的组成要素中包括"12.财务费：是指企业为施工生产筹集资金或提供预付款担保、履约担保、职工工资支付担保等所发生的各种费用"以及"14.其他：包括技术转让费、技术开发费、投标费、业务招待费、绿化费、广告费、公证费、法律顾问费、审计费、咨询费、保险费等。"由此可见，预付款担保、履约担保等所发生的费用及保险费属于企业管理费的构成要素，应属于工程价款范畴，故应当纳入建设工程优先权保护的范围。

【观点分析】

（一）关于工程保函的法律性质

建设工程实务中常见的工程保函有投标保函、预付款保函、工程款支付保函、履约保函、农民工工资支付保函、质量保证金保函等，因各类保函的用途不同，其法律性质亦有所区别。

1.投标保函

投标保函是指在招标投标中，招标人为保证投标人不得撤销投标文件、中标后不得无正当理由不与招标人订立合同等，要求投标人在提交投标文件时一并提交的一般由银行出具的书面担保，其作用等同于投标保证金。因投标保函费用产生于建设工程招投标过程中，可以视为施工企业为日常经营管理活动而支出的费用，并非履行施工合同而支付的对价，故不属于工程价款范畴。且由于是否中标存在不确定性,在客观上无法将投标保函费用归入任何一个工程项目的施工费用中,因此不应属于工程价款。

2. 预付款保函

预付款保函是指发包人按照约定比例支付给承包人预付款时,为保证发包人的资金安全,承包人向发包人提交担保,保证其按照合同约定正确、合理地为合同目的使用预付款,不将预付款挪作他用。如承包人违反预付款使用目的,发包人可凭保函向担保方索赔。《2017 版施工合同范本》通用合同条款第 12. 2. 2 条规定:"发包人要求承包人提供预付款担保的,承包人应在发包人支付预付款 7 天前提供预付款担保,专用合同条款另有约定除外。预付款担保可采用银行保函、担保公司担保等形式,具体由合同当事人在专用合同条款中约定。在预付款完全扣回之前,承包人应保证预付款担保持续有效。发包人在工程款中逐期扣回预付款后,预付款担保额度应相应减少,但剩余的预付款担保金额不得低于未被扣回的预付款金额。"可见,预付款保函是预付款担保的一种具体形式,用于担保承保人按照合同约定正确、合理地为合同目的使用预付款,其法律性质应属于债的担保方式。

3. 工程款支付保函

工程款支付保函是指发包人向承包人提交担保,保证履行施工合同约定的工程款(除工程质量保证金以外的工程款)支付义务。如发包人违反相关约定,可凭保函向担保方索赔。《保障农民工工资支付条例》第 24 条规定:"建设单位应当向施工单位提供工程款支付担保。"支付保函的主要作用是对发包人的付款义务提供担保,故其法律性质应属于债的担保。

4. 履约保函

履约保函是指应承包方的请求,银行或非银行金融机构向工程发包方作出的一种履约保证承诺,保证承包方按时、按质、按量完成其所承建的工程。承包商如果不按合同履行,则发包人可向保函出具人索赔。实务中,履约保函是履约保证金的一种良好的替代形式,故在法律性质上,履约保函可类同于履约保证金,属于一种债的担保方式。

5. 农民工工资支付保函

根据《中国银保监会办公厅关于做好农民工工资支付保函相关工作的通知》(银保监办发〔2020〕32 号)的规定,农民工工资支付保函是指银行业金融机构在其业务范围内,应施工总承包单位等企业的申请开立,按照《保障农民工工资支付条例》要求可用以替代工资保证金的保函。农民工工资支付保函与发包人向承保人提供的工程款支付保函的作用都是对自身付款义务提供担保,故其法律性质亦属于债的担保。

6. 质量保证金保函

《2017 版施工合同范本》通用合同条款第 15. 3. 1 条规定:“承包人提供质量保证金有以下三种方式:(1)质量保证金保函;(2)相应比例的工程款;(3)双方约定的其他方式。”《质保金管理办法》第 6 条第 2 款规定:“采用工程质量保证担保、工程质量保险等其他保证方式的,发包人不得再预留保证金。”该办法第 7 条规定:“发包人应按照合同约定方式预留保证金,保证金总预留比例不得高于工程价款结算总额的 3%。合同约定由承包人以银行保函替代预留保证金的,保函金额不得高于工程价款结算总额的 3%。”综上所述,质量保证金是一种担保形式,它可以保函、保险等方式出现,也可以扣留部分工程款,还可以以其他担保形式替代。由于质量保证金是发包人在其应当支付的工程款中扣留,故应属于工程价款范畴,而质量保证金保函虽产生与质量保证金相同的法律效果,但办理保函的费用并不必然属于工程价款。

(二)关于工程保函及保险费用是否属于建设工程优先权范围

1. 一般情况下,工程保函及保险费用已计入工程价款

根据《建筑安装工程费用项目组成》的规定,预付款担保、履约担保等所发生的费用及保险费属于“企业管理费”的构成要素。同时需要指出的是,《建筑安装工程费用项目组成》附件 1 也明确规定:“其中人工费、材料费、施工机具使用费、企业管理费和利润包含在分部分项工程费、措施项目费、其他项目费中。”由此可见,企业管理费,包括预付款担保、履约担保等所发生的费用以及承包人支付的工程保险费并不是在工程总价款之外另行增加计算的费用,而是其本身已经计入工程价款,属于工程价款的一部分。

综上所述,就实务而言,通常情况下,承包人为履行建设工程施工合同而办理预付款担保、履约担保、农民工工资支付保函、质量保证金保函等所发生的费用及工程保险费用,在现行工程价款计价模式下已经计入工程价款,自然也已纳入建设工程优先权保护范围。承包人无权亦无必要另行就相关工程保函及保险费用提出相关权利主张。

2. 投标保函费用及工程款支付保函费用不属于建设工程优先权范围

投标保函费用产生于建设工程招投标过程中，并非为履行施工合同而支付的对价，客观上亦无法将其计入工程项目施工费用中，故不属于工程价款范畴，根据《施工合同司法解释(一)》第40条的规定，应不属于建设工程优先权的范围。

至于工程款支付保函费用，因该笔费用系由发包人为担保自身付款义务而支付的费用，当然不属于承包人的工程价款债权范围，也不存在是否应将其纳入建设工程优先权保护范围的问题。

【实务中应注意的问题】

需要注意的是，实务中发包人和承包人均有投保相关工程保险的义务。一般情况下，建筑工程一切险、安装工程一切险由发包人作为建筑物的所有人进行投保，第三者责任险作为工程一切险的附加险也由购买一切险的一方购买。此外，发包人和承包人均需要为其在施工现场的全部人员办理意外伤害保险。但实务中也有发包人委托承包人投保工程一切险及第三者责任险的情况。比如，《2017版施工合同范本》通用合同条款第18.1条规定："除专用合同条款另有约定外，发包人应投保建筑工程一切险或安装工程一切险；发包人委托承包人投保，因投保产生的保险费和其他相关费用由发包人承担。"因此，承包人需要注意招标文件及施工合同对工程保险投保义务及投保人的约定，若明确约定发包人委托承包人投保，承包人应在投标时将相关保险费用计入投标总价中，最终由发包人承担。若招标文件或合同对由哪一方投保工程保险没有约定，但实际履约过程中发包人委托承包人投保的，承包人应注意将相关费用计入工程进度款或结算总价中，以确保该笔费用得以纳入建设工程优先权保护范围。

第四章

建设工程优先权的客体

第一节 概 述

一、现行法律规定

《民法典》第807条规定："发包人未按照约定支付价款的，承包人可以催告发包人在合理期限内支付价款。发包人逾期不支付的，除根据建设工程的性质不宜折价、拍卖外，承包人可以与发包人协议将该工程折价，也可以请求人民法院将该工程依法拍卖。建设工程的价款就该工程折价或者拍卖的价款优先受偿。"从前述规定可知，建设工程优先权的权利客体是承包人施工的工程本身，同时《民法典》对建设工程优先权的客体进行了限制，将根据建设工程的性质不宜折价、拍卖的工程排除在外。

二、权利客体之构成要件

结合前述《民法典》以及《施工合同司法解释（一）》的规定，本书认为，承包人主张建设工程优先权需要满足如下要件。

（一）承包人承建

承包人只对自身承建的工程享有建设工程优先权，而不能对其他主体施工的部分主张优先权，这是优先权的基本前提和应有属性。例如，装饰装修工程的承包人只能对其施工的装饰装修工程在整体工程因此增值的范围内享有建设工程优先权，土建部分的承包人只能对土建部分的价值主张建设工程优先权。实践中，本要件的核心是解决同一工程存在不同的承包人时，各自优先权范围问题，人民法院或者仲裁机构应当遵循"谁施工、谁受益"的原则进行处理，恰当地对不同承包人的施工范围及其价值进行确定。

（二）工程质量合格

承包人主张建设工程优先权第二个重要的构成要件是工程质量合格，这里的工程质量合格包括已竣工的工程质量合格以及工程虽未竣工但已施工部分质量合格两种情形。

《民法典》第793条第1款、第2款规定："建设工程施工合同无效，但是建设工程经验收合格的，可以参照合同关于工程价款的约定折价补偿承包人……（二）修复后的建设工程经验收不合格的，承包人无权请求参照合同关于工程价款的约定折价补偿。"《施工合同司法解释（一）》第38条规定："建设工程质量合格，承包人请求其承建工程的价款就工程折价或者拍卖的价款优先受偿的，人民法院应予支持。"前述规定明确了工程质量合格是主张工程价款及建设工程优先权的前提条件。反之，如果工程质量不合格，则意味着承包人施工的工程不具备相应的经济价值，无法投入使用并发挥其设计的功能，相应的后果是不能主张工程价款。在工程价款主张都不能被支持的情况下，建设工程优先权作为保障工程价款支付的法定优先权没有了存在的前提和根基，自然也应当不予支持。

需要说明的是，对于实践中常常出现的"烂尾"工程、"半拉子"工程，承包人的权利同样需要得到保障。对此，《施工合同司法解释（一）》第39条规定："未竣工的建设工程质量合格，承包人请求其承建工程的价款就其承建工程部分折价或者拍卖的价款优先受偿的，人民法院应予支持。"明确了只要承包人施工的工程质量合格，即便没有竣工验收，也可以主张建设工程优先权。因此，建设工程优先权的条件是工程质量合格，而不论是否完成施工或者竣工验收。

需要注意的是，质量合格是从工程质量专业上进行判断，而不仅是看有无进行竣工验收。如果竣工验收的工程经检验存在足以推翻验收合格结论的质量问题，仍旧需要修复至质量合格才能主张建设工程优先权；无法修复的，建设工程优先权的请求不应予以支持。

（三）具备折价或拍卖的条件

承包人主张行使建设工程优先权需要满足的第三个要件是工程本身具备折价或者拍卖的条件。例如，很多工程是民生工程或者市政基础设施工程，涉及公共利益，如果准许对工程进行折价或者拍卖，将会影响到公众的利益。因此，不具备折价或者拍卖条件的建设工程，承包人主张建设工程优先权的条件就不满足。当然，实践中存在特殊的情况：建设工程虽然不具备折价或者拍卖的条件，但存在经营性收入的，如公路收费权，承包人可以针对经营性收入主张优先权。

又如装饰装修工程，由于装饰装修工程的特殊性，其附属于建筑物之上，一般价值也明显低于建筑物本身的价值，因此，一般只有装饰装修工程的发包人与建筑物的所有权人一致时，才能支持装饰装修工程的承包人主张建设工程优先权。

第二节　不宜折价、拍卖工程的类型

一、问题的提出

如前所述，《民法典》第 807 条的规定是承包人主张建设工程优先权的法律依据，上述规定基本沿用了 1999 年《合同法》第 286 条的规定，将“按照建设工程的性质不宜折价、拍卖的以外”调整为“根据建设工程的性质不宜折价、拍卖外”，表述更科学，但条文内容没有本质的变化。

对于不宜折价、拍卖的建设工程，学界存在不同的解读。有认为应解释为禁止流通物的，如军事设施；也有认为是关系国家利益或者公共利益的工程的，如公益性质的学校。具体到实践中如何适用存在较大的争议，如果司法机关根据个案的情况进行认定，难免存在矛盾或者不统一的情况，不利于法律规则适用的统一性和确定性。

“建设工程的性质不宜折价、拍卖”，应当指的是案涉工程的性质及其用途特殊，不适合以折价或者拍卖的方式加以转让。[①] 由于该建设工程涉及公共利益或者国家安全事项，以折价或者拍卖方式对工程的权利主体进行变更，将导致公共利益受损或者国家利益事项无法得到保障。因此，本书认为，“不宜折价、拍卖”的建设工程应当首先以涉及公共利益或者国家利益为基本的判断原则，如果经审查认为涉及上述原则，则不应支持承包人的建设工程优先权主张。

二、不宜折价、拍卖建设工程的类型化梳理

《民法典》第 399 条及相关的规定中对于禁止设立抵押的财产类型有明文规定。本书认为，建设工程优先权与抵押权实现方式相同，法律规定禁止抵押的财

---

① 参见曹文衔、宿辉、曲笑飞：《民法典建设工程合同章条文解释与司法适用》，法律出版社 2021 年版，第 496 页。

产类型与“不宜折价、拍卖”背后的基本法理是相同的，可借鉴抵押权相关的禁止性规定对不宜折价、拍卖的建设工程范围进行类型化总结。

（一）依据建设工程的社会属性不宜折价、拍卖

由于此类建设工程涉及公共利益或者国家安全事项，以折价或拍卖的方式对工程的权利主体进行变更，将导致公共利益受到损害或者国家利益无法得到保障。

1. 学校、幼儿园、医疗机构等机构的教育、医疗卫生和其他公益建筑设施

《民法典》第 399 条规定，“下列财产不得抵押：……（三）学校、幼儿园、医疗机构等为公益目的成立的非营利法人的教育设施、医疗卫生设施和其他公益设施”。

上述规定对禁止抵押的财产范围进行了明确规定，其中第 3 项为学校、幼儿园、医疗机构等为公益目的成立的非营利法人的教育设施、医疗卫生设施和其他公益设施。参照上述规定，既然上述类型的工程不得设立抵押，则权利顺位优于抵押权的建设工程优先权也应受到限制，否则准许承包人对上述类型的工程主张建设工程优先权，将导致《民法典》第 807 条的立法目的落空，公共利益也无法得到保障。

当然，需要指出的是，如果是学校中非用于公益目的的其他设施，如接待宾馆等，因该类工程并未涉及公共利益，所以应属于可折价、拍卖的建设工程。

此外，关于民营学校、幼儿园、医院的教育设施建筑、医疗卫生设施建筑是否属于不宜折价、拍卖的建设工程，实践中存在不同的观点。反对者认为民营的学校、幼儿园、医院本就是商业化运营，折价或者拍卖后不影响公共利益。

本书关注到，2009 年 11 月 9 日住房和城乡建设部以建法函〔2009〕264 号文《中华人民共和国住房和城乡建设部关于私立学校、幼儿园、医院的教育设施、医疗卫生设施能否抵押的请示》向全国人民代表大会常务委员会法制工作委员会法工委发函请示：2007 年《物权法》第 184 条规定，“学校、幼儿园、医院等以公益为目的的事业单位、社会团体的教育设施、医疗卫生设施和其他社会公益设施”不得抵押，在房地产登记工作中，就该条适用问题存在不同意见。一种意见认为，私立学校、幼儿园、医院不属于 2007 年《物权法》第 184 条规定的事业单位、社会团体，私立学校、幼儿园、医院的教育设施、医疗卫生设施也不属于社会公益设施，依法

可以抵押。另一种意见认为，私立学校、幼儿园、医院和公办学校、幼儿园、医院，只是投资渠道上不同，其公益属性是一样的。私立学校、幼儿园、医院的教育设施、医疗卫生设施也属于社会公益设施，按照 2017 年《物权法》第 184 条规定，不得抵押。为了正确理解和执行 2017 年《物权法》，现就私立学校、幼儿园、医院的教育设施、医疗卫生设施能否抵押问题请示你委，请予答复为盼。

全国人大常委会法制工作委员会办公室于 2009 年 12 月 1 日回函："同意请示中的第二种意见。"按照全国人大常委会法制工作委员会办公室的意见，私立学校、幼儿园、医院和公办学校、幼儿园、医院，只是投资渠道上不同，其公益属性是一样的，也应该属于不宜折价、拍卖的建设工程。本书赞同全国人大常委会法制工作委员会办公室的意见，私立的学校、幼儿园、医院的教育、医疗卫生和其他公益设施建筑的工程属性与公立机构的一致，不因投资主体/渠道不同改变其社会属性，因此，也应当属于不宜折价、拍卖建设的工程。

2. 列入文物保护的建筑物和有重要纪念意义的建筑物的修缮工程

《城市房地产抵押管理办法》第 8 条规定，"下列房地产不得设定抵押：……（三）列入文物保护的建筑物和有重要纪念意义的其他建筑物"。与前述《民法典》的规定同理，文物保护建筑和有重要纪念意义的建筑物本就具有特殊的价值或者功能，不得抵押，如果是涉及前述类别建筑物的修缮工程的，也属于典型的依据其性质不宜折价、拍卖的建设工程类型。

3. 党政机关的办公用房和军事设施建筑①

党政机关的办公用房具有特定的用途，是我国党政机关各部门发挥功能和履行职责的重要依托，如果允许折价、拍卖，必然使得其基本功能落空，因此，该类设施建筑亦属于不宜折价、拍卖的建设工程。

并且依据《党政机关办公用房管理办法》第 18 条第 2 款的规定，党政机关办公用房连出租、出借及经营都不允许，遑论对其折价、拍卖，这也与党政机关办公用房的基本功能和工程的社会属性相违背。

军事设施作为发挥军队维护国家安全和领土完整等基本职能的载体，显而易见不宜折价、拍卖。

---

① 参见王旭光：《建筑工程优先受偿权制度研究——合同法第 286 条的理论与实务》，人民法院出版社 2010 年版，第 164 页。

4. 铁路、公路、电力设施、电信设施和油气管道等基础设施工程

《民法典》第 254 条第 2 款规定,“铁路、公路、电力设施、电信设施和油气管道等基础设施,依照法律规定为国家所有的,属于国家所有”。铁路、公路、电力设施、电信设施和油气管道等基础设施工程作为保障国家基本民生和社会运转的设施,涉及公共利益和国家利益,是典型的依建设工程属性不宜折价或者拍卖的建设工程。

(二)根据建设工程的法律属性不宜折价、拍卖:未取得建设工程规划许可手续的建设工程

工程项目建设在开工前需要严格按照国家有关规定进行报批,办理审批手续。实践中基于多种原因,承包人未批先建现象并不鲜见,因规划许可的管理和审批涉及国家对公共事项的行政管理,如果项目未办理规划许可手续,属于依法应当拆除的违法建筑,则应给予其否定的法律评价,不应允许其通过折价、拍卖的方式进行交易和流通,否则会干扰正常的市场秩序。

就此问题,司法实践中存在不同的观点:第一种观点认为属于典型的不宜折价、拍卖的建设工程;第二种观点认为没有规划许可手续不影响建设工程优先权。最高人民法院民一庭在 2021 年第 21 次专业法官会议中讨论认为:承包人对违章建筑不享有建设工程优先权。本书赞同该观点。由于没有规划许可手续等的违法建筑本身具有违法性,法律对其持否定性评价,如果支持折价、拍卖的建设工程优先权请求,会产生不良的引导作用,扰乱建筑市场,不利于建筑市场的有序发展。

(三)根据建设工程的客观情况不宜折价、拍卖:验收不合格且无法修复或者修复代价过高

工程建设工艺复杂,完工后质量不合格的情形常常出现,如果经修复仍无法验收合格或客观上无法修复、修复代价过高的,则意味着该建筑工程不满足设计要求,建设工程项目的结构安全性、功能适用性无法得到保障,因此,准许折价、拍卖可能会侵害第三方利益或损害社会公共利益,应属于不宜折价、拍卖的建设工程。

第三节 具体争议问题分析

一、建设工程所涉建设用地使用权拍卖价款是否属于建设工程优先权的权利客体

【问题的提出】

根据《民法典》第356条、第357条之规定，我国实行“房地一体主义”，即地上建筑因转让等原因发生所有权变动的，该建筑物占用范围内的建设用地使用权一并处分。如果承包人要求对建设工程拍卖价款行使建设工程优先权，则建设工程及占用范围内的建设用地使用权须一并评估、拍卖，那么是否拍卖的全部价款都属于承包人建设工程优先权的客体？如果建筑物所占用的建设用地使用权已在先设置了抵押权，之后产生的建设工程优先权与抵押权的冲突如何协调？实务中对该问题有不同认识，裁判观点不一。

【基本观点】

建设工程优先权的行使不能及于拍卖价款中建设用地使用权的价值部分。

【观点分析】

(一)从建设工程优先权的立法目的的角度

建设工程优先权的立法目的是为特别保护承包人的利益，具有保护劳动者利益和鼓励建筑、创造社会财富的政策目的。[①] 承包人通过建造行为，将劳务、材料、资金物化至建设工程当中，法律赋予承包人建设工程优先权，能够防止承包人的工程价款落空，激励承包人通过建造行为确保建设工程的可用性，提升建设工程的价值。同时，工程价款债权中相当部分是建筑工人的劳动报酬，应予优先确保。因此，法律赋予承包人建设工程优先权的原因在于承包人的投入已经被物化在建设工程当中。虽然承包人建造的建设工程与作为建设工程载体的建设用地不可分离，但是承包人的投入对建设用地本身价值增值没有贡献。从立法目的这个角

---

① 参见梁慧星:《合同法第二百八十六条的权利性质及其适用》，载《山西大学学报(哲学社会科学版)》2001年第3期。

度来说，建设用地使用权不应该作为建设工程优先权的客体。

（二）从对“房地一体主义”正确理解的角度

《民法典》第 397 条规定：“以建筑物抵押的，该建筑物占用范围内的建设用地使用权一并抵押。以建设用地使用权抵押的，该土地上的建筑物一并抵押。抵押人未依据前款规定一并抵押的，未抵押的财产视为一并抵押。”第 417 条规定：“建设用地使用权抵押后，该土地上新增的建筑物不属于抵押财产。该建设用地使用权实现抵押权时，应当将该土地上新增的建筑物与建设用地使用权一并处分。但是，新增建筑物所得的价款，抵押权人无权优先受偿。”从上述法律规定来看，所谓“房地一体主义”，是指建设用地使用权与建筑物所有权在处分时应当一并处分。建设用地使用权的抵押权人，仅就建设用地使用权处分所得价款有优先受偿权，并不及于新增建筑物处分所得价款。

房地产交易中的“房地一体主义”原则是为了保证房屋及其占用范围内的土地使用权归属于同一权利人，防止出现权利冲突，并非将建筑物及其占用范围内的建设用地使用权一并纳入承包人享有建设工程优先权的范畴。基于与《民法典》第 417 条规定相同的法理，尽管根据“房地一体主义”原则须将建筑物和建设用地使用权一起进行处分，但不代表建设工程优先权可以及于建筑物所占范围内建设用地使用权的价值部分，承包人仅对建筑物的价值部分有优先受偿的效力。

（三）建筑物的价值和建设用地使用权的价值可区分

“房地一体主义”是房地产被处分时应遵循的原则，但建设用地使用权与建筑物所有权仍是两个相互独立的物权，不能因为“房地一体主义”的存在，即认为房屋及土地丧失独立性，成立一个整体。

一般情况下，建设单位先基于土地出让取得建设用地使用权，后基于建设单位的投资和承包人的施工取得建筑物所有权。建设用地使用权与建筑物所有权虽相互结合，但并非不能分离，须区分对待。

一方面，从《民法典》第 417 条规定来看，建设用地使用权拍卖所得价款与新增地上建筑物拍卖所得价款应当进行区分；另一方面，在司法实务中，对建设工程和建设用地使用权分开进行价值评估是切实可行的做法，不乏相关案例。

例如，《浙江省高级人民法院执行中处理建设工程价款优先受偿权有关问题的解答》（浙高法执〔2012〕2 号）第 4 条规定，“建设工程承包人只能在其承建工程拍卖价款的范围内行使优先受偿权，对该工程占用范围内的土地使用权的拍卖价款不能主张优先受偿。实际操作中可对建设工程和土地使用权分开进行价值评估确定各自在总价值中的比例，然后一并拍卖，拍卖成交后再确定建设工程承包人可以优先受偿的金额”。

例如，上海市奉贤区人民法院在拍卖“上海钱桥养老院在建工程”时委托评估机构对土地使用权价值和该土地范围内的无证地面建筑物分别进行评估，并作为同一标的物合并拍卖，分别列明了土地使用权市场值价和建筑物的工程造价。[①]

【实务中应注意的问题】

（一）区分建设工程和建设用地

在审理建设工程优先权的案件时，裁判者应在裁判文书中区分建筑物的价值与其占用范围内的建设用地使用权的价值，并写明建设工程优先权及于建设工程拍卖价款，而不及于建设用地使用权拍卖价款。

司法实务中，由于“审执分离”，部分裁判者未意识到建筑物的价值与其占用范围内的建设用地使用权的价值分离的意义，在撰写裁判文书时，未将两者的价值加以区分，将涉及建设工程优先权的判决主文笼统表述为“承包人在×元工程价款范围内有权就该工程拍卖的价款优先受偿”。在执行过程中，当遇到案涉工程占用范围内的建设用地使用权上在先设定了抵押权的情况，执行法官必须对二者的价值进行区分，否则，将在一定程度上会给法院执行工作造成困扰。

（二）确定承包人可以优先受偿的金额的方式

在涉及建设工程优先权和抵押权竞合的财产案件执行中，一般采取以下方式：先将建筑物本身价值（工程造价）与土地使用权价值（市场价值）分别进行评估，然后合并拍卖。承包人就拍卖所得价款按照建筑物本身价值占整个不动产价值的比例优先受偿。

该方式在不动产实现溢价处置，拍卖价款可以清偿全部工程价款和设定抵押之主债权时没有问题，但在不动产处置价款显著低于评估价时就会在承包人和抵押权人之间引发争议：建设工程的造价在结算后即已确定，通常不会随时间和市场行情变化而变化。而土地价值的评估采用的是市场价值法，市场价值是评估对象在评估基准日进行正常市场交易的价格估计数额，会随着时间和市场行情的变化而显著变化。在拍卖价格显著低于评估价值的情形下，说明不动产评估价过

① 参见公拍网，http://www.gpai.net/sf/item.do?Web_Item_ID=4917，2023年4月26日访问。

高;同时考虑到建筑物的工程造价不会发生变化,故评估机构的高估主要体现为对土地价值的高估。也就是说,某不动产的拍卖价值主要取决于其土地价值。而土地价值升职或贬值的风险,本应由土地的抵押权人来承担,而不应转嫁给承包人。在不动产折价成交的情形下,仍按建筑物评估价值占不动产整体评估价值的比例确定承包人优先受偿的范围,违背公平合理原则,也不利于保障实现建设工程优先权的立法目的。

对此,有观点认为,应当由评估机构重新评估和分别确定拍卖成交时房产与土地的价值,进而由建设工程优先权人和抵押权人分别优先受偿。① 本书认为,此种财产处置方式合理分配了土地价值升职或贬值带来的商业利益和风险,保障了承包人及其背后建筑工人的合法权益,有很强的借鉴价值。

二、承建的建设工程不属于施工合同发包人所有,承包人主张建设工程优先权如何处理

(一)委托代建情形下能否向委托单位主张建设工程优先权

【问题的提出】

在建设工程领域,基于建设工程技术较为复杂、管理要求高、资金需求大等特点,部分建设工程特别是政府投资项目,建设单位一般会建设将工程委托给专业公司代建,充分利用专业公司的技术和管理经验,提高项目的投资效益和工程质量。在此模式下,因存在委托代建关系,发包人并非建设工程的所有权人,承包人还能否向发包人主张建设工程优先权?

需要注意的是,在工程建设具体实践中委托代建模式多种多样:有的建设单位与代建人签订代建协议,不直接参与施工合同的签订及履行;有的建设单位既签订代建协议,又签订施工合同,甚至施工合同约定由建设单位直接支付工程价款;还有的名为委托代建,实质上还包含了垫资的内容,要求代建单位垫资完成工程施工,建设单位在移交工程项目的时候再支付费用并给予代建单位合理的报酬,类似于建设—移交模式(Build - Transter)。上述不同情形的代建首先会对工程价款支付义务主体的确认产生影响,进而与建设工程优先权的问题产生关联。

---

① 参见倪知良、钱松青、胡双:《涉房地产财产执行中建设工程价款优先受偿问题浅析》,载《人民法院报》2021年3月24日,第7版。

本书主要从建设单位不参与施工合同签订的通常情形下对委托代建中的建设工程优先权问题进行探讨。

就建设工程优先权问题，实务中观点并不统一：有司法案例认为，由于委托代建情况下施工合同的发包人并不是建设工程的所有权人，因此，不支持承包人的建设工程优先权主张；也有案例认为，法律规定的优先受偿权并没有明确规定需要以工程发包人是所有权人为前提，委托代建情形下虽然存在所有权人与发包人分离的情况，但不影响承包人的建设工程优先权主张。

【基本观点】

第一种观点：委托代建模式下，承包人对并非发包人所有的建设工程主张优先受偿权权的，应予支持。理由是虽然在委托代建模式下，施工合同的发包人是代建人，不是项目真正的建设单位，但是 1999 年《合同法》第 286 条以及《民法典》第 807 条的规定中并没有要求以发包人是项目的所有权人为前提；同时，建设工程优先权作为法定的权利，发包人是否为工程所有权人并不影响承包人实际完成了项目的施工，其材料、人工等已物化到了建筑物中，应当保护承包人的建设工程优先权。

第二种观点：委托代建模式下，承包人对并非发包人所有的建设工程主张建设工程优先权的，不予支持。由于施工合同中建设单位并非施工合同的主体，委托代建模式下建设单位不应对承包人的工程价款承担责任，基于合同相对性原则，支持承包人建设工程优先权主张的前提不具备，工程的发包人不是所有权人，属于不宜折价、拍卖的建设工程，不应支持承包人的建设工程优先权主张。

【观点分析】

本书倾向于第一种观点，应当支持承包人在委托代建情形下的建设工程优先权主张，理由是：

第一，在分析是否支持委托代建关系下承包人的建设工程优先权之前，首先需要分析委托代建的法律性质。目前的主流观点包括委托合同、承揽合同、房地产开发经营合同、非典型性合同四种关系。本书倾向于认为属于委托合同关系，理由是：首先，委托代建的基本内容为根据委托方的委托对工程的质量、安全、工期等进行管理，符合委托合同的定义和特征；其次，在委托代建过程中，代建方需要随时听取委托人的意见，根据委托方的指示对项目进行管控，符合《民法典》第 922 条关于委托合同关系中委托人的指示之规定；最后，委托代建关系下，代建方提供的是专业的服务，收取的报酬是专业服务的对价，而非交付工程的对价，明显区别于建设工程合同,也不对成果优劣负责,明显区别于承揽合同等其他类型的合同关系。基于前述性质的认定,依据《民法典》第925条的规定,“受托人以自己的名义,在委托人的授权范围内与第三人订立的合同,第三人在订立合同时知道受托人与委托人之间的代理关系的,该合同直接约束委托人和第三人;但是,有确切证据证明该合同只约束受托人和第三人的除外”,以及第926条的规定,施工合同的权利义务由作为真正建设单位的委托人承担,其中当然包括建设工程优先权的内容。

第二,《民法典》第807条规定:“发包人未按照约定支付价款的,承包人可以催告发包人在合理期限内支付价款。发包人逾期不支付的,除根据建设工程的性质不宜折价、拍卖外,承包人可以与发包人协议将该工程折价,也可以请求人民法院将该工程依法拍卖。建设工程的价款就该工程折价或者拍卖的价款优先受偿。”该规定并没有将工程项目的发包人是所有权人作为前提,《民法典》施行之前的1999年《合同法》第286条也没有限定发包人是所有权人。同时,建设工程优先权是一项法定权利,具有法定性和对世性,不受建设工程的所有权问题影。承包人人工、材料物化到建筑物之中,建设工程优先权乃以物化为基本原则从而保障承包人的工程价款债权,优先权应不受权利主体变化的影响。

【实务中应注意的问题】

在司法实务中应注意对委托代建模式进行识别。在某些特殊的委托代建中,建设单位直接参与施工合同的签订并且支付了工程价款,委托代建主要是为了充分利用代建单位对项目的管理能力,该情形下建设单位是工程价款债务人,承包人向建设单位主张建设工程优先权顺理成章。某些委托代建虽然名义是委托代建,但实际上却不是真正的委托代建,例如合同名称形式为委托代建,但内容是合作开发,一方提供土地,另一方提供资金和管理工程项目并确定利益分配等内容的,不是真正的委托代建。因此,还需要根据最终识别的法律关系和事实情况对建设工程优先权问题进行判断和确认,不能一概而论。

【典型案例】

中建六局第二建筑工程有限公司诉青岛海润开发建设集团有限公司、青岛市黄岛区隐珠街道孟家滩村民委员会建设工程施工合同纠纷案①

2012年9月8日,青岛市黄岛区隐珠街道孟家滩村民委员会与青岛海润开发

---

① 参见最高人民法院民事判决书,(2019)最高法民终2018号。

建设集团有限公司(以下简称海润公司)签订《孟家滩安置区建设工程委托代建协议》,约定该村委会同意孟家滩村安置区建设由海润公司实施代建管理。2014 年 11 月 10 日,海润公司作为发包人与中建六局第二建筑工程有限公司(以下简称中建六局二公司)签订施工合同,由中建六局二公司负责上述工程的施工。工程完成施工后,双方因结算问题产生争议,一直未能达成一致的结算意见,中建六局二公司提起诉讼,要求支付工程价款并主张建设工程优先权。

因案涉工程涉及安置住房以及委托代建的问题,中建六局二公司能否主张建设工程优先权成为人民法院审理的焦点之一。

最高人民法院审理认为:中建六局二公司承建的案涉工程包括村民住宅和商业网点。案涉工程中涉及村民安置住房的部分不宜进行折价或者拍卖,而案涉工程中的商业网点房屋依其性质可折价或者拍卖,故中建六局二公司就案涉工程中的商业用房折价或者拍卖价款享有建设工程优先权。

(二)合作开发房地产情形下能否向非施工合同发包人一方主张建设工程优先权

【问题的提出】

合作开发房地产在房地产市场或土地二级开发市场是较为普遍的现象,通常是一方提供土地,一方进行投资并负责对外签署施工合同,推进项目施工等事宜。遇到投资方资金紧张或者施工合同产生争议时,由于签订施工合同的发包人并非土地使用权人或项目的建设单位,承包人能否向土地使用权人或项目建设单位主张建设工程优先权往往成为决定承包人工程价款债权能否实现的关键。

【基本观点】

合作开发房地产中,虽然发包人并非项目建设单位,承包人向发包人主张建设工程优先权的,一般应予支持。

【观点分析】

第一,与委托代建情形一致,《民法典》第 807 条的规定并没有将工程项目的发包人是所有权人作为前提,委托代建部分的第二条理由同样可以适用于合作开发房地产的情形。

第二,合作开发房地产情形下,未参与签订施工合同的一方也是承包人施工的实际受益主体,且未参与签订施工合同一方对于施工合同签署履行情况以及法律规定的建设工程优先权应当是明知的。

第三,《民法典》第 307 条规定:"因共有的不动产或者动产产生的债权债务,在对外关系上,共有人享有连带债权、承担连带债务,但是法律另有规定或者第三人知道共有人不具有连带债权债务关系的除外;在共有人内部关系上,除共有人另有约定外,按份共有人按照份额享有债权、承担债务,共同共有人共同享有债权、承担债务。偿还债务超过自己应当承担份额的按份共有人,有权向其他共有人追偿。"合资、合作开发房地产情形中可参照上述规定进行处理,对外关系上,合资、合作双方应当对外共同承担责任,其中应有之义就包括承包人的建设工程优先权的法定权利。

【实务中应注意的问题】

实务中需要注意的是合资、合作的项目是否支持建设工程优先权仍然需要考虑是否属于"不宜折价、拍卖"的工程;同时最高法院 2023 年 4 月 20 日发布的《商品房消费者权利保护批复》对于商品房消费者的保护规则进行了重要的调整,承包人的建设工程优先权能否最终获得实现需要关注该批复。此外,即便因合作方不是施工合同的主体而不承担工程价款付款义务,但建设工程优先权系附属在建设工程上的法定优先权,其实现不受建设工程所有权人是否承担付款责任的影响,一般应予以支持。

【典型案例】

华宸建设集团股份有限公司诉宁夏瑞富山水置业有限公司、宁夏华泽房地产开发有限公司建设工程施工合同纠纷案①

宁夏瑞富山水置业有限公司(以下简称瑞富公司)与宁夏华泽房地产开发有限公司(以下简称华泽公司)签订的《项目合作开发协议》,约定案涉工程项目由瑞富公司提供土地,由华泽公司承担项目开发的全部风险,无论项目是否盈利,华泽公司均向瑞富公司支付固定收益。后华泽公司作为发包人与华宸建设集团股份有限公司(以下简称华宸公司)签订《建设工程施工合同》,由华宸公司负责项目的施工,过程中双方因借款等事宜产生争议,工程竣工后一直没有办理结算。华宸公司提起诉讼,要求瑞富公司与华泽公司连带支付工程价款及利息等,并主张建设工程优先权。

---

① 参见最高人民法院民事判决书,(2019)最高法民终 1572 号。

最高人民法院审理认为:依据法律规定,设置建设工程优先权是考虑到承包人的劳动已经物化到建筑物之中,当发包人不能按照约定支付工程价款时,赋予承包人对工程价款优先受偿的权利,以保护承包人对工程价款的实际受偿的权利,是对工程价款债权进行的特殊保护。故建设工程优先权的基础权利来源于承包人所享有的工程价款债权。按照瑞富公司与华泽公司签订的《项目合作开发协议》的约定,案涉工程项目由瑞富公司提供土地,由华泽公司承担项目开发的全部风险,无论项目是否盈利,华泽公司均向瑞富公司支付固定收益。实际履行协议中,由华泽公司作为发包人与华宸公司签订了《建设工程施工合同》,之后因《项目合作开发协议》解除未能继续履行,现案涉工程在瑞富公司名下。华宸公司已向瑞富公司移交了施工工程,因华宸公司的施工行为,建筑材料和劳动力已经物化为在建工程,已经和在建工程不可分离,建设工程优先权的标的物为华宸公司施工所完成的工程。依据原《施工合同司法解释(二)》第17 条的规定,华宸公司作为案涉工程的承包人有权依法主张对案涉工程的建设工程优先权。

(三)PPP 模式下发包人不是建设工程的所有权人时,承包人能否对施工的建设工程价款主张建设工程优先权

【问题的提出】

公共私营合作制(Public - Private Partuership,以下简称 PPP 模式)是在 20 世纪 80 年代在英国出现的一种公共基础设施项目融资模式,近年来在我国得到大力推行,主要应用于基础设施、工业园区等的投资建设,一般由政府方出资代表与社会资本方共同组建项目公司,然后由项目公司与承包人签订建设工程施工合同。由于项目资产移交时涉及到手续、税费等复杂流程,成本巨大,PPP 模式下一般约定建设过程中形成的资产属于政府,社会投资人主要通过运营期的付费完成投资回报。而如果项目公司拖欠了承包人的工程价款,承包人主张建设工程优先权是否能够得到支持?

【基本观点】

第一种观点:应当支持承包人的建设工程优先权,理由是建设工程优先权的规定没有将发包人是所有权人作为前提条件,项目的投资建设模式不应影响承包人建设工程优先权的行使。

第二种观点:不应支持承包人的建设工程优先权,因为项目公司不是所有权人,建设工程优先权涉及政府方,会突破合同相对性,可能会损害第三方的利益。

【观点分析】

本书观点倾向于有条件地支持承包人在PPP模式下的建设工程优先权主张,如果PPP模式下的项目存在经营性收费的,承包人可以对项目收益权主张优先受偿,承包人可以通过对项目收益权的行使实现对建设工程优先权的行使,而非一定要对建设工程进行折价、拍卖。但如果PPP模式下的项目是公益性或者关乎基础民生,则承包人不享有建设工程优先权。理由是:

第一,与前述情形一致,《民法典》第807条的规定并没有将工程项目的发包人是所有权人作为前提。承包人的建设工程优先权来源于法律的直接规定,其权利的基础是承包人投入的人力、物力等物化到了建设工程项目中,该基础不因项目的投资模式发生变化。

第二,由于PPP模式的项目大多涉及基础设施等属性的工程,工程本身不具备折价或者拍卖的条件。虽然应当支持承包人的建设工程优先权,但建设工程优先权的实现方式应区别于传统的工程项目,更多应当通过PPP模式下的项目收益权实现。

第三,全国人大代表程并强曾就PPP模式付费保障机制向财政部提出应允许承包人主张建设工程优先权的建议,财政部在2020年9月8日答复:经研究,我们认为充分保障承包人取得工程价款的权利,是承包人履行合同义务后享有的合法权益。根据1999年《合同法》第286条以及2021年1月1日起施行的《民法典》第807条均规定,经承包人催告后,建设工程的价款可以就该工程折价或者拍卖的价款优先受偿,除非根据建设工程的性质不宜折价、拍卖的。[①] 因此,本书认为,并非所有的PPP模式下的项目都不支持承包人建设工程优先权的主张,应当根据项目本身的情况,尽量通过支持对项目收益进行优先受偿,实现对承包人利益的保障,同时还能推动PPP模式下的项目有序建设和发展。

---

① 参见财政部2020年9月8日发布的《财政部对十三届全国人大三次会议第3790号建议的答复》(财金函〔2020〕59号)第3条。

【实务中应注意的问题】

实务中需要注意,一般情况下,PPP 模式下的项目属于民生工程或者基础设施工程,例如大型农副产品批发市场等,如果承包人直接请求对工程本身行使建设工程优先权,将较难获得法院支持。建议可以针对项目收益权等经济性权利提出主张,通过对项目收益权事实进行举证争取有利裁判结果,争取裁判的支持。

【典型案例】

五矿二十三冶建设集团有限公司与海口益民惠通建设有限公司、海口市菜篮子投资发展有限公司、海口市菜篮子产业集团有限责任公司、第三人海南沉香谷投资股份有限公司建设工程施工合同纠纷案[①]

2016 年 6 月 30 日,海口市菜篮子产业集团有限责任公司(以下简称菜篮子集团公司)作为采购人向海南沉香谷投资股份有限公司(以下简称沉香谷公司)、五矿二十三冶建设集团有限公司(以下简称五矿二十三冶公司)发出成交通知书:关于菜篮子集团公司的海口市大型农副产品综合批发市场(一期)项目,2016 年 6 月 30 日进行成交结果公告,成交标的金额为建安工程造价下浮率 5%;投资回报率 5.7%;维护费用以实际发生审核结果为准,合作期限 6 年 80 天(含建设期 80 天、运营期 6 年),回报机制:政府付费。2016 年 9 月 6 日,海口市菜篮子投资发展有限公司(以下简称菜篮子投资公司)作为甲方与沉香谷公司(乙方)签订《合资合作协议》,约定菜篮子投资公司负责项目的运营管理,沉香谷公司不参与项目的运营管理,据此双方设立了项目公司海口益民惠通建设有限公司(以下简称益民惠通公司)。2016 年 11 月 8 日,益民惠通公司作为发包人与五矿二十三冶公司签订施工合同,约定五矿二十三冶公司负责项目施工,资金来源为发包方 PPP 模式社会融资。项目于 2017 年 11 月 22 日完成验收,五矿二十三冶公司于 2018 年 1 月 18 日将案涉项目移交给益民惠通公司和菜篮子集团公司。后因结算及付款产生争议,五矿二十三冶公司诉至法院,要求支付工程价款并主张建设工程优先权。

海南省高级人民法院审理认为:案涉工程是公益性的大型农副产品批发市场项目,是民生工程,涉及公共利益,按照性质应当是不宜折价、拍卖的工程,故对五矿二十三冶公司关于建设工程优先权的主张不予支持。

---

① 参见海南省高级人民法院民事判决书,(2018)琼民初 46 号。

三、承包人能否向建设工程受让人主张建设工程优先权

【问题的提出】

在房地产开发行业领域，资产转让是房地产行业收购项目的主要方式之一。开发商为回笼资金，在未付清承包人工程价款的情况下将建设工程项目所有权转让给第三人的情形并不鲜见。承包人如向受让人主张对工程价款的建设工程优先权，则常遇到受让人以合同相对性、善意取得等为由进行抗辩。

在发包人未付清工程价款即将建设工程项目所有权转让的情形下，承包人的建设工程优先权是否具有追及效力，能否对已登记过户的受让人名下的建设工程主张权利，对承包人利益存在直接、重大影响。现行法律对此无明确规定，实务中对该问题有不同认识，裁判观点不一。

【基本观点】

第一种观点：肯定说

该观点认为，首先，建设工程被转让，受让人实际取得发包人的地位。其次，建设工程优先权具有担保属性，具有一定的追及效力，其功能是担保工程价款优先支付，该权利依附于所担保的建设工程而存在，即使被担保的建设工程发生转让，也不应影响建设工程优先权的实现。

第二种观点：否定说

该观点的主要理由有：

第一，根据法律规定，建设工程优先权仅限于建设工程折价或拍卖所得价款，故承包人的建设工程优先权只能存在于属于发包人所有的建筑物或者建设工程上，如果建筑物或建设工程的所有权已转移，承包人的建设工程优先权即不存在。同时，当商品房的所有权已转移给消费者时，为了稳定社会秩序，需要对消费者利益进行保护。

第二，我国现行法律并未规定承包人的建设工程优先权需要登记，其缺乏登记公示程序。对于第三人而言，其购房时无从知晓房屋上是否存在承包人的建设工程优先权，如让已登记完毕的房屋面临随时被折价或拍卖的风险，则明显有失公平，不利于市场交易的稳定，不符合物权需公示的民法基本原理。

第三种观点：有限追及说

该观点认为，建设工程优先权属于法定优先权，具有物权性，故其应具备物上

追及力，但追及力并不是绝对的，而是物权公示公信的外观法理的产物，如优先权未公示，就应当对其进行限制，以此平衡权利冲突可能出现的不公平。原则上未公示的建设工程优先权不具有物上追及力，但承包人通过公权力行使建设工程优先权之后所取得的公示对抗效力，让建设工程优先权具有追及力，具备了物权法公示公信主义的法理基础。此时，受让人并非善意、自甘风险取得建筑物或建设工程所有权，不能涤除建设工程优先权。

【观点分析】

本书倾向于有限追及说，理由如下：

1. 未完成过户登记的不动产一般买受人不能对抗建设工程优先权。在建筑物或建设工程已转让并过户登记至受让人名下的情形下，建设工程优先权是否具有追及力，现行法律、司法解释并无明确规定。但对于已签订买卖合同、尚未完成过户登记的不动产一般买受人能否对抗建设工程优先权，《最高人民法院关于人民法院办理执行异议和复议案件若干问题的规定》（以下简称《执行异议和复议规定》）以及《九民纪要》已有相关规定。

《执行异议和复议规定》第 27 条规定："申请执行人对执行标的依法享有对抗案外人的担保物权等优先受偿权，人民法院对案外人提出的排除执行异议不予支持，但法律、司法解释另有规定的除外。"从该条文文义来看，对于除商品房消费者之外的不动产一般买受人提出的排除执行异议能否获得法院支持，取决于能否将《执行异议和复议规定》第 28 条认定为第 27 条所指的除外情形。对此，《九民纪要》第 126 条规定："根据《最高人民法院关于建设工程价款优先受偿权问题的批复》第 1 条、第 2 条的规定，交付全部或者大部分款项的商品房消费者的权利优先于抵押权人的抵押权，故抵押权人申请执行登记在房地产开发企业名下但已销售给消费者的商品房，消费者提出执行异议的，人民法院依法予以支持。但应当特别注意的是，此情况是针对实践中存在的商品房预售不规范现象为保护消费者生存权而作出的例外规定，必须严格把握条件，避免扩大范围，以免动摇抵押权具有优先性的基本原则。因此，这里的商品房消费者应当仅限于符合本纪要第 125 条规定的商品房消费者。买受人不是本纪要第 125 条规定的商品房消费者，而是一般的房屋买卖合同的买受人，不适用上述处理规则。"从该条款精神来看，《九民纪要》认为一般买受人不能对抗抵押权，而建设工程优先权的顺位优于抵押权，故一般买受人自然也不能对抗建设工程优先权。

2. 建设工程优先权属于法定优先权,具有担保属性。建设工程优先权为具有担保物权属性的法定优先权,在法律未明确规定排除的情况下,应当类推适用《民用航空法》和《海商法》关于民用航空器优先权和船舶优先权追及力的规定,赋予建设工程优先权追及效力,即权利始终附着在建筑物或建设工程上,不因建筑物或建设工程转移而丧失建设工程优先权。

3. 受让人具备一定的知晓建设工程上是否附着建设工程优先权的能力。在工程竣工验收后,承包人应当将工程移交给发包人,工程处于发包人控制之下,除建设工程优先权外,承包人并不具备防范发包人不能清偿价款风险的能力;而受让人通过对投资标的必要的尽职调查,通常可以知晓发包人是否欠付承包人工程价款,承包人有无提起仲裁或诉讼,建设工程是否被查封等。

4. 更符合建设工程优先权的立法目的。法律赋予承包人建设工程优先权的原因在于承包人的投入已经被物化在建设工程当中,需要给予特别保护,以保护建筑工人利益。建设工程优先权附着于建筑物或建设工程之上,如不赋予其物上追及力,在承包人不占有建筑物或建设工程的情况下,若发包人在付清工程价款前便将建筑物或建设工程转让,将导致承包人建设工程优先权落空,也给不诚信的发包人提供了逃避债务的可乘之机。

5. 应当对建设工程优先权的追及力进行必要限制。依据《施工合同司法解释(一)》第 36 条的规定,建设工程优先权优于抵押权和其他债权。但必须注意的是,抵押权具有物上追及力是基于其因登记而具有的公示性。相较而言,我国尚未建立建设工程优先权的登记制度,受让人难以判断建筑物或建设工程上是否附着建设工程优先权,赋予建设工程优先权物上追及力不可避免会对交易安全造成一定影响。因此,为实现维护交易安全和保障承包人债权实现之间的平衡,在肯定建设工程优先权物上追及力的同时,需要对其进行必要限制。

根据《民法典》第 311 条的规定,所有权人享有物上追及权,但受到善意取得制度的限制。因此,本书认为,对承包人所享有建设工程优先权的物上追及力,可类推适用该条文,在受让人符合善意取得条件时,承包人不得再针对建筑物或建设工程行使建设工程优先权,而只能向发包人就转让价款主张物上代位权。善意取得的四个构成要件中,容易引起争议的是受让人的主观状态,即受让人受让该建筑物时或建设工程是否善意。

所谓善意,即受让人受让该建筑物或建设工程时不知道或者不应当知道建筑物或建设工程上附着建设工程优先权。对此，可以通过受让人是否知道发包人尚欠付工程价款、承包人是否已就工程欠款提起诉讼、建筑物或建设工程是否被采取诉讼保全措施等进行综合判断。若受让人并非善意，其明知建筑物或建设工程上仍附着建设工程优先权仍愿意承担被承包人追及之风险的，则其从发包人处继受取得的权利不能大于原权利人，不能涤除建设工程优先权。

【典型案例】

吉林中城建中大房地产开发有限公司申诉案[①]

吉林东奥工程有限公司（以下简称东奥公司）与吉林中大交通房地产开发有限公司（以下简称中大公司）建设工程施工合同纠纷案在执行过程中，被执行人中大公司通过《债务重组协议》，以出资的名义，将中大世纪城 A 区和 B 区土地使用权分别变更至吉林中城建中大房地产开发有限公司（以下简称中城建公司）和吉林中控房地产开发有限公司（以下简称中控公司）名下，东奥公司认为上述行为侵害了自身的建设工程优先权，申请追加中城建公司作为被执行人，吉林铁路运输法院同意，中城建公司不服向最高人民法院申诉。

最高人民法院审理认为：东奥公司对中大世纪城 B 区工程享有的建设工程优先权是基于法律规定而取得的，效力优先于一般债权和其他担保物权。在存在法定优先权的情况下，中大公司与中城建公司、中控公司通过《债务重组协议》对 B 区土地及地上物进行处置，侵害了建设工程优先权人的利益，东奥公司有权追及 B 区土地及地上物，主张优先受偿。

四、有经营性收入不适宜折价或拍卖的建设工程，对发包人经营性收入，承包人是否享有建设工程优先权

【问题的提出】

在建设工程领域，某些项目较为特殊，无法进行折价或者拍卖，但是由于项目具有相应的经济价值，存在经营性收入，例如高速公路无法进行拍卖，但是具有稳定的车辆通行收费权。在此类工程中，如果承包人与发包人就施工合同的履行发生纠纷，承包人提出要对项目的经营性收入主张建设工程优先权，司法机关是否应支持？

---

① 载《最高人民法院公报》2012 年第 2 期。

【基本观点】

承包人对于不宜折价或者拍卖的建设工程的经营性收入主张建设工程优先权的，一般应予支持。

【观点分析】

本书倾向于支持本情形下承包人的建设工程优先权，理由是：

第一，虽然某些特殊类型的建设工程不宜折价、拍卖，但是具有相应经济价值，并且该经济价值的基础是承包人所施工的建设工程，故施工过程中已物化至建设工程上的承包人投入应当受到建设工程优先权的保障。

第二，最高人民法院2006年6月14日针对江西省高级人民法院作出的《公路收费权优先权答复》中表示："《合同法》第二百八十六条规定的建设工程的折价或者拍卖虽原则上指工程所有权的转让，但对收费公路这类特殊工程的可转让的经营权，也应适用。因此，申请执行人作为公路施工单位，有权通过对被执行人享有的公路工程经营权的执行优先受偿。车辆通行收费权是公路经营权中的主要内容，执行中可以转让收费权或者直接从所收费中提取款项。施工单位的优先受偿权应及于该收费权，可以从提取的款项中优先受偿。根据《担保法》及最高人民法院有关司法解释的精神，工程款优先受偿权应优先于异议人就公路收费设定的质押权。"公路工程经营权的核心是车辆通行收费权，承包人的建设工程优先权应及于该收费权。

第三，支持承包人对工程项目的经营性收入主张建设工程优先权能够最大限度保护承包人，调动承包人的积极性，从长远来看，有利于建筑市场的发展。

【实务中应注意的问题】

实务中需要注意：如果是对建设工程的经营性收益主张建设工程优先权，则诉讼请求的表述应当具体明确，不是对建设工程本身主张建设工程优先权，以免导致请求被驳回。同时，对于经营性收入需要根据不同建设工程类型有针对性地主张，例如，公路工程的经营性收入是车辆通行收费权，人防工程则一般是占有、使用等产生的租金收益，建设工程优先权实现不是对建设工程折价、拍卖，而是直接针对收益本身。

【典型案例】

广东中人集团建设有限公司与中国银行股份有限公司江门分行、第三人鹤山市瑞通公路建设有限公司等执行分配方案异议之诉案[1]

广东中人集团建设有限公司(以下简称中人公司)是鹤山市瑞通公路建设有限公司(以下简称瑞通公司)某公路项目的承包人,因瑞通公司拖欠工程价款起诉获得人民法院的支持,得到了支付工程价款的胜诉判决书;因瑞通公司以公路收费权质押的方式向向中国银行股份有限公司江门分行(以下简称中国银行江门分行)进行贷款,到期无法偿还,中国银行江门分行起诉并主张质押的优先权,获得了人民法院的支持。在执行过程中,因执行分配方案中关于优先权顺位的问题产生争议,中人公司认为自身享有法定的优先权,应优先受偿,提起了执行异议之诉。

因案涉工程较为特殊,是公路工程,中人公司能否主张建设工程优先权,尤其是针对公路收费权,成为各方争议的焦点问题。

最高人民法院审理认为:根据法律规定,中人公司对案涉工程应享有法定优先受偿权。因案涉工程为公路工程,属于特殊建设工程,无法直接拍卖或折价,该工程的主要经济价值体现在其通行费用上,故将其收益即年票补偿款作为建设工程优先权的行为对象符合实际情况。再审申请人中国银行江门分行认为案涉公路年票补偿款不属于建设工程优先权的对象的申请理由不成立。

五、建设工程灭失、毁损的,建设工程优先权的效力能否及于由此取得的相应赔偿金或其替代物

【问题的提出】

在工程实践中,建设工程出现毁损、灭失的情况并不鲜见,此时,如果承包人因发包人拖欠工程价款提起诉讼,由于承包人施工的建设工程本身已不存在,无法对建设工程主张建设工程优先权,但是建设工程有赔偿金或者其他替代物,承包人能对该赔偿金或者替代物主张建设工程优先权吗?

【基本观点】

建设工程灭失、毁损的,承包人对由此取得的相应赔偿金或其他替代物主张

① 参见最高人民法院民事裁定书,(2016)最高法民申1281号。

建设工程优先权的，应予支持。

【观点分析】

本书倾向于支持此种情况下的承包人的建设工程优先权，理由是：

无论是工程毁损或者灭失后的赔偿金还是替代物，其经济价值都来源于建设工程，来源于承包人的施工和物化的结果。《民法典》第390条规定："担保期间，担保财产毁损、灭失或者被征收等，担保物权人可以就获得的保险金、赔偿金或者补偿金等优先受偿。被担保债权的履行期限未届满的，也可以提存该保险金、赔偿金或者补偿金等。"建设工程优先权在面临建设工程毁损灭失时的法理与上述担保物权规定的基本理论是相通的，两者同属于具有物权性质的优先受偿权，参照上述规定，应当支持承包人对建设工程毁损、灭失后的赔偿金或者替代物等主张建设工程优先权。

有观点认为，建设工程优先权在性质上属于担保物权，具有权利法定性、建设工程价款优先受偿性、从属不可分性以及物上代位性等特点。物上代位性是指担保物权的效力及于担保财产因损毁、灭失所得赔偿金等代位物上，是担保物权的重要特征。①

【典型案例】

中国银行股份有限公司桓台支行与山东淄建集团有限公司、山东润兴化工科技有限公司建设工程施工合同纠纷执行复议案②

淄博市中级人民法院在执行申请执行人山东淄建集团有限公司（以下简称淄建集团）与被执行人山东润兴化工科技有限公司（以下简称润兴公司）建设工程施工合同纠纷案中，于2016年12月28日作出（2016）鲁03执912号执行财产分配方案，中国银行股份有限公司桓台支行（以下简称桓台中行）、淄建集团均不服该分配方案，向淄博市中级人民法院提出书面执行异议。

本案争议的问题是淄建集团是案涉项目的承包人，享有经人民法院生效判决确认的建设工程优先权；而桓台中行作为案涉项目的保险的第一受益人，主张在项目财产设备爆炸毁损后，享有全部的保险理赔款。

山东省高级人民法院审理认为：关于案涉保险理赔款能否执行问题。《最高

---

① 参见江必新、何东宁等：《最高人民法院指导性案例裁判规则理解与适用：房地产卷》，中国法制出版社2014年版，第257页。

② 参见山东省高级人民法院执行裁定书，（2018）鲁执复150号。

人民法院关于适用〈中华人民共和国担保法〉若干问题的解释》(以下简称《担保法解释》)第80条第1款规定:"在抵押物灭失、毁损或者被征用的情况下,抵押权人可以就该抵押物的保险金、赔偿金或者补偿金优先受偿。"2017年《物权法》第174条规定:"担保期间,担保财产毁损、灭失或者被征收等,担保物权人可以就获得的保险金、赔偿金或者补偿金等优先受偿。"案涉保险系桓台中行与润兴公司签订的抵押合同的约定内容,属于抵押合同的一部分,抵押权人行使抵押权时应及于该保险的理赔款。因案涉抵押设备已被爆炸损毁,桓台中行的抵押权对抵押设备的效力及于该抵押物的代位物保险金。而淄建集团的工程价款作为优先于桓台中行抵押权受偿的债权,其效力当然及于该抵押物的代位物保险金。

六、平行发包模式下建设工程优先权的客体区分及行权路径分析

【问题的提出】

平行发包,是指发包单位将建筑工程勘察、设计、施工等其中的一项或者多项工作按工程部位或专业进行合理分解,分别发包给一家或者多家资质、信誉符合要求的勘察、设计、施工单位,各单位之间的关系是平行的,分别对发包单位负责。平行发包是国际上通用的承发包模式之一,也是我国允许的承发包模式。该模式有利于建设单位择优选择承包方,但也因此导致存在多个直接对发包单位负责的承包单位,致使在建设工程优先权的行使主体和实现程序上,存在多个权利主体的认定及工程价款债权受偿比例确认的问题。对此,为平等保护各个承包人实现建设工程优先权,落实公平受偿理念,有必要予以区分各承包人劳动成果的价值,以衡定其可优先受偿的债权比例。

【观点分析】

(一)平行发包模式下的发承包关系

首先需要明确的是,本书探讨的平行发包模式下各承包人建设工程优先权客体的区分及价值判断问题限定于建设工程施工领域当中,不含勘察或者设计阶段的平行发包问题。如上所述,平行发包模式的认定关键在于各承包人之间系平行关系且分别对发包单位负责,简言之,建设单位与各承包人之间均存在直接的合同关系。需要展开探讨两种情形:

1. 建设单位与承包人的直接发承包关系

在标准的平行发包模式下,发包人往往将单位工程分别发包给不同的承包人

分别施工,譬如土建工程、安装工程的单独发包。各承包单位之间相互独立和平行,不存在从属关系或者管理与被管理的关系。在这种情况下,由于施工工序存在先后,施工进度有快慢区分,各承包单位因所承包的建设工程为单位工程而较易识别,在不同承包主体就其所承包的单位工程分别主张建设工程优先权时,其优先权的客体为分别施工的建设工程。识别其所施工部分的劳动成果的价值,是确定其受建设工程优先权保障之工程价款债权数额前提。

2. 施工总承包模式下建设单位与施工单位的直接发承包关系

在施工总承包模式下,还存在一种平行发包模式。一般而言,总承包单位享有相对自主的分包权限,但是建设单位在同总承包方签订总承包施工合同时,往往会保留部分专业工程的直接发包权限,譬如幕墙工程、绿化工程、智能化、消防工程等,该类项目由建设单位同专业承包人直接签订施工合同,专业工程承包人与总承包单位在同建设单位的关系上系平等的,但是在施工过程中需要受到总承包单位的统一管理和协调。

(二)多个承包人主张建设工程优先权的行权路径

无论是上述哪种平行发包模式,可兹讨论的情形为:(1)各个平行承包人均以诉讼的方式向发包人追索工程价款并主张建设工程优先权;(2)各个平行承包人均在执行程序中主张建设工程优先权;(3)部分承包人起诉追索工程欠款,其余承包人在执行程序中主张建设工程优先权。

在第一种情形下,承包人所追索的工程欠款或为已竣工结算后的欠付款项,或为未竣工结算时的欠付进度款。因各承包人均可通过诉讼的方式固定其工程价款债权的数额,附着于主债权之上的多个建设工程优先权较易识别、区分,在执行过程中也可通过合并执行的方式一并处理标的建筑物拍卖款项的分配,系较为理想的平行发包模式下涉及多个承包人主张各自承包范围内建设工程优先权的处理状态。最高人民法院在《民事审判实务问答》一书中,对执行法院在承包人未经诉讼直接主张建设工程优先权时的处理路径作出回应,即分两种情况予以处理:一是如果被执行人对其申请的工程价款金额无异议,且经法院审查,确认承包人提供的建设工程合同及相关材料合法有效,亦未发现承包人和被执行人恶意串通损害国家、集体和第三人利益的,应准许其优先受偿;二是如果被执行人对其申请的工程价款金额有异议,法院应当告知承包人另行诉讼,法院对工程价款的分配程序须待诉讼有结果后方可进行。

在第二种情形下，承包人仅在执行过程中主张建设工程优先权，仍需明确其建设工程优先权的受偿范围，其涉及申请执行人，也即发包人的其他债权人同承包人建设工程优先权的利益冲突问题。承包人如已取得生效法律文书确认其建设工程优先权，其享有建设工程优先权债权的数额自无异议。值得讨论的是，在承包人的建设工程优先权债权未取得生效法律文书确认时，则涉及承包人所承包工程范围的工程欠款的确定，换言之，需要确定其所劳动成果的价值。在执行程序中主张建设工程优先权的承包人，可提供施工合同、发承包双方认可的工程造价咨询报告、结算文件等能够确定工程价款债权的材料，执行法院对其应作形式审查，或可先行认可承包人建设工程优先权并对可予受偿的款项作出预留；如当事人对建设工程优先权存在争议，执行法院可中止执行程序，在承包人取得建设工程优先权的执行依据后再行处理。

最高人民法院曾经在2002年《优先权批复》（已失效）第1条中指出："人民法院在审理房地产纠纷案件和办理执行案件中，应当依照《中华人民共和国合同法》第二百八十六条的规定，认定建筑工程的承包人的优先受偿权优于抵押权和其他债权。"可见，承包人在执行程序中主张建设工程优先权系合法的行权方式。江苏省高级人民法院也在2015年7月2日印发的《执行异议之诉案件审理指南》第24条中进一步指出，如案外承包人另行提起诉讼确认工程价款债权及建设工程优先权的，本案执行程序应当中止。

在第三种情形下，需讨论的问题其实同第二种情形别无二致，在处理路径上也并不会因申请执行人同样系承包人而有所区别。这种情形出现在施工总承包下的平行发包模式的概率较高。有观点提出，因总承包合同与专业分包合同的施工范围、内容大相径庭，计价方式、标准等均有所不同，如各承包人均未同发包人结算，工程拍卖款项又不足以清偿发包人对外工程价款债务时，区分权利客体的价值进而确定各承包人可优先受偿的范围是否有失公允。本书认为，问题的核心在于在同一工程存在多个平行的承包主体、多个不同范围优先权的情况下，各权利客体的价值差异只能通过其享有的工程价款债权数额的大小展现。而工程价款债权数额的确定依赖于施工合同中发承包双方事先合意的工程计价及结算约定，不论是双方合意结算下的工程欠款还是通过委托造价咨询、司法鉴定方式确定的工程欠款，均需以施工合同为基础。既然劳动成果的价值已经以条款约定的方式确定了衡量标准，各承包方自然应当受到合同的约束，并不因其后续系通过行使建设工程优先权的方式实现工程价款债权的清偿而有所区别,也不必要持有失公允性的顾虑。

(三)工程拍卖款项不足以清偿全部建设工程优先权、担保工程价款债权的处理

前述情景设置下或可再讨论一个衍生问题,即同为建设工程优先权,在工程价款债权数额已确定而工程拍卖款项不足以清偿全部欠付工程价款的情况下,各承包人主张的建设工程优先权是否仍有清偿上的优劣之分。换言之,债务清偿是按建设工程优先权成立先后顺序足额清偿,还是按债权比例同等清偿?对此,实践中有不同的声音。

主张按照建设工程优先权成立的时间顺序受偿的观点认为,建设工程优先权的性质属于法定抵押权,具有物权的优先效力。物权优先效力的本质是对标的物的直接支配权,先成立,则先支配,对于并存于建设工程上的数个优先权,先成立,则先支配,该观点亦符合抵押权确立的"时序先后决定次序先后"的一般原则。主张按照各承包人的债权比例进行受偿的观点认为,建设工程优先权制度的核心内容之一是对建筑工人劳动工资的保护。由于建设工程在变现时往往会出现折价现象,各承包人只能部分收回工程价款,如果按照"时序先后决定次序先后"的一般原则,则对涉及后成立建设工程优先权的施工工人不公平,违反了优先权制度保障劳动者薪酬权益的立法宗旨。因此,对于优先权顺位可以采用有约定的按约定,无约定的,基于优先权产生的基础、指向对象的一致、工程价款的构成成分等,按照各承包人的债权比例对建设工程优先权进行清偿。

本书倾向于第二种观点,即同一工程上存在多个建设工程优先权而建筑物拍卖款不足以清偿全部债务时,各承包人应按债权比例同等清偿。依据《施工合同司法解释(一)》第 40 条第 1 款的规定,建设工程优先权的受偿范围依照国务院有关行政主管部门关于工程价款范围的规定确定。财政部、原住建部出台的《建筑安装工程费用项目组成》第 1 条第 1 项规定,"建筑安装工程费用项目按费用构成要素组成划分为人工费、材料费、施工机具使用费、企业管理费、利润、规费和税金(见附件 1)"。原建设部《建设工程施工发包与承包价格管理暂行规定》(已失效)第 5 条第 2 款规定:"工程价格由成本(直接成本、间接成本)、利润(酬金)和税金构成。"两者虽然表述不同,但内涵基本相同,工程价款主要还是由承包人的实际投入,加上合理的利润和税金三部分组成,最后以工程造价的形式示人,以金

钱债权的形式确定优先受偿范围。法律对于建设工程优先权之间的清偿顺序并无规定，诉讼中法院也无权确定建设工程优先权的次序，以建设工程优先权成立时间作为承包人工程价款债权清偿先后顺序不具备法律依据或者执行依据。再者，建设工程优先权成立时间作为一种客观事实，实践中往往判断困难，以其作为债权受偿顺序，难以落地。

从平行发包模式的角度探讨，各承包方同建设单位之间的关系与各承包方之间的地位均为平等，差异之处仅展现于发包时间、施工内容、范围、工序、工艺或者工程量等方面，如仅因总承包方最先完工并已结算完毕，装饰装修工程的承包方后订立合同并入场施工，发包时间、竣工验收时间、结算时间及应付款时间等存在差异，导致双方建设工程优先权成立时间存在先后次序，继而以此先后次序作为债权清偿顺序予以分配建筑物的拍卖款，装饰装修工程承包人在款项分配上几无清偿可能，该种处理显然是对装饰装修工程承包人享有建设工程优先权立法基本价值的另一种架空。

最后从平息两种观点争议的角度考虑，主张按照成立先后时间作为建设工程优先权清偿顺序标准的学者的论点基础主要归于建设工程优先权在性质上属于法定抵押权。依据《民法典》第 414 条的规定，“同一财产向两个以上债权人抵押的，拍卖、变卖抵押财产所得的价款依照下列规定清偿：（一）抵押权已经登记的，按照登记的时间先后确定清偿顺序；（二）抵押权已经登记的先于未登记的受偿；（三）抵押权未登记的，按照债权比例清偿。其他可以登记的担保物权，清偿顺序参照适用前款规定。”抵押权的清偿顺序为登记优先，未登记按债权比例清偿，其他可登记的担保物权皆如是。建设工程优先权类似于抵押权的原因在于其具备抵押权行使的结果，即对担保物拍、变卖可得款项优先受偿，但是其与抵押权的区别又相当明显，即其无须登记、无须当事人合意设立、效力亦高于所参照的抵押权本身。因建设工程优先权具备相较于其他权利如担保物权之优先的效力，多个建设工程优先权之间本身难分伯仲，如再以成立时间先后顺序作为区分建设工程优先权实现顺位先后的尺度，抛开是否存在无法律依据这一基本问题不谈，源源不断的“优先与较优先，甚至更优先”将会使优先权的实现具备相当的随意性与不确定性，也会导致现有的优先权立法体系的不协调与不融洽。相较而言，对建设工程优先权之间的优先顺序，参照适用《民法典》第 414 条第 3 项的规定，各建设工程优先权人以债权比例同等清偿显然更为合理。由于建设工程优先权本身即发挥了担保的功能,本书认为其具有担保物权的属性。建设工程优先权在实现路径、法律效果上与抵押权趋同,但是其又不以登记为对抗或者公信公示要件,因此,回归债权金额本身,按比例同等清偿更为妥当。

(四)同一合同项下不同单项工程的工程价款的建设工程优先权范围

根据《建设工程分类标准》第2.0.5条、第2.0.6条,《建筑工程施工质量验收统一标准》(GB 50300—2013)第4.0.2条、第4.0.3条的规定,单位工程为具有独立性的设计文件,是能够独立发挥生产能力、使用效益的建设工程,是建设项目的组成部分。同一建设工程施工合同下,承包人的施工范围往往指向多个单位工程,譬如在商住一体的工程建造项目当中,承包人所施工的单位工程既有住宅楼又包含商业建筑体。在此类工程项目当中,发包人在不同单位工程下拖欠的工程价款,承包人是否仅对相应的单位工程享有建设工程优先权,应予分类讨论。

本书认为,如有证据证明发包人系仅就某一单位工程欠付工程价款,则承包人建设工程优先权的权利客体仅及于该单位工程,其可与发包人协商将该单位工程折价,或就该单位工程拍卖、变卖的款项,在发包人欠付工程价款范围内享有建设工程优先权。此系承包人仅对其劳动成果享有建设工程优先权这一基本原则的应有之义。如发包人予以否认,其应当承担所欠付的工程价款并非可予区分至某一单位工程的举证证明责任。

一般而言,实践中常见的情形为,承包人按照工程量报送工程进度款,发包人核定承包人所报工程量后支付合同约定比例的工程价款。工程价款的支付与承包人已完成工程量挂钩,而工程量的报送往往是根据施工进度对整体工程所耗人工、材料及机械量进行的综合测定,并非理想状态下的以单位工程的完工进度为计算基数。何况在同一建造项目上,承包人所承包的工程范围通常为多个单位工程,其往往也对多个单位工程同步开展施工,发包人也非仅就某一单位工程审批及支付工程价款。由此,会出现发包人欠付的工程价款无法对应某一单位工程的情况。本书认为,在此种无法区分或难以区分欠付工程价款所对应的单位工程的情形下,不宜要求承包人仅能就某一单位工程行使建设工程优先权,而应当允许其对所承建的整体工程同发包人协商折价,或就拍卖款项予以优先受偿。

【实务中应注意的问题】

平行发包模式下有关建设工程优先权权利客体价值的问题实则可抽象为同一工程上存在多个建设工程优先权时的权利客体价值区分以及行权路径两大问

题。在多个承包人均主张建设工程优先权时,需区分其劳动成果的价值以便确定其相应享有的优先受偿范围,在行权上或可依据生效法律文书参与分配,或可在工程价款债权数额尚存异议时请求执行法院先行中止建筑物的执行程序,待另案生效判决作出后再予恢复执行。同一建设工程上多个建设工程优先权之间地位平等,不分优劣,应按工程价款债权比例给予承包人同等清偿待遇。在装饰装修工程领域,实践中可适度扩大可予适用的工程类别,但需把握装饰装修工程承包人仅在其建设工程使建筑物增加价值的限度之内享有建设工程优先权这一基本原则。

【典型案例】

吉林镇赉农村商业银行股份有限公司与大安市天维实业有限责任公司等借款合同纠纷执行申诉案①

吉林镇赉农村商业银行股份有限公司(以下简称镇赉农商行)与何某某、吕某某、大安市天维实业有限责任公司(以下简称天维公司)借款合同纠纷一案,人民法院于2019年7月3日作出(2019)吉08民初32号民事调解书,确认何某某、吕某某偿还镇赉农商行借款本金及利息,何某某、吕某某不履行还款义务,镇赉农商行对天维公司提供的抵押物即坐落于大安市惠阳街的房屋及土地使用权折价或者拍卖、变卖所得价款享有优先受偿权。执行过程中,因无人竞拍,人民法院作出以物抵债的裁定。后田某某提出异议,主张执行标的是其施工的建设工程,其享有法定的建设工程优先权,法院对此楼进行拍卖,后以物抵债,损害了田某某的合法权益,致使田某某的债权无法得到实现。法院没有优先偿还田某某的工程价款,也没有通知田某某,是对其合法权益的侵害。

最高人民法院审理认为:本案中,装饰装修工程承包人以结算协议及欠条等作为工程欠款的证据材料主张其对以物抵债的建设工程享有装饰装修建设工程优先权。执行法院在向发包人核实后对承包人的建设工程优先权作出形式认可,即便本案后续执行过程中承包人暂未取得确认其建设工程优先权的生效法律文书,执行法院也可在预留或提存相当数额工程价款以保障承包人建设工程优先权的前提下,对案涉工程作以物抵债的处理,进而妥善保护、平衡申请执行人与承包人之间的合法权益。

① 参见最高人民法院执行裁定书,(2021)最高法执监239号。

第五章

建设工程优先权的成立与行使期限

因1999年《合同法》第286条的规定具有原则性，并未涉及权利优先层级、行权期限等具体问题，造成司法实务中具体适用存在困难。为此，最高人民法院于2002年制定2022年《优先权批复》，对建设工程优先权的优先层级、行权期限等具体问题进行规范。至此，建设工程优先权方始真正具备司法适用的基本条件。由于实际情况的复杂多样，为实现保护承包人工程价款的立法目的和间接保护建筑工人的利益，平衡其他债权人、善意相对人权利保护问题，实务中就同一问题的裁判尺度不一甚或相反的情况比较多见，由此陆续产生一系列争议问题。为统一裁判尺度，最高人民法院陆续以答复、纪要等形式出台了系列规范性文件，各地方法院也相继制定有关建设工程优先权问题的审判指导意见。

经历十几年争论、演变，基于化解实务争议的客观需要，在法律层面上对建设工程优先权“应然”问题进行规范，以减少实务争议的呼声高涨。《民法典》第807条的规定，相较于1999年《合同法》第286条，并无实质性变化。《施工合同司法解释（一）》就权利主体、行权期限及其起算点、优先层级等相关问题作出了相应规定，相较于2002年《优先权批复》（已失效）、原《施工合同司法解释（二）》，对部分争议问题进行进一步规范。但受到上位法依据不足等因素影响，还是存在许多争议问题。

建设工程优先权的行使期限与承包人是否可以行使建设工程优先权直接相关，是司法实务中的高频词汇，相应的争议问题也有很多，如行使期限起算点、18个月不变期间内双方是否可拟制期限以及如何确定拟制期限的合理长度、双方约定推迟应付款时间对建设工程优先权行使期间的影响等。

相较于行使期限，建设工程优先权的成立时间在司法实务中较少被直接提及。但承包人何时开始享有建设工程优先权是更基础的问题，只有对承包人是否享有建设工程优先权进行评判，才能进一步评判承包人是否可行使建设工程优先权。建设工程优先权于何时成立，不仅是承包人行权的前提条件，还关系到个案中善意相对人权利保护、承包人建设工程优先权与其他权利对抗的问题。同时，实务中一直存在争议的进度款是否享有建设工程优先权的问题，也与建设工程优先权成立时间密切相关。本章将探讨建设工程优先权的成立、行使期限及进度款行使建设工程优先权相关问题。

第一节 建设工程优先权的成立

根据《民法典》第807条的规定，承包人工程价款可就所建工程折价或拍卖的价款优先受偿，承包人行使建设工程优先权的条件为发包人逾期不支付工程价款。而在行使建设工程优先权之前，承包人自何时取得该权利？在探讨建设工程优先权追及力、权利的放弃等问题时，须先确定该权利是否已经成立。

【基本观点/不同观点】

关于建设工程优先权的成立时间，目前主要有以下几种观点：

1. 合同成立说。该观点认为，法律设立建设工程优先权是为了保护承包人的利益，进而保护建筑工人的劳动报酬和人民居住的安全。因而以建设工程合同成立之时为建设工程优先权成立的时间，使其及早生效，对承包人债权的保护更加周全，不至于在发包人不支付价款时，已由其他债权人先设定抵押权。①

2. 工程质量合格说。该观点认为，建设工程优先权的成立以工程质量合格为前提条件。已竣工的建设工程，建设工程优先权于建设工程竣工验收合格之日成立，未竣工的建设工程中的建设工程优先权的成立也须以已完工部分质量合格为前提。因建设工程优先权实现的方式是对建设工程进行处分，通过建设工程的交换价值来优先清偿承包人工程价款，质量不合格的建设工程在法律上是不具有交换价值、无法转让变现的。同时，以质量合格为建设工程优先权成立前提条件，可起到督促承包人按质按量完成建设工程任务的作用，有利于提高经济效率，避免资源浪费和资金损失。参照《民法典》第793条的规定可知，若工程质量不合格且经修复后仍不合格的，承包人无权主张工程价款。承包人不享有工程价款债权，其建设工程优先权自然无从谈起。《施工合同司法解释(一)》第38条规定："建设工程质量合格，承包人请求其承建工程的价款就工程折价或者拍卖的价款优先受偿的，人民法院应予支持。"第39条规定："未竣工的建设工程质量合格，承包人请求其承建工程的价款就其承建工程部分折价或者拍卖的价款优先受偿的，人民

① 参见王毓莹、史智军：《建设工程施工合同纠纷疑难问题和裁判规则解析》，法律出版社2022年版，第359页。

法院应予支持。”上述两条规定进一步印证工程质量合格是承包人取得建设工程优先权的前提条件。

3. 债权未受清偿说。该观点认为，在发包人未按照约定支付工程价款的情形下，即承包人的债权未受清偿时，建设工程优先权成立。鉴于《民法典》第793条、第799条、第806条均将工程质量合格作为发包人支付工程价款的前提，故该观点不仅将工程质量合格作为优先权成立的前提条件，还认为工程价款债权在约定的清偿期届满仍未得到清偿的情况下，建设工程优先权方能产生。

4. 施工作业开始时。该观点认为，建设工程优先权作为作用于建设工程这一特定对象的法定优先权，在建设工程未开始施工时，其锚定物不存在，建设工程优先权也不具备产生的基础，作为建设工程优先权特定对象的建设工程，也是自承包人施工时开始形成。而施工作业开始时，承包人投入的人工、材料、机械费用开始物化至建设工程中，对发包人责任财产产生增值，工程造价（建安工程费）开始产生。

【观点分析】

本书倾向于第四种观点，承包人建设工程优先权成立于施工作业开始时，也即工程价款债权产生时，理由如下：

1. 合同成立时，优先权的标的物没有产生。合同成立时理论上承包人应尚未开始施工，工程价款尚未产生，建设工程优先权作为从权利不能早于主权利产生。同时，施工合同签订时，工程还没有形成有价值的成果，若认为此时承包人的建设工程优先权已经成立，则无法找到建设工程优先权所依附的标的物。

2. 标的物产生前的抵押权登记只是预告登记。从建设工程优先权的性质上来看，无论是属于法定抵押权、不动产留置权、法定担保物权还是具有担保物权权能的法定优先权，在据以担保的“物”产生之前，权利无法成立。我国台湾地区所谓“民法典”规定建筑施工承包人就所承包之建筑工程享有法定抵押权，为保障该抵押权得以优先于其他担保物权，该抵押权可以在开始施工前对将来完成的不动产“预为”抵押权登记，此“预为”抵押权登记，在性质上应属于权利实际成立前的预告登记。[①]

---

① 参见我国台湾地区所谓“民法典”第513条规定：“承揽之工作为建筑物或其他土地上之工作物，或为此等工作物之重大修缮者，承揽人得就承揽关系报酬额，对于其工作所附之定作人之不动产，请求定作人为抵押权之登记，或对于将来完成之定作人之不动产，请求预为底押权之登记。”

3. 工程质量只是优先权的行使条件。将工程质量合格、竣工验收通过作为建设工程优先权的行使条件而非成立条件可能更加合理。发包人将土方工程、基坑工程、桩基工程另行发包的,此类工程施工承包人就其工程价款,也有权对建筑物整体折价或拍卖所得价款中属于其施工增值的部分行使建设工程优先权。例如最高人民法院(2021)最高法民再188号判决认为,建设工程中基坑工程承包人投入的建筑材料和劳动力已物化至建筑物中,与建筑物不可分割,基坑施工合同的承包人应享有建设工程优先权。对于同一建设工程,可能存在多个承包人,如某一承包人完成的单位工程属于建设工程的一部分,且共同完成的建设工程宜于折价、拍卖的,则应依法保障该承包人的建设工程优先权。基坑工程施工在前,若建设工程优先权能否成立还需取决于整体建设工程能否竣工验收,则将造成承包人权益处于不确定状态。同理,“半拉子”工程已完工部分质量合格应属于承包人行使建设工程优先权的条件而非建设工程优先权成立的前提。多数情况下,“半拉子”工程承包人可通过检验批、分项工程、分部工程验收记录来证明其已施工部分工程质量合格,从而行使建设工程优先权。但自承包人施工起,承包人投入的劳力和物料即已物化在半成品工程中,如因客观条件所限,暂不宜认定已完工工程质量合格与否,也不应简单否定承包人劳动成果,只是承包人的工作成果基于一些法律上、行政上的原因暂不宜折价或拍卖,不具有行使建设工程优先权的条件。

4. 优先权的成立和行使不能混淆。根据债权未受清偿说的主张,建设工程优先权的成立以承包人工程价款债权请求权具备行使条件为前提。该观点似有混淆权利的取得和行权条件。权利的成立,指的是权利的生成与取得,权利的取得源自法律行为、事实行为或事件。权利的行使以权利的取得为前提,在发生时间上两者有时重叠,但不能等同,权利人取得权利后并不必然可以立即行使其权利,而往往需要满足法律规定或当事人双方约定的行权条件。

【实务中应注意的问题】

(一)区分建设工程优先权的成立与行使十分必要

首先,建设工程优先权的成立与否是建设工程合同关系中承包人权利的客观状态,确定承包人是否享有权利是作出有关建设工程优先权事项认定和裁判的前提。例如,在工程施工合同中途解除等特定情形下,已经享有建设工程优先权,是承包人主张已完工工程价款并行使建设工程优先权的前提。又如,在未通过工程规划审批等工程不宜折价或拍卖的情形下,如确定工程规划审批手续可以补办且暂未通过规划审批的责任不在于承包人，则承包人应当如何主张建设工程优先权，对于承包人的建设工程优先权的权利状态应当如何评价，裁判时应如何处理更有利于保护法益、平衡双方权利义务关系等，均应在区分建设工程优先权的成立与行权条件并评判个案承包人建设工程优先权权利状态的基础上进行。

其次，权利的成立不仅是权利人行使权利的前提之一，还是不同权利冲突时考量权利对抗问题的前提条件。建设工程优先权是对世权，虽然无法像一般不动产物权那样登记公示，但有观点认为法律的明文规定就是一种公示。在我国建设工程优先权制度尚不完善的情况下，由于涉及善意相对人权利保护，关于是否具有追及力以及什么情况下可能具有追及力在司法实务中尚无定论，如要在个案中评判承包人建设工程优先权与善意交易相对人权利的对抗，首先需要确定承包人建设工程优先权是否成立、何时成立。

（二）建设工程优先权的成立与合同效力

根据1999年《合同法》第286条的规定，可以就工程折价、拍卖所得价款优先受偿的是建设工程的价款，属于合同之债。在《民法典》颁布施行之前的主流观点认为，建设工程合同无效时，承包人所享有的债权，是因其投入已物化至建设工程中，发包人无法直接返还而产生的折价补偿请求权，本质是不当得利之债，而非"无效合同按有效处理"，该观点已被《民法典》第793条采纳。据此进行逻辑推理，似可以得出结论，建设工程合同无效时承包人不享有建设工程优先权。如广东省高级人民法院《关于在审判工作中适用合同法第286条的指导意见》（已失效）第7条规定："在建设工程承包合同无效的情形下，承包人主张建设工程价款优先受偿权的，人民法院不予支持。"江苏省高级人民法院《建设工程施工合同案件审理指南（2010）》（已失效）则提出："合同无效而取得合法的工程款优先受偿权不符合立法精神，《合同法》第二百八十六条的语境是合同有效为前提。"

现实中施工合同因违反《建筑法》《招标投标法》等法律、行政法规的强制性规定而被认定为无效的情况比较常见，如因施工合同无效即否定承包人建设工程优先权，则与法律保护弱势群体基本生存权的立法目的相悖。随着时间的推移，司法实务中认为建设工程优先权的成立不受合同效力影响的观点逐渐成为主流。如江苏省高级人民法院2018年制定《江苏省高级人民法院关于审理建设工程施工合同纠纷案件若干问题的解答》（已失效）第15条第2款规定："建设工程价款优先受偿权不受建设工程施工合同效力的影响。建设工程施工合同无效，承包人仍然享有建设工程价款优先受偿权。"《施工合同司法解释(一)》第 38 条对于已完工建设工程和未完工建设工程均规定工程质量合格为承包人主张建设工程优先权的前提条件,并未将合同有效作为承包人主张建设工程优先权的前提。最高人民法院近年来的案例也多不会单单因合同无效而否定承包人的建设工程优先权,如最高人民法院(2022)最高法民再 168 号民事判决认为,虽然施工合同无效,但基于建设工程优先权是以建设工程为担保,随发包人的付款义务同时产生,合同无效并不影响承包人依据施工合同向发包人主张工程价款的权利,因此,也不影响承包人建设工程优先权的享有与行使。这种将合同效力放在一边,着重于将施工行为所产生或增加的不动产价值作为对应工程价款债权实现的思路,似乎与不动产法定优先权的特征相符,但与抵押合同因主合同无效而无效的传统理念相悖。

若以法定优先权来定性建设工程优先权,基于其法定性,虽合同无效则自始无效,但一旦承包人开始施工就意味着不动产价值的增加和发包人责任财产的增值,依附于建设工程上的建设工程优先权依据法律规定成立,除法律另有特别规定以外,承包人可在行权条件具备时行使建设工程优先权。

第二节　建设工程优先权之行使期限

【问题的提出】

建设工程优先权的行使期限经历了从 6 个月[①]到最长不超过 18 个月[②]的立法演变。相较于原《施工合同司法解释(二)》第 22 条而言,《施工合同司法解释(一)》第 41 条对建设工程优先权的行使期限有两处修正:第一,增加在合理期限内行使的规定;第二,将行使期限(或称之为最长保护期限)从 6 个月延长到了 18 个月。围绕前述修正内容,本节从行使期限的性质入手,着重探讨建设工程优先权的行使期限性质、期限合理性判断标准、新旧司法解释在适用上的衔接以及建

① 《优先权批复》第 4 条规定:"建设工程承包人行使优先权的期限为六个月,自建设工程竣工之日或者建设工程合同约定的竣工之日起计算。"原《施工合同司法解释(二)》第 22 条规定:"承包人行使建设工程价款优先受偿权的期限为六个月,自发包人应当给付建设工程价款之日起算。"

② 《施工合同司法解释(一)》第 41 条规定:"承包人应当在合理期限内行使建设工程价款优先受偿权,但最长不得超过十八个月,自发包人应当给付建设工程价款之日起算。"

设工程优先权的主张对诉讼时效的影响这四个维度的问题。

【基本观点】

关于建设工程优先权行使期限的性质，理论界和实务界众说纷纭，具体如下：

关于建设工程优先权行使期限的性质，我国立法尚未予以明确，学界素有诉讼时效和除斥期间两种观点的争论。但无论哪种观点，讨论的开端均离不开对建设工程优先权的权利属性界定。主张建设工程优先权行使期限为诉讼时效的观点认为，因建设工程优先权的性质属于法定抵押权，抵押权具备从属性，须同主债权一起适用诉讼时效。① 而持除斥期间观点的学者则认为，无论建设工程优先权在性质上属于不动产留置权、法定抵押权抑或法定优先权，其本质都是一种支配权，具备物权的性质；而诉讼时效的作用在于督促权利人在权利遭受侵害时能够及时请求保护，针对的只能是请求权，故该期限的性质应是除斥期间。② 另有观点从类比论证的角度出发，认为建设工程优先权的行使期间是特殊期间，类似于海商法规定的船舶优先权的行使期间，性质都是除斥期间，不能随意中止、中断或延长。③

【观点分析】

《施工合同司法解释(一)》第41条将行使期限延长至18个月，但是同时规定承包人应当在合理期限内行使。对于"合理期限"的认识，最高人民法院指出，其既不属于诉讼时效，又不属于除斥期间，是从保护施工工人和其他权利人权益的角度拟制的期限。这是否可以认为，最高人民法院已经对建设工程优先权行使期限的性质一锤定音。本书认为，最高人民法院前述关于拟制期限的观点并未解决权利本身的属性问题，也未回应拟制期限本身是否属于不变期间，是否可以延长、中止或者中断等争议。建设工程优先权作为法律创设的权利，宜将其行使期限认定为不变期间。一方面，从权利来源和顺位上，建设工程优先权的法定性区别于一般的意定权利(如抵押权)，无须登记或者公示，在权利实现上的强大优先性能够排除债务人和其他债权人的干预，直接将财产变价受偿，具备强烈的支配属性，

---

① 参见陆俊年:《建设工程价款优先受偿权期限问题研究》,重庆大学2014年硕士学位论文,第11页;马永龙、李燕:《建筑工程款优先受偿权法律适用问题探析——从担保法的视角出发》,载《现代法学》2003年第6期。

② 参见陈柏新:《〈合同法〉第286条司法适用疑难问题探讨》,载《上海政法学院学报(法治论丛)》2011年第2期。

③ 参见雷运龙、黄锋:《建设工程优先权若干问题辨析》,载《法律适用》2005年第10期。

不宜适用诉讼时效的规定。另一方面,从法定优先权的体系架构上,建设工程优先权与船舶优先权、民用航空器优先权共同构成了我国的特别优先权制度。《海商法》第29条①、《民用航空法》第25条②明确规定此两种优先权超过法定权利期限将消灭。基于规则体系化的衔接考虑,建设工程优先权解释为不变期间较为妥当,不存在中止、中断或延长的情形,承包人必须在该期间内行使,否则便丧失了该项权利。

关于建设工程优先权行使期限的合理性判断问题。首先可以明确的是,《施工合同司法解释(一)》第41条已经从最长保护期角度界定了合理期限的边界为18个月。一方面,考虑到工程结算周期长且发承包双方往往在结算后仍会对工程价款问题继续磋商,原有6个月的期限设定对于承包人而言存在极大的失权可能性,因此,将行使期限延长至18个月;另一方面,因建设工程优先权影响力甚大、波及面较广,为了促使承包人积极行使权利,该条又规定承包人应当在合理期限内行使建设工程优先权。

最高人民法院认为,合理期限系为拟制期限。既为拟制期限,当允许事先约定、遵循合意。但是需要警惕发承包双方通过变相缩短权利行使期限的方式损害建筑工人的利益。《施工合同司法解释(一)》第42条规定,发包人与承包人约定放弃或者限制建设工程价款优先受偿权,损害建筑工人利益,发包人根据该约定主张承包人不享有建设工程价款优先受偿权的,人民法院不予支持。如约定的期限不合理,承包人可作为限制适用建设工程优先权的事由否认意定的期限行使期,主张行使期限约定因损害建筑工人利益而无效,进而继续适用法定的最长保护期18个月。另为避免发包人与承包人恶意串通,损害银行等其他债权人利益,审查此类约定的着力点在于发承包双方的主观意愿及是否存在损害第三人利益的情形。如不存在,则可以适用双方协商确定的时间。但是这也衍生了一个新的问题,即所协商期限合理性的标准应当如何确定。

---

① 《海商法》第29条规定:船舶优先权,除本法第26条规定的外,因下列原因之一而消灭:(1)具有船舶优先权的海事请求,自优先权产生之日起满一年不行使;(2)船舶经法院强制出售;(3)船舶灭失。前款第(1)项的一年期限,不得中止或者中断。

② 《民用航空法》第25条规定:民用航空器优先权自援救或者保管维护工作终了之日起满三个月时终止;但是,债权人就其债权已经依照本法第20条规定登记,并具有下列情形之一的除外:(1)债权人、债务人已经就此项债权的金额达成协议;(2)有关此项债权的诉讼已经开始。民用航空器优先权不因民用航空器所有权的转让而消灭;但是,民用航空器经依法强制拍卖的除外。

本书认为,期限合理性涉及起算点合理性和长度合理性两个维度的双重判断。其中,对起算点合理性的判断,依据《施工合同司法解释(一)》第 41 条的规定,建设工程优先权的起算点为应付款之日。应付款之日原则上依据发承包双方的建设工程施工合同即可确定,如未约定或约定不明,亦可通过适用《施工合同司法解释(一)》第 27 条的规定,通过判断交付之日、提交竣工结算文件之日以及当事人起诉之日来确定应付款时间。但是实践中存在一种比较特殊的情形,即承包人怠于结算、拖延报送竣工结算资料导致工程造价及款项无法确定,发包人付款困难,应付款之日无从判断的情况。在该种情况下,如经法院审查确系存在承包人怠于履行报送竣工结算义务的情形,应付款之日应当结合发包人指定承包人报送竣工结算资料的期限及结算审核期限作出综合判断。原则上应当适用双方的建设工程施工合同约定的前述期限,如没有约定或约定不明的,可参照适用《2017 版施工合同范本》通用合同条款第 14.1 条、第 14.2 条的相关规定,即承包人报请竣工结算期为竣工验收合格后的 28 天,发包人至迟应在收到竣工结算资料后 28 天内完成审批,并在审批后的 14 天内予以付款。

另外,在时间长度合理性上,司法解释未作明确规定,实践中法院可行使自由裁量权,依据个案的具体情况作出认定。本书认为,或可将原《施工合同司法解释(二)》第 22 条中规定的 6 个月建设工程优先权行使期限作为判断当事人约定期限在长度上是否合理的基本标准。参考过往的司法经验和实践效果,此番处理较契合惯例,相对满足当事人预期,亦可减少新法推行过程中的不确定因素,系缓解新、旧法衔接实施之变动期"阵痛"的相对科学的办法。当然,法院也可综合具体案件下发包人的付款流程、付款周期以及承包人的用款需求、支付建筑工人工资的紧迫性等情况审查约定的建设工程优先权行使期限是否合理。

【实务中应注意的问题】

(一)新旧司法解释在建设工程优先权保护期上的衔接适用

关于新旧司法解释的衔接适用问题,需要着重探讨的是,如对于在《施工合同司法解释(一)》生效(2021 年 1 月 1 日)之前,承包人的建设工程优先权行使期限已届 6 个月,此时能否适用新司法解释下关于最长不超过 18 个月保护期的规定,实践中有不同的声音。最高人民法院在《理解与适用》一书中提出,根据《最高人民法院关于适用〈中华人民共和国民法典〉时间效力的若干规定》(以下简称《民法典时间效力规定》）第 1 条、第 20 条[①]规定精神，一般应从建设工程优先权履行的情况确定是否适用《民法典时间效力规定》。具体而言，对于本解释施行前签订的施工合同，如果根据原《施工合同司法解释（二）》的规定，6 个月的建设工程优先权行使期限已经届满，则建设工程优先权的履行并未持续至新司法解释施行后，建设工程优先权行使期限仍应适用原《施工合同司法解释（二）》的规定，为 6 个月；如果新司法解释施行后，建设工程优先权未满 6 个月的行使期限，承包人仍有权主张建设工程优先权，权利还在履行期间，则可适用新司法解释关于行使建设工程优先权最长 18 个月期限的规定。另有观点认为，因实践中承包人欠薪情况普遍、农民工讨薪问题升级为社会事件，虽然依据《民法典时间效力规定》第 1 条第 2 款的规定，如承包人的建设工程优先权行使期限在新司法解释实施前已届满 6 个月，原则上不应当适用新司法解释 18 个月的最长保护期。但是在农民工工人利益保护的需求下，应当允许承包人援引《民法典时间效力规定》第 2 条[②]的例外规定，以有利于保护民事主体合法权益、维护社会和经济秩序为由主张新司法解释溯及，法院应当予以支持。如在新疆维吾尔自治区高级人民法院（2018）新民初 64 号案中，一审法院认为案涉工程虽属于《民法典》施行前的法律事实引起的民事纠纷案件，当时的法律、司法解释对于行使建设工程优先权的期限亦有规定，但适用新的司法解释更有利于保护实际施工人的合法权益、维护社会和经济秩序、弘扬社会主义核心价值观，故对该案建设工程优先权行使期限的认定应适

① 《民法典时间效力规定》第 1 条规定："民法典施行后的法律事实引起的民事纠纷案件，适用民法典的规定。民法典施行前的法律事实引起的民事纠纷案件，适用当时的法律、司法解释的规定，但是法律、司法解释另有规定的除外。民法典施行前的法律事实持续至民法典施行后，该法律事实引起的民事纠纷案件，适用民法典的规定，但是法律、司法解释另有规定的除外。"第 20 条规定："民法典施行前成立的合同，依照法律规定或者当事人约定该合同的履行持续至民法典施行后，因民法典施行前履行合同发生争议的，适用当时的法律、司法解释的规定；因民法典施行后履行合同发生争议的，适用民法典第三编第四章和第五章的相关规定。"

② 《民法典时间效力规定》第 2 条规定："民法典施行前的法律事实引起的民事纠纷案件，当时的法律、司法解释有规定，适用当时的法律、司法解释的规定，但是适用民法典的规定更有利于保护民事主体合法权益，更有利于维护社会和经济秩序，更有利于弘扬社会主义核心价值观的除外。"

用新的解释第41条规定的最长不超过18个月的除斥期间。[①] 最高人民法院作为该案的二审法院，在(2021)最高法民终841号民事判决中维持对前述建设工程优先权行使期限的认定。

本书认为，应当严格把握新旧司法解释衔接适用的时间节点。建设工程优先权的行使期限及期限届满问题并非法院依自由裁量权酌定的范畴，而是作为一种法律事实客观存在。如建设工程优先权的起算点无争议，且在《施工合同司法解释(一)》生效前即已届满6个月，自不存在新司法解释溯及的余地，此为逻辑推演的结果，也符合《民法典时间效力规定》的立法本意。反之，如允许新司法解释溯及，适用延长后的18个月最长保护期，不免让人质疑法律依据。再就《民法典时间效力规定》第2条中的三个"有利于"，因其系突破民法溯及力基本法理，即便是出于保护农民工利益的考虑，法院也不宜扩张其适用范围。同时，在当下我国的建设工程法律体系下，已有突破合同相对性的诸如实际施工人直接向发包人追索欠付工程款的相关规定，赋予实际施工人诉权进而保护农民工利益，实则不宜在建设工程优先权上再行溯及适用18个月的保护期。加之农民工讨薪问题本就为突发性社会事件，如在建设工程优先权行使期限长度上留有余地，反而存在纵容承包人怠于主张结算、怠于向下游付款或故意不支付农民工工资的嫌疑，进而引发承包人诱导农民工讨薪甚至上访事件发生，以增加承包人向发包人议价的筹码，难免不会引发更为严重的道德风险和不利的连锁反应。

(二)承包人在法定期限内主张建设工程优先权与相应诉讼时效的衔接

建设工程优先权本质上为从属性权利，主权利为承包人的工程价款债权，这一点并无争议。在主从权利关系下需要讨论的是，假使承包人在法定期限内主张了建设工程优先权，其行使效果对主债权诉讼时效的影响。

关于承包人在法定期限内主张建设工程优先权，是否可以同时引起工程价款债权诉讼时效中断的问题，现行法并未规定。本书认为，或可切换至物权法视域下，从法定担保物权留置权的行使效果上对该问题进行审视。建设工程优先权作

---

① 类似的还有(2021)新民终114号判决书："从更好保护施工人合法权益的角度考虑，本案关于优先受偿权的处理应适用《最高人民法院关于审理建设工程施工合同纠纷案件适用法律问题的解释(一)》的规定。一审法院在前文中已认定案涉工程的交付时间为2019年1月4日，即麦达森公司应当给付建设工程价款的时间为2019年1月4日。根据上述法律规定，国恒公司于2020年1月2日提起本案诉讼，其主张行使建设工程价款优先受偿权未超过法律规定的期限，其针对工程欠款部分主张行使优先受偿权的诉讼请求成立，一审法院予以支持。"

为法定优先权,不乏有将其性质类比为担保物权的观点。关于担保物权的行使对主债权诉讼时效的影响,依据《民法典》第 419 条的规定,抵押权人应当在主债权诉讼时效期间行使抵押权;未行使的,人民法院不予保护。实践中常以该条为引转而讨论诉讼时效期间届满后是否还存在留置权的行使余地。多数观点认为,留置权人留置、占有债务人的财产,可以理解为其在向债务人主张权利,因此,应无主债权已过诉讼时效期间的问题。由此逻辑,承包人对外主张建设工程优先权和工程价款债权的相对方均为发包人,不存在义务内容同义务主体不一致的情况。承包人如已在法定期限内主张建设工程优先权,其应当被同样视为在向债务人即发包人主张工程价款债权。再从行权期限上来看,如无特殊约定,工程价款债权诉讼时效的起算点往往与建设工程优先权行使期限的起算点保持一致,即便按 18 个月计算建设工程优先权的保护期,其也先于 3 年诉讼时效届至,一般不存在承包人在行权期限内主张建设工程优先权而工程价款债权诉讼时效早已届满的情形。依据《民法典》第 195 条的规定,该情形满足权利人向义务人提出履行请求的情形,工程价款债权诉讼时效发生中断的法律后果。

相反,如承包人在工程价款债权诉讼时效届满后才主张建设工程优先权,建设工程优先权不应当被保护。本书认为,从主从权利的角度而言,从权利依附于主权利,主债权诉讼时效届满后,发包人的工程价款债务便转化为自然债务,人民法院不予保护。建设工程优先权的主张目的在于为债权实现增信,即便承包人主张建设工程优先权未超过双方约定的期限,在工程价款债权已不为人民法院保护的情况下,建设工程优先权的主张将丧失胜诉权。再回归到《民法典》第 419 条关于抵押权行使期限的规定,主债权诉讼时效经过后,抵押权就因除斥期间的经过而不受保护。此时,依据《九民纪要》第 59 条的规定,抵押人有权请求涂销抵押权登记。以登记作为公示方法的权利质权,也参照适用该规定。由此,不需要登记、公示的建设工程优先权也应当在主债务诉讼时效届满后丧失胜诉权。

【结语】

建设工程优先权作为法定优先权,考虑到其强大的优先性及不同主体间的利益平衡,其行权期限定性为不变期间较为适宜,期间届满未主张,权利即告消灭。就行权的合理期限上,或可参照旧司法解释中关于 6 个月的行使期限规定,结合个案中的具体情况进行综合判定。在新旧司法解释衔接适用之际,应当严格把握建设工程优先权行使期限届满的时间节点,不宜扩张适用《民法典时间效力规定》

中关于三个“有利于”的新法溯及规定。此外,在承包人主张建设工程优先权对工程价款债权诉讼时效的影响上,如其系在法定期限内主张,行为效果视为向发包人追索工程价款,发生工程价款债权诉讼时效中断的法律后果。

第三节 建设工程优先权行使条件与行使期限起算点类型化分析

【问题的提出】

《施工合同司法解释(一)》第 41 条规定:“承包人应当在合理期限内行使建设工程价款优先受偿权,但最长不得超过十八个月,自发包人应当给付建设工程价款之日起算。”如前述关于建设工程优先权的成立一节中所述,本书倾向于认为建设工程优先权成立于工程施工开始时,此时权利行使条件尚未具备,故这 18 个月的权利行使期限,其起算点为权利行使条件具备的时间而非权利成立时间。鉴于 18 个月行权期限为不变期间,则建设工程优先权于何时具备行使条件、行使期限于何时起算是审查承包人是否还享有建设工程优先权的关键要素。

【基本观点/观点分析】

(一)建设工程优先权的行使条件分析

1. 建设工程优先权已经成立,且建设工程适宜折价、拍卖。建设工程优先权成立时间详见本书第五章第一节“建设工程优先权的成立”的内容,适宜折价、拍卖的建设工程详见本书第四章“建设工程优先权的客体”。

2. 债权已届清偿期而未受清偿。根据《民法典》第 807 条的规定,发包人未按照约定支付价款时,承包人可主张就建设工程折价或者拍卖所得价款优先受偿。因此,承包人工程价款债权已届约定清偿期而未全额受偿,毫无疑问是其行使建设工程优先权的前提条件。

3. 工程质量合格。根据《民法典》第 793 条第 1 款的规定,工程质量合格是无效合同发包人参照合同约定折价补偿承包人的前提条件。《施工合同司法解释(一)》第 38 条、第 39 条也将工程质量合格作为承包人行使建设工程优先权的前提条件。判断工程质量的标准,有承发包双方约定的质量标准、国家强制性标准等不同的判决依据和尺度。一般所称工程质量合格，是指建设工程经规范化验收程序，其施工质量达到了承发包双方约定的标准。而承发包双方约定的质量标准有时高于国家强制性标准。在经证实工程质量确实未达双方约定标准且原因在于承包人的情况下：

(1)对于质量不合格但可修复的工程来说，承包人有权对扣除修复费用后剩余的工程价款主张债权并行使建设工程优先权。

(2)如工程质量不合格且不具备适修性，但已满足国家强制性标准的要求且不影响发包人合同目的的实现，此时，承包人在承担违约责任后可主张工程价款债权，也可主张建设工程优先权。

(3)如工程质量不合格、不具备适修性，且达不到国家强制性标准的要求或已造成发包人合同目的无法实现，则承包人无权主张工程价款和建设工程优先权。

4. 结算完毕，工程价款金额确定。工程施工完成后或在施工合同解除的情况下，承发包双方应办理工程价款结算，确定发包人应付款金额。从法律和司法解释的规定中，并不能得出“承包人行使优先权应以工程款金额确定为条件”这一结论。《施工合同司法解释(一)》第41条规定建设工程优先权行权期限自发包人应付工程价款之日起算，应付工程款之日的确定客观上也不需要以工程价款金额确定为前提，一般只需根据实际竣工时间、约定的结算期限、付款期限即可计算得到应付工程款之日。但从案例检索来看，实务中确有案例以工程价款金额确定之日起算建设工程优先权行使期限。如最高人民法院在(2020)最高法民终144号案中认为，承发包双方对部分项目造价金额确定之前，案涉项目的工程价款总额并未最终确定，全部工程价款的支付时间并未起算，至判决时未至建设工程优先权6个月的起算点，因而承包人仍享有建设工程优先权。本书认为，在2020年《施工合同司法解释(一)》施行前，承包人建设工程优先权行使期限为6个月，当时有很多实务观点认为6个月期限过短，有的工程正常结算时间就不止6个月，该案例出现在这一背景下，对现阶段司法实务参考价值有限。当然，即便是在2020年《施工合同司法解释(一)》给出18个月权利行使期限的情况下，也可能出现承包人因受客观情况所限无法如期行使权利的情形，但此种情形下如有个案存在不同观点，应根据个案情况具体分析，寻找相应的事实和法律依据，不应以偏概全，将工程价款金额的确定一律作为承包人行使建设工程优先权的前提条件。

(二)建设工程优先权18个月行权期限起算点的类型化分析

1.双方有明确约定付款期限的,应当根据《施工合同司法解释(一)》第41条的规定,自发包人应付而未付款之日起算18个月行权期限。

2.对于发包人应付款期限没有约定或约定不明的,建设工程优先权18个月行权期限起算点应如何确定。

对于发包人应付款时间没有约定或约定不明时,应如何确定发包人应付款时间。有观点认为,可适用《施工合同司法解释(一)》第27条的规定,即建设工程已实际交付的,为交付之日;建设工程没有交付的,为提交竣工结算文件之日;建设工程未交付,工程价款也未结算的,为当事人起诉之日。也有观点认为,《施工合同司法解释(一)》第27条,是在基于买方市场的环境下承包人存在垫资成本,发包人相对强势,承包人在签约和结算环节话语权不足的情况下,为保障承包人权益,将应付款时间约定不明时工程价款利息起算时间适当提前。如果适用在建设工程优先权行权期限起算时间上,则压缩了承包人的行权期限,反而对承包人不利,故而在发包人拖延结算的情况下以承包人起诉之时或工程价款结算完成之时作为建设工程优先权行使期限起算时点更为妥当。

本书倾向于认为,在相应的法律规范出台前,在当事人没有约定或约定不明的情形下确定承包人建设工程优先权行权期限起算点之"发包人应付款时点",应以参照《施工合同司法解释(一)》第27条规定为原则,以承包人起诉时或工程价款结算完成之时为例外,且例外情形的适用应严格限制。理由如下:

(1)建设工程优先权依法律规定创设,无须登记公示,受偿顺位优先于抵押权,具有强大的优先效力。司法解释设定权利行使期限,也是为了督促权利人及时行使权利,避免因承包人怠于行权造成建设工程的其他担保物权人无法实现担保物权。在司法解释对于约定不明情形下发包人应付款时间的推定存在明确规定时,如不适用司法解释的明文规定,而基于发包人拖延结算等过错情节而另行认定建设工程优先权行权期限起算点以求进一步平衡双方权利义务关系,虽看似符合"诚实信用""公平原则"等民法原则,但这种动辄"向一般原则逃逸"的做法,在很大程度上增加了法律适用的不确定性,在个案中容易造成裁判者自由裁量权的滥用。

(2)在发包人逾期付款利息起算时点和承包人建设工程优先权行权期限起算

时点上，适用统一标准，符合公平原则。虽当下建筑施工行业大环境为买方市场，但个案中未必均为发包人处于强势地位。即便承包人相对弱势，《施工合同司法解释（一）》第27条已经赋予承包人就发包人拖延结算期间主张工程价款逾期利息的权利。相对而言，在建设工程已经交付发包人或者虽未交付建设工程但已经向发包人提交竣工结算文件的情况下，如发包人拖延结算长达18个月，按常理，在这期间承包人应有充足的时间催款、起诉、主张建设工程优先权。

【实务中应注意的问题】

（一）承发包双方协商延长付款时间的建设工程优先权起算时间

本书认为，协议变更应付款时间，是承发包双方意思自治的范畴，除有违反法律、行政法规强制性规定造成约定无效的情形外，应当认定双方变更发包人应付款时间的约定合法有效。进而根据《民法典》第807条和《施工合同司法解释（一）》第41条的规定，承包人建设工程优先权行使期限的起算时点也应相应调整。但由于建设工程优先权的强大优先效力，推迟应付款时间进而推迟建设工程优先权行使期限起算时间，理论上存在损害其他债权人利益的可能性，对于这种情况，基于既有部分实务案例的归纳分析，应当对以下情形加以区分、慎重对待：

1. 双方协议变更时，若承包人已经丧失建设工程优先权，则变更行为并不能重新赋予承包人建设工程优先权。本书认为建设工程优先权行使期限为除斥期间（详见本书第五章第二节“建设工程优先权之行使期限”的内容），期限届满未主张的，权利即告消灭。故如承包人未能及时行使建设工程优先权，在权利已经灭失后，再与发包人协议延长应付款时间点，只能中断承包人主张工程价款的诉讼时效，而不能起到重新赋予建设工程优先权的法律效果。如最高人民法院在（2019）最高法民申4542号案中认为，承发包双方于2012年6月29日结算，发包人最迟应于2012年9月29日向承包人付清工程价款。原《施工合同司法解释（二）》第22条规定：“承包人行使建设工程价款优先受偿权的期限为六个月，自发包人应当给付建设工程价款之日起算。”故承包人有权行使建设工程优先权的期限应自2012年9月29日起算，承包人最迟应于2013年3月28日行使建设工程优先权，其在此之前没有主张建设工程优先权，自次日即2013年3月29日起该优先权消灭。各方于2013年9月25日签订《还款协议书》时，承包人的建设工程优先权已经消灭。建设工程施工合同双方当事人在建设工程优先权已经消灭后另行协商延长工程价款支付时间，并不能改变建设工程优先权已消灭的状态及其后果。新疆维吾尔自治区高级人民法院生产建设兵团分院在（2023）兵民终4号案中也认为，承包人建设工程优先权已过行使期限，即便双方另行约定了付款时间，但鉴于建设工程优先权行使期限系除斥期间，其优先权已经丧失，不因当事人之间签订的任何协议而变更。

2. 承发包双方在约定的付款期限届满后，另行约定将付款期限延后，在其他债权人提出异议的情况下，如有证据证明承发包双方在签订该延后付款期限的协议时有较为明显的以延展应付款期限来达到推迟建设工程优先权行使期限起算时间从而达到对抗其他债权人的主观目的，则承发包双方协议延后付款期限的行为可能达不到推迟建设工程优先权行使期限起算点的效果。

在浙江省高级人民法院（2019）浙民再258号案中，承发包双方约定案涉工程于2011年6月30日竣工，双方实际于2012年6月21日完成结算。2012年8月10日，承发包双方签订《竣工验收结算及付款协议书》约定：因发包人向相关银行进行贷款需要，欲将承包人建造的项目作为抵押担保物。主体工程已由双方于2011年6月进行竣工检验，但因发包人未能及时支付工程价款，至签订协议时，承包人对配套附属建设工程虽已施工完毕，但尚未完成竣工验收手续。双方确定以发包人向承包人付清余款后的一个月即2013年1月31日作为承包人全部建设工程的竣工验收日期，在此之间，若无权威质检部门书面确认的质量问题，全部建设工程的验收结论确认为“合格”。截至2012年1月19日，发包人只向承包人支付工程价款29,800,000元，剩余款项13,187,800元，发包人承诺在协议签订后即行付款，最迟于2012年12月31日前付清。2013年5月7日，承包人起诉发包人主张工程欠款及建设工程优先权，双方在诉讼中达成调解，确认工程欠款13,187,800元及相应的承包人建设工程优先权。2013年6月9日，承包人以发包人未履行调解书约定的付款义务，申请强制执行。后案涉工程抵押权人中信银行提诉讼，要求撤销承发包双方在诉讼中达成的调解书中有关建设工程优先权的约定。嘉兴市中级人民法院二审认为：“竣工日期是工程建设双方根据建设工程的实际情况而确定的工程完成的合理日期，其与建设工程的完成应有实质性的联系，当事人之间不能任意约定，更不能在工程完成之后为了实现工程价款的优先受偿权而任意约定，否则《优先受偿权批复》的规定将成为一纸空文，不再具有任何约束意义。”二审维持一审撤销承发包双方调解书中有关建设工程优先权约定的判决。经承包人申请监督，检察机关提起抗诉，浙江省高院再审认为：因发包人向银行贷款要将案涉工程作为抵押物，承包人和发包人签订《竣工验收结算及付款协议书》约定案涉工程竣工日期为发包人向承包人付清建设工程余款之后的一个月即2013年1月31日。由此可见，该协议书系承包人为了保护自身工程价款的实现而签订，与工程建设施工无关。在明知案涉工程存在抵押权的情况下，承包人为了督促发包人支付工程价款而将竣工日期约定在发包人付清工程余款之后的一个月，明显损害了抵押权人的利益。建设工程优先权作为一种法定优先权，是相对于抵押权人等其他权利人而言的优先权。从保障交易安全、稳定社会经济秩序的角度考虑，在整体工程结算完成且合同约定的工程款支付时间已经逾期的情况下，当事人不得任意延长发包人的付款期限以延后承包人建设工程优先权的行使期限，以损害其他权利人的利益。

对于提起第三人撤销之诉的其他债权人来说，如承发包双方变更作为建设工程优先权行使期限起算时间的应付款期限（或竣工时间）有合理情由，则是否能够取得有力证据以证实承发包双方延期付款的行为有侵害或对抗其他债权人的主观意图，对于其诉讼目的的实现往往至关重要。如最高人民法院在（2020）最高法民终597号案中认为：本案存在因发包人未如约支付工程款、承发包双方一再协商工程价款给付和工程竣工日期的客观情形，中信银行大连分行亦未提供证据证明承发包双方变更合同的行为，存在恶意串通的事实，故原审判决以承发包双方协议变更后的竣工时间作为主张建设工程优先权期限的时间起点，并无不当。

3. 发包人已处于破产程序中，承包人申请破产债权确认以及在破产债权确认之诉中请求确认建设工程优先权的，承发包双方有关延期付款的约定，存在被认定不发生推迟建设工程优先权行使期限起算时间这一法律效果的可能。一般来说，债务人从无力履行债务到进入破产程序，中间会经历一段相对较长时间的债务爆发，承包人与发包人协议延期付款以延长建设工程优先权行使期限确实存在对抗其他外部债权人的客观可能性。加之破产程序中管理人、受案法院面对大量债权人所可能形成的心理压力与思维习惯，在对工程价款等债权进行审查时可能会倾向于从严审查，从而增加工程价款在建设工程优先权行使期限上不因付款期限延展而延展的可能性。如成都市中级人民法院在（2022）川01民终67号案中认为：双方之后达成的变更协议，不产生起算时间变更或顺延的法律后果。无论是发包人在破产清算程序中的债权申报情况，抑或案涉“成阿工业园——藏羌风情街项目”的对外销售情况，均显示发包人已背负大量对外债务。若承包人建设工程优先权成立，必然会影响其他债权人的清偿金额。

（二）工程价款分期支付的，建设工程优先权的行使期限起算

在双方约定分期付款的情形下，如要求每一笔到期后单独起算建设工程优先权行使期限，则每一期工程价款可能都需要单独主张权利，如此将造成同一个施工合同项下产生多个建设工程优先权诉讼，造成当事人的诉累和司法资源的浪费。因此，一般认为在工程价款分期支付的情况下承包人建设工程优先权的起算时间可以类推适用《民法典》第 189 条关于分期债务诉讼时效期间自最后一期履行期限届满之日起计算的规定。例如最高人民法院在（2021）最高法民申 4949 号案中指出：“工程价款虽可以约定分期给付，但在本质上仍是同一债务，因此，对于行使建设工程价款优先受偿权的起算时间也应从整体性上进行把握，不应分段起算。同时，工程价款优先权是为了保障承包人的工程款债权而设立的法定权利，应当便于承包人行使自身的法定权利，如果对每一期的工程款都单独起算行使期限，承包人需要频繁主张权利，可能就会针对于同一工程价款优先权发生多个纠纷，也会造成司法资源的浪费。”

质量保证金的形式多样，包括预留工程价款、银行保函、另行支付担保金等。本节仅探讨实务中最为常见的预留工程价款形式的质量保证金。

1. 质量保证金可就建设工程折价或拍卖所得价款优先受偿

《质保金管理办法》第 2 条第 1 款规定：“本办法所称建设工程质量保证金（以下简称保证金）是指发包人与承包人在建设工程承包合同中约定，从应付的工程款中预留，用以保证承包人在缺陷责任期内对建设工程出现的缺陷进行维修的资金。”参照该条对于质量保证金的定义，质量保证金本质上仍然是工程价款，由发包人预留，暂不支付，待约定的缺陷责任期满无质量问题再行返还。因此，作为工程价款的一部分，质量保证金应当可以就建设工程折价或拍卖所得价款优先受偿。

同理，根据《施工合同司法解释（一）》第 41 条的规定，自发包人应付款之日起算建设工程优先权行使期限。质量保证金的建设工程优先权行使期限自约定缺陷责任期届满之日起算。如双方约定了预留质量保证金及质量保证金金额，但关于缺陷责任期（或质量保证金返还期限）没有约定或约定不明，可适用《施工合同

司法解释(一)》第 17 条第 2 款、第 3 款的规定，即当事人未约定工程质量保证金返还期限的，自建设工程通过竣工验收之日起满 2 年；因发包人原因建设工程未按约定期限进行竣工验收的，自承包人提交工程竣工验收报告 90 日后当事人约定的工程质量保证金返还期限届满；当事人未约定工程质量保证金返还期限的，自承包人提交工程竣工验收报告 90 日后起满 2 年。

2. 不宜从分期付款的角度将全部工程价款的建设工程优先权行使期限自质量保证金返还期限届满之日起算

一方面，建设工程上预留质量保证金待缺陷责任期满再行返还承包人的做法，并非分期付款，而是承担质量保证的担保功能。在扣留质量保证金后，其余工程价款为应付款，即便有分期付款的约定暂未届清偿期，但其债权已经确定。而质量保证金的返还与否尚不能确定，最终能否返还，取决于建设工程是否会发生质量问题，以及建设工程发生质量问题时承包人是否妥善履行维修义务，并非确定的债权。

另一方面，对于质量保证金返还期限，并无法律、行政法规加以强制性规制，实务中存在约定 5 年甚至更长返还期限的情形。如以质量保证金返还期限届满之日作为全部工程款建设工程优先权行使期限起算点，则建设工程优先权强大的优先性将对发包人以工程设定担保的其他担保物权人权利实现产生太大的影响，似也不甚妥当。

最高人民法院在(2020)最高法民终 1192 号案中指出："能否以质量保修金的返还日期作为整个案涉建设工程价款优先受偿权的起算时点。对此，这涉及对于质量保修金返还和工程款支付两种款项支付期间的区分。质量保修金虽然属于建设工程价款的一部分，在其作为工程价款能够对施工工程取得优先受偿权上与工程款是一致的，但是就质量保修金的功能来看，系施工单位在工程保修书中承诺，在建筑工程竣工验收交付使用后，从交付的建设工程款中预留的用于维修建筑工程的资金；因此，该款项虽然来源于工程款，但是在功能上却发挥保证金的作用。对于该保证金的返还日期，其具有区别于工程款支付期限的单独要求，通常需要由当事人通过约定的方式，明确在一定的保修期满以后，建设单位将质量保修金返还给施工单位。就此而言，质量保修金是为保障工程质量而自工程款中扣除，自扣除之日起其已经与整个工程应付工程款相分离；因此，对该返还义务的具体履行期限，需要基于合同的特殊约定来确定。因而，在质量保修金与工程价款存在上述功能上的区分的情况下，不应该以建设单位返还质量保修金作为应付工程款的时间。”

【典型案例】

哈尔滨银行股份有限公司安发支行与黑龙江恒德建筑安装工程有限责任公司、牡丹江银邦房地产开发有限公司等第三人撤销之诉案①

案涉工程由黑龙江恒德建筑安装工程有限责任公司(以下简称恒德建筑公司)施工，恒德建筑公司与牡丹江银邦房地产开发有限公司(以下简称银邦公司)于2012年4月9日、6月29日分别对恒德建筑公司施工的怡美家园商场及8#、9#楼进行结算，确认银邦公司欠恒德建筑公司工程价款17,554,477.81元。恒德建筑公司与银邦公司在《建设工程施工合同》中约定结算后3个月内付清余款。恒德建筑公司虽未完成全部施工工程，但根据双方合同约定，自双方结算之日3个月内银邦公司应向恒德建筑公司支付工程价款。双方于2012年6月29日结算，银邦公司最迟应于2012年9月29日向恒德建筑公司付清工程价款。银邦公司与恒德建筑公司、绥芬河金晟经贸有限公司于2013年9月25日签订《还款协议书》，延长工程价款支付时间。

法院经审理认为，本案的争议焦点是关于银邦公司与恒德建筑公司签署《还款协议书》延长工程价款支付时间，是否能起到延后恒德建筑公司建设工程优先权6个月行使期限起算点的效果，恒德建筑公司是否还享有建设工程优先权。

法院裁判认为：原《施工合同司法解释(二)》第22条规定，“承包人行使建设工程价款优先受偿权的期限为六个月，自发包人应当给付建设工程价款之日起算”。恒德建筑公司有权行使建设工程优先权的期限应自双方对建设工程结算之日3个月后即2012年9月29日起算，恒德建筑公司最迟应于2013年3月28日行使建设工程优先权，其在此之前没有主张该权利，自次日即2013年3月29日起该建设工程优先权消灭。建设工程优先权消灭后，双方再行签署协议延长还款期限，并不能重新赋予承包人建设工程优先权。

---

① 参见最高人民法院民事裁定书，(2019)最高法民申4542号。

第四节 未完工建设工程的进度款优先受偿的条件辨析

【问题的提出】

司法实践中,对于工程进度款是否应有建设工程优先权的司法观点并不统一,使发包人、承包人和相关债权人等利益相关的市场主体无所适从,造成市场主体对于交易稳定性普遍缺乏预期,不利于建筑市场健康发展。本节拟分析承包人就未完工工程的进度款基于《民法典》第807条请求建设工程优先权是否应予支持、在什么条件下应予支持,并对法定和司法拟制条件进行辨析。

【基本观点】

本书倾向于认为,司法裁判有必要回归到《民法典》第807条的文义表述和立法价值取向,在认定有经双方合意确定的有效工程价款(进度款)债权、符合法定的催告等程序条件的情况下,除非个案裁量认为工程质量不合格达到了使工程不宜折价、拍卖的程度,承包人基于未完工的工程进度款请求行使建设工程优先权的,从立法明确的价值选择出发,有必要、也应予以支持。

【观点分析】

请求建设工程优先权的法定条件辨析

1. 法律明示的请求建设工程优先权的条件

《民法典》第807条规定:"发包人未按照约定支付价款的,承包人可以催告发包人在合理期限内支付价款。发包人逾期不支付的,除根据建设工程的性质不宜折价、拍卖外,承包人可以与发包人协议将该工程折价,也可以请求人民法院将该工程依法拍卖。建设工程的价款就该工程折价或者拍卖的价款优先受偿。"

从《民法典》第807条文义来看,立法明示的建设工程优先权得以行使的法定条件有二:一是承包人对未依约支付价款的发包人享有债权;二是承包人有催告行为且债权未因此而消灭。但即使这两个条件均满足,在根据建设工程性质不宜折价、拍卖的特殊情形下,法定排除和限制了承包人行使建设工程优先权。

可见,在该条文义逻辑下,对建设工程折价、拍卖所得价款优先受偿的权利在承包人催告后的合理期限内产生，该权利以存在承发包关系下承包人已到期的债权为基础。更进一步说，依据文义解释，结合本条末句的描述，建设工程优先权得以行使的范围应是到期“未依照约定支付价款”的金额。

2. 立法的价值导向——对工程价款债权的特殊保护

《民法典》立法层面直接体现了保护承包人工程价款债权及其背后工人工资权益等的价值导向。在发包人拖欠的工程价款中，相当一部分是承包人应当支付给建筑工人的工资和其他劳务费用。就此，最高人民法院有观点认为：“如果承包人应得的工程价款不能实现，则建筑工人的工资和其他劳动报酬将难以保障，显然违反了劳动立法的旨意。”①

进一步来讲，从性质上来看，建设工程优先权“是法律为维护社会公平与正义，维护相对弱者生存权利和社会秩序而赋予特种债权的债权人的一项民事权利，其功能是对特殊种类的债权加以特殊保护”②。而由于相关劳动报酬等法益均基于工程价款的债权，相关债权自然基于建设工程合同而产生，应依相应工程合同向合同相对方请求，其债权金额也按合同的约定来确定。③ 可见，立法层面从保护弱势群体利益和劳动报酬权益等角度出发，在《民法典》第 807 条中明确对于按照约定应支付而未付的价款给予依法定方式优先受偿这一特殊保护，其没有排除将以工程合同的进度款合意约定为基础的进度款债权作为保护对象，体现了立法价值选择上对双方债权层面完全的意思自治的尊重。

3. 进度款建设工程优先权的行使需要考虑未完工程的质量问题是否达到不宜折价、拍卖的程度

除基于《民法典》第 807 条按照合意约定的工程价款债权进行法定催告程序外，根据立法文义，即使满足债权和催告条件还应当在行使建设工程优先权时根据建设工程的性质判断建设工程是否宜折价、拍卖，对于不宜折价、拍卖的法定例

① 最高人民法院民事审判第一庭编著：《最高人民法院新建设工程施工合同司法解释（一）理解与适用》，人民法院出版社 2021 年版，第 371－373 页（第 36 条相关解读第 3 项）。

② 最高人民法院民事审判第一庭编著：《最高人民法院新建设工程施工合同司法解释（一）理解与适用》，人民法院出版社 2021 年版，第 368－371 页（第 36 条相关解读第 2 项）。

③ “建设工程价款的范围按合同约定确定。如果建设工程施工合同无效，但建设工程经竣工验收合格，根据《民法典》第七百九十三条第一款的规定，承包人请求参照合同关于工程价款的约定折价补偿，人民法院应予支持。”参见最高人民法院民事审判第一庭编著：《最高人民法院新建设工程施工合同司法解释（一）理解与适用》，人民法院出版社 2021 年版，第 412－415 页（第 40 条相关解读第 2 项）。

外情形①,仍可以阻却建设工程优先权的行使。

建设工程优先权本身就是取得建设工程变卖所得价款的权利,故逻辑上建设工程的质量肯定会直接影响折价、拍卖(尤其是其价格),但是否能够达到不宜折价、拍卖的程度,需要区分具体情形予以判断。

根据《施工合同司法解释(一)》第 38 条、第 39 条的规定②,建设工程优先权的行使应当考量工程质量因素,在工程质量合格的情况下,即使是未完工的"半拉子"工程,也不影响承包人行使建设工程优先权。法律层面,民法也已经将未完成工程列为行使物权的客体,承认其具备物的独立性特征,可以行使抵押等权利③。故对于以进度款为基础主张建设工程优先权的未完工的质量合格的建设工程,没有行使建设工程优先权的障碍。

但是,司法解释层面并未明示对于质量不合格的建设工程(尤其是未竣工的在建工程)是否能够享有建设工程优先权。而该问题的核心在于,法律是否(应)保护未完工程、质量不合格工程的交易价值。

对此,《民法典》第 807 条的立法以及《施工合同司法解释(一)》赋予了司法机构极大的自由裁量权,实践中也有必要结合保护承包人及其背后弱势群体利益的价值导向,对于是否适宜折价、拍卖进行个案各判。在司法实践角度,最高人民法院也从使用价值和续建价值两个交易价值维度对质量问题是否足以排除建设工程优先权进行分析考量。

一方面,对于具有使用价值的质量不合格的建设工程,最高人民法院认为在未竣工验收的情况下,发包人使用未经竣工验收的建设工程时,其应当预见到工程质量可能存在问题,应在工程质量验收合格的情况下使用建设工程,但发包人

---

① 由于篇幅所限,我们仅就实践中较为核心和常见的工程质量问题相关情形展开论述,其他不宜折价、拍卖的情形(例如,违反国家法律、行政法规关于建筑行为的相关规定所建造的各种建筑物及其附属设施;学校、幼儿园、医院等以公益为目的的事业单位、社会团体的教育设施、医疗卫生设施和其他社会公益设施属于不得抵押的财产等情形),不再于此处展开详述。

② 《施工合同司法解释(一)》第 38 条规定:"建设工程质量合格,承包人请求其承建工程的价款就工程折价或者拍卖的价款优先受偿的,人民法院应予支持。"第 39 条规定:"未竣工的建设工程质量合格,承包人请求其承建工程的价款就其承建工程部分折价或者拍卖的价款优先受偿的,人民法院应予支持。"

③ 《民法典》第 395 条第 1 款第 5 项规定正在建造的建筑物可以抵押;同时,《民法典担保制度解释》进一步明确了对于在建工程行使抵押权的相关规定。可见,作为为担保工程价款得以受偿而行权的法定优先受偿权,其对于法律已明确认可的行权客体(未完的在建工程)行权,法律上并无障碍。

擅自使用的行为则可直接地表明其对工程质量问题的认可。[①] 发包人认可其使用价值在客观上体现了对市场主体工程性质的实质性认可，通过折价、拍卖方式进一步在市场上流转，能够更好地实现建设工程变价，从而保护弱势群体利益，司法机关没有必要介入甚至替代市场判断、阻碍弱势群体的利益的实现。所以，实践中对于未完工程如果能够通过发包人行为或其他证据证明建设工程具有使用价值，司法机关对于是否竣工、是否质量合格的裁量应综合考虑客观情况和证据，除非有极为特殊的、经举证的质量问题使建设工程不宜折价、拍卖（例如，虽在使用但有证据证明不符合强制性规范，存在使用危险），不应排除就未完工程的工程价款（进度款）主张优先受偿的权利。

另一方面，为了实现工程建设之目的，可以将建设工程在折价、拍卖之前或之后再次发包给第三人续建，以发挥建设工程的最大效益，保护承包人及背后弱势群体权利。对于具有续建价值的质量不合格（未完工）工程，最高人民法院有观点认为，在将建设工程转手或交由第三人续建前，应首先对续建前承包人施工的建设工程情况进行确认。否则如后续出现质量问题无法确定责任的，则可推定续建前承包人施工的工程质量合格。[②] 进一步来讲，续建行为本身即带有市场主体对于建设工程交易价值的判断，对于续建工程的质量完全可以根据或至少结合市场判断作出认定。同时，即使在续建前工程质量并不合格，立法精神和导向也明确承认修复后的建设工程符合国家或者行业强制性质量标准的，完全不会对权利的行使造成影响。[③] 相应地，除非是没有续建可能、质量不合格且难以修复的未完成工程，司法实践中亦没有理由断然否定通过续建等方式对存在质量问题和未完成工作进行补救、挽回工程质量的可能性，故对于有续建价值的质量不合格工程，原则上不应排除基于工程价款（进度款）请求行使优先受偿的权利。

综上所述，对进度款优先受偿权的行使需考虑未完工程的质量问题是否达到使其不宜折价、拍卖的程度。但从有利于弱势群体最终实现受偿的立法价值导向

---

① 参见最高人民法院民事审判第一庭编著：《最高人民法院新建设工程施工合同司法解释（一）理解与适用》，人民法院出版社2021年版，第403－405页。

② 参见最高人民法院民事审判第一庭编著：《最高人民法院新建设工程施工合同司法解释（一）理解与适用》，人民法院出版社2021年版，第403－405页。

③ 《民法典》第793条的表述实际认可对于建设工程质量不合格的建设工程，只要能够经过修复消除缺陷，使其符合国家或者行业强制性质量标准，即使在合同无效情形下，法律都认可相应的债权请求权。

出发，并不必然出现由于工程质量不合格而完全否认和排除承包人就相应工程价款债权行使建设工程优先权的情形。司法机关从“宜拍性”角度入手，可以更好地结合个案情况作出价值判断，因地制宜，具体问题具体分析，实现个案正义与规则正义的有效平衡。

【实践观点与典型案例】

司法实践对基于工程价款债权直接行使建设工程优先权的限制和条件

司法实践中，基于第三人利益，并未根据《民法典》第807条的规定直接依照债权成立加催告程序的简单法定条件对债权人是否能够行使建设工程优先权进行裁判，而是创设了一套规定，以确保法院能够介入双方相对“主观”的合意背后，创造相对“客观”的建设工程优先权基础，达到尽量对建设工程优先权进行限缩、保护第三人利益的目的。而司法拟制的规定的核心基础就在于通过司法审查确定承包人工作对应的工程价值，在一定程度上限制基于承发包双方合意债权直接请求行使建设工程优先权。

在建设工程施工过程中，承包人在施工过程中将其人力、物力、财力等成本物化到建设工程之中，形成工程价值量，这一过程与建设工程合同约定的进度款的支付金额是不同维度的概念。

进度款的约定体现的是双方合意确定的商务安排，发包人可能通过约定远低于承包人已完工程价值量的安排，要求承包商承担一部分工程现金流风险，甚至可能约定极大脱离工程价值量的进度节点以满足第三方融资人等的特殊需求；而承包人也可能通过进度节点等合同约定使发包人提前支付（超付）已完工程价值量，从而实现工程现金流风险的转移。这些商业安排基于承发包人各自的需求，体现为工程合同中双方对于进度款支付的合意约定，从客观上势必造成承包人对发包人的进度款债权金额与承包人已物化的工程价值的不一致。

而债权金额与已完工程价值间的差异，在建设工程优先权背景下，却为司法拟制法定条件外的额外限制条件提供了巨大的发挥空间，事实上左右了对于建设工程优先权行使条件的解读，使司法实践中产生不同理解和观点。

1. 司法实践观点：工程价值替代意思自治确定的债权金额

早在2001年，上海市高级人民法院向最高人民法院提出《关于合同法第二百八十六条理解与适用问题的请示》，次年最高人民法院作出2002年《优先权批复》，创设了法院审查“实际支出的费用”的先河。2002年《优先权批复》第3条规定:“建筑工程价款包括承包人为建设工程应当支付的工作人员报酬、材料款等实际支出的费用,不包括承包人因发包人违约所造成的损失。”第4条规定:“建设工程承包人行使优先权的期限为六个月,自建设工程竣工之日或者建设工程合同约定的竣工之日起计算。”固然,第3条事实上确实脱离1999年《合同法》第279条中将“按照约定”所确定债权作为建设工程优先权基础的法定要求,但将建设工程优先权限定为承包人为建设工程应当支付的工作人员报酬、材料款等实际支出的费用,有利于进一步平衡各方当事人的权益,体现了司法解释的价值取向。但是,从建设工程施工实践来看,完全脱离合意的债权,从司法审查角度计算承包人为建设工程应当支付的工作人员报酬、材料款等实际支出的费用来重构工程价值的想法,因其过多地介入了法院职权和专业范围外的领域而难以操作。2002年《优先权批复》第4条为法院进行司法审查提供了额外的出口,在竣工或约定竣工时才得以行使建设工程优先受偿权,在一定程度上降低了重构工程价值的工作量和难度。由于在竣工时实质工作往往已经全部完成,且双方很可能有明确的结算列项可供参考,一般情况下,承发包人约定的合意支付结算金额更趋近于工程价值,二者之间存在差异的可能较小。通过事实上增加竣工为得以基于建设工程债权来行使建设工程优先权的判断条件,可以大大降低法院工作难度和成本,重构的工程价值往往还可以直接参照承发包双方竣工结算的债权金额进行简单确定。但是,在这一背景下,对于进度款请求建设工程优先权在工程未完成、未竣工的背景下行使,因为与2002年《优先权批复》和司法价值取向不符,实现难度较大。

此后,在2002年《优先权批复》所确立的原则的基础上,有司法实务观点提出,建设工程合同未约定竣工日期,或者由于发包人的原因,合同解除或终止履行时已经超出合同约定的竣工日期的,承包人行使建设工程优先权的期限自合同解除或终止履行之日起计算。这一观点试图解决2002年《优先权批复》中遗留的以“约定的竣工之日”为基础的已完工程价值判断问题,并在实质上对于未能依约竣工的情形拟制了新的建设工程优先权行使条件,即在未竣工时,需要合同解除(或终止履行)。与2002年《优先权批复》类似,这一解释思路,从价值取向上,通过寻找创设合同解除与终止履行的条件,在脱离双方意思自治形成的债权和期限后,为亟须解决的法院如何确定工程价值、以什么时间的工程价值来确定建设工程优先权的问题提供支撑。毕竟,往往在合同解除和终止时点,存在大量的证据和双方协商确定款项细节的支持材料,有利于剥离出法院司法审查所寻找的有利于第三人利益保护的“客观”工程价值。在以2002年《优先权批复》为依托的司法实务中，审判机关实际在拟制工程价值替代意思自治确定的债权金额的路径上越走越远，配套设计细化出相关行使条件和时间节点，确立了对后续司法实践有重大影响的能够平衡双方间债权优先受偿与第三人利益间的内在矛盾的指导原则及权利行使条件。

2. 司法实践观点：从立法文义出发将合意约定作为请求行使建设工程优先权的条件

实践中，存在明确的以合意确定债权为基础，认为结算等条件均不影响行使建设工程优先权的司法判例，如在（2020）最高法民终1192号案①中，最高人民法院认为，在工程未解除、未结算的情况下，建设工程优先权在合同约定的进度款应付款时间节点过后即可行使，结算及结算金额未确定不影响建设工程优先权的行使及期限起算。再如，在（2015）民一终字第70号案②中，最高人民法院明确认定以经过承发包双方认可的已完成的建设工程进度款价款债权作为建设工程优先权的基础，认定依该债权可以直接行使建设工程优先受偿权。

而除了双方既有建设工程合同中的应付款合意，对建设工程合同款项进行还款约定的后续额外形成的债权债务合意也在司法实践中作为建设工程优先权的基础和判断条件被直接认可。在（2019）最高法民终273号案③中，最高人民法院即持此观点，根据会议纪要中双方对工程价款形成的合意，认定对于该合意确认的款项可以行使建设工程优先权；在（2021）最高法民申4069号案④中，认可依《和解复工协议》合意约定的债权金额和还款时间行使建设工程优先权。

所以，司法实践在认定建设工程优先权基于合同约定的债权及相应期限行使情况下，建设工程进度款的支付时间也往往被认定为行使建设工程优先权的期限起算点，并不涉及其他条件。以各笔进度款为基础请求行使建设工程优先权，无

---

① 参见北京首钢建设集团有限公司与通化市诚信房地产开发有限责任公司建设工程施工合同纠纷案，最高人民法院（2020）最高法民终1192号民事判决书。

② 参见歌山建设集团有限公司与福建省恒顺融资担保股份有限公司建设工程施工合同纠纷案，最高人民法院（2015）民一终字第70号民事判决书。

③ 参见中建四局第五建筑工程有限公司与昆明大田宥房地产开发有限公司建设工程施工合同纠纷案，最高人民法院（2019）最高法民终273号民事判决书。

④ 参见四川同程建设有限公司与成都安舒置业有限公司建设工程施工合同纠纷案，最高人民法院（2021）最高法民申4069号民事裁定书。

论建设工程是否已经实施完成,都不会给实践造成障碍。

3. 司法实践观点:基于 2002 年《优先权批复》(已失效)和相关实务观点将建设工程履行完成或终止、结算完成、合同解除、竣工等作为对于既有工程价款债权行使建设工程优先权的条件

最高人民法院民事审判第一庭在《最高人民法院新建设工程施工合同司法解释(一)理解与适用》一书中即有此类观点的表述(但理解与适用各部分内部也有相矛盾的解释)。在对《施工合同司法解释(一)》第 41 条进行解读时,最高人民法院有观点认为:"建设工程施工合同具有特殊性,承包人履行合同的义务是将劳动和建筑材料物化在建筑产品中,其享有优先受偿权的前提是完成或部分完成合同约定的建设工程成果。即该优先权的实现必须首先能够在债务人的财产上实现特定化。因此,应以其优先权行为即建造行为合法依约结束之时,认定建设工程价款优先受偿权成立,且对因发包人原因停建,承包人施工劳务、供应材料义务被迫终止的情形予以保护。"[①]换言之,该观点认为建造行为会因没有合法结束(如竣工)或依约结束(如解除),财产没有完成特定化形成工程价值,合同尚在履行中而不具备对相关债权行使建设工程优先权的条件。其实质上仍延续以审查工程价值为基础的 2002 年《优先权批复》的既有思路,与遵从意思自治的新司法解释思路和价值取向并不一致。

司法实践中,也存在因对工程履行或合同是否终止的状态不确定,以履行终止拟制行权条件,而不认可基于进度款合意债权行使建设工程优先权的案例[见(2020)京民终 303 号]。也有观点认为建设工程优先权的行使需要以合同解除为条件,在解除时起算行使期限[如(2020)最高法民终 602 号、(2019)最高法民终 486 号],借助诉请解除(或合意解除)的机会,重新审视未完工建设工程双方债权合意,通过司法程序确定工程价值。

还有观点认为,对于工程价款债权,必须结算完成后才可以行使建设工程优先权,承包人主张行使建设工程优先权的工程价款以最终结算确定的工程价款为前提。该观点以北京市高级人民法院为代表,在(2019)京民终 158 号案、(2019)京民终 1503 号案等案例中,均明确认定,只有在结算完成确定最终工程价值后,

---

① 最高人民法院民事审判第一庭编著:《最高人民法院新建设工程施工合同司法解释(一)理解与适用》,人民法院出版社 2021 年版,第 421 - 426 页(第 41 条相关解读第 3 项)。

承包人才能行使建设工程优先权。并且除行使建设工程优先权的条件外,还拟将履行完毕、权利义务终止或合同解除等作为建设工程优先权的成立条件。[①] 可见,该等实践观点以寻找工程价值与合意债权差异风险较小时(完成结算)为出发点,秉持着2002年《优先权批复》的价值取向,通过司法对合意债权进行审查,以工程价值得以确定的建设工程完成结算为条件,司法能动创造并区分"能够行使建设工程优先权的债权合意"和"不能够行使建设工程优先权的债权合意",以达到限制建设工程优先权行使、保护第三人利益的目的。

4. 司法实践观点:基于对《施工合同司法解释(一)》第27条应付款的利息认定规定的扩张适用,以建设工程交付、就债权和建设工程优先权起诉为行使建设工程优先权的条件

最高人民法院民事审判第一庭在《最高人民法院新建设工程施工合同司法解释(一)理解与适用》一书中分别就以工程实际交付为条件、以对债权及建设工程优先权提起诉讼为条件来行使建设工程优先权进行了阐述。

对于将工程的交付作为行使条件和行使期限起算时间,最高人民法院解释认为,"建设工程实际交付的,以建设工程交付之日为应付款时间。此时,发包人已经实际控制了诉争建设工程,可以行使占有、使用、收益甚至处分的权利。在这种情况下,发包人已经受益,但承包人仍未收到全部或部分工程价款,从此时开始,承包人可以向发包人主张欠付工程款并行使优先受偿权"[②]。(2019)最高法民终1365号案[③],即遵从该观点的逻辑。

对于将债权人就"半拉子"工程提起诉讼作为行使条件和行使期限起算时间,最高人民法院在书中指出:"建设工程未交付,建设工程价款也未结算时,以起诉

---

① 例如,在(2019)京民终158号案中,北京市高级人民法院认定,"建设工程款的优先受偿权的成立应满足以下条件:第一,总承包人已经实际履行了建设工程施工合同约定的主要义务。第二,优先权人应当实际创设了建设工程物权,总承包人已完成或部分完成的合同约定的建设工程质量合格。第三,总发包方与总承包方权利义务关系终止或解除,建造行为已然结束,建设工程价款优先受偿权指向的建筑物范围特定、明确……建设工程价款优先受偿权的成立是行使建设工程价款的优先受偿权的前提,故行使建设工程价款的优先受偿权的条件,除需满足上述三项要件外,还应满足第四项条件,即已就全部工程完毕最终结算,确定了最终的工程价款数额……换言之,总承包人主张行使工程价款优先受偿权的工程款系进行完毕最终结算后确定的工程款"。类似地,在(2019)京民终1503号案中,法院明确以双方"尚未就全部工程进行工程款的最终结算"为由,对于依约享有的既有工程价款债权,未予支持。

② 最高人民法院民事审判第一庭编著:《最高人民法院新建设工程施工合同司法解释(一)理解与适用》,人民法院出版社2021年版,第421-426页。

③ 参见广西建工集团第一建筑工程有限责任公司与青海恒平房地产开发有限公司建设工程施工合同纠纷案,最高人民法院(2019)最高法民终1365号民事判决书。

之日为应付款时间。此种大多数为工程未完工或者完工后未经验收,俗称‘半拉子’工程或‘烂尾’工程,合同约定的工程价款结算条件尚未成就,无法确定应付工程价款之日,应当规定一个拟制的应付款时间,并以此时间点作为计息时间。以起诉时间作为应付款时间,主要考虑起诉为权利人向司法机关正式主张权利的时间点……”[①]在(2020)最高法民终 337 号案[②]中,法院明确表达了在对于已完成的建设工程价款尚存争议的情况下,应经起诉后司法鉴定得以明确案涉工程价款的具体数额的观点。这也实际借助当事人提起诉讼这一通过司法机关主张权利的方式,使得司法审查得以深入工程价值判断,从而在不得已时将诉讼作为确定对债权能否行使建设工程优先权的条件。

综上可见,在司法政策重新回归《民法典》第 807 条立法文义并以应付款债权作为行权条件和基础的情况下,进度款语境下建设工程优先权本不应存在疑问。但司法实践已衍生了繁杂的解释路径,对于“应当给付的建设工程价款”也并未完全根据合意确定,即便《施工合同司法解释(一)》已明确回归到立法层面保护意思自治的合意债权优于保护第三人利益的价值取向,当前司法实践因为受到既有的拟制条件的影响,在价值判断上仍对于第三人利益保护极为重视,这也给承包人及其背后的弱势群体基于进度款享有建设工程优先权的认定和权利行使造成了极大的不确定性。

本书倾向于认为,建设工程进度款作为承发包双方合意确定的债权,《民法典》第 807 条法定设立的建设工程优先权作为对债权的额外担保,其与担保物权类似,势必在行使权利时会对世性地影响第三方的利益,但并不因其可能影响第三方而审查、重构作为担保权利的基础的债权合意,法院也事实上不具备重构“客观”“合理”的债权价值的能力。比如,在买卖合同中,买卖合同双方若就买方履行合同支付货物价款而设立物权担保,即便在物权担保也同样会影响第三人利益的情况下,法院并不会审查买卖合同中交易物的价值,更不会设定特殊条件来试图重构双方合意确定的金额。为何面对更加复杂的工程价值的判断(连专业人员通过对建设工程的价格评估都难以计算出合适、合理、“客观”的市场价值),裁判机关宁愿冒着与立法确定的价值导向相悖的风险,违背一般民法担保不实质对基础

① 最高人民法院民事审判第一庭编著:《最高人民法院新建设工程施工合同司法解释(一)理解与适用》,人民法院出版社 2021 年版,第 421－426 页。

② 参见福建九鼎建设集团有限公司与云南佳鸿宇合实业有限公司建设工程施工合同纠纷案,最高人民法院(2020)最高法民终 337 号民事判决书。

债权交易本身是否合适进行评估的原则，深入债权背后进行有巨大风险、超出专业范围的实质审查和工程价值重构，其合理性有待商榷。在立法文义本身并没有限制工程价款债权类型，并未排除将进度款债权作为成立建设工程优先权的债权基础的情况下，因进度款的债权债务在履行过程中有明确的对向义务和相关工作内容，各笔具体的进度款数额均确定，其作为合意确定的债权，明确享有就债权的请求权。[①] 而在相应债务应付未付时，根据《民法典》第 807 条的规定也没有理由限制以其为基础行使建设工程优先权。从弱势群体保护的利益保护和立法价值角度，明确对于建设过程中的工程价款债权可以行使建设工程优先权显然更有利于更好保护相关法益。

【结语】

在《施工合同司法解释(一)》明确回归《民法典》第 807 条的承发包人双方意思自治的立法价值导向后，司法实践中仍存在诸多从司法审查合意背后对应的“工程价值”入手衍生的诸多基于合意债权行使建设工程优先权的条件和限制。在这一背景下，对于未完工工程进度款是否能够行使建设工程优先权处于不确定的状态。并且，对于未完工工程质量合格与否究竟是否作为排除行使建设工程优先权的条件和限制，因当前法律和司法解释均有较大解释空间，致使未完工工程进度款的优先权问题缺乏明确规则和指引可循。

通过本书前述的梳理和分析，本书倾向认为，司法裁判有必要回归到《民法典》第 807 条的文义表述和立法价值取向，在有经双方合意确定的有效工程价款(进度款)债权、符合法定的催告等程序条件的情况下，除非个案裁量认为工程质量不合格达到了使建设工程不宜折价、拍卖的程度，承包人基于未完工的工程进度款请求行使建设工程优先权的，从立法明确的价值选择出发，有必要、也应予以支持。

---

① 进度款可以作为独立债权进行主张，在诉讼中可以相应提起独立请求，这作为普遍接受的观点，实践中往往也接受。参见最高人民法院民事判决书，(2020)最高法民终 1192 号。

第六章

建设工程优先权的行使方式和程序

第一节　建设工程优先权行使方式和程序

一、建设工程优先权的行使方式

《民法典》第 807 条规定:“发包人未按照约定支付价款的,承包人可以催告发包人在合理期限内支付价款。发包人逾期不支付的,除根据建设工程的性质不宜折价、拍卖外,承包人可以与发包人协议将该工程折价,也可以请求人民法院将该工程依法拍卖。建设工程的价款就该工程折价或者拍卖的价款优先受偿。”根据该规定,建设工程优先权的行使方式主要有二:一是与发包人协议将工程折价;二是请求人民法院将工程拍卖。

(一)通过协议折价方式行使

《民法典》第 807 条规定了双方可以协议将工程折价,故以工程折抵工程价款属于承包人行使建设工程优先权的法律许可方式。实践中,“协议折价”主要存在两种方式:一种是由发承包双方协商确定价格,并将该建设工程出卖给第三人①;另一种是直接将建设工程全部或部分产权按双方协商确定的价格转让给承包人,以承包人所施工的建设工程折价抵偿承包人的工程价款②。需注意的是,实践中,发承包人可能会在施工过程中或竣工后协商达成“以房抵债”协议,约定将发包人的部分房屋按照一定的价格抵偿承包人的部分工程进度款或结算款。对于这类“以房抵债”协议是否产生“协议折价”行使建设工程优先权的效力,司法实践尚存在争议。

通说观点认为,建设工程中“以房抵债”协议是否产生“协议折价”行使建设工程优先权的效力,关键在于“以房抵债”协议的形式和内容是否具备协议折价行使建设工程优先权的条件。③ 如果承包人有行使建设工程优先权的意思表示,具

① 参见江平主编:《中华人民共和国合同法精解》,中国政法大学出版社 1999 年版,第 224 页。

② 参见胡康生主编:《中华人民共和国合同法释义》,法律出版社 1999 年版,第 439 页。

③ 参见常设中国建设工程法律论坛第八工作组:《中国建设工程施工合同法律全书:词条释义与实务指引》(第 2 版),法律出版社 2021 年版,第 503 页。

备行使建设工程优先权的条件，并与发包人签订“以房抵债”协议的，法院可认可承包人“以房抵债”协议属于以协议折价形式行使建设工程优先权。例如，在四川省建筑机械化工程有限公司（以下简称四川建筑公司）与成都紫杰投资管理有限公司（以下简称紫杰公司）等申请执行人执行异议之诉纠纷一案中，因业主大邑银都房地产开发有限公司（以下简称大邑银都公司）拖欠施工人四川建筑公司工程价款，双方于 2013 年签订《协议书》，约定大邑银都公司以包括案涉 13 套房屋在内的 15 套房屋抵偿欠付工程价款，并于 2016 年签订房屋买卖合同。最高人民法院认为，本案四川建筑公司与大邑银都公司签订《协议书》及《商品房买卖合同》，其实质是通过协商折价抵偿实现四川建筑公司就案涉项目房屋所享有的建设工程优先权，四川建筑公司与大邑银都公司以案涉房屋折价补偿欠付工程价款，符合法律规定的建设工程优先权实现方式。[①]

而如承包人与发包人签订“以房抵债”协议时，尚不具备主张建设工程优先权的行使条件，则法院不支持承包人“以房抵债”协议属于以协议折价形式行使建设工程优先权。在江苏帝都建设工程有限公司与江苏怡华投资有限公司、江苏怡华投资有限公司沭阳分公司建设工程施工合同纠纷一案中，江苏省高级人民法院认为，在建设工程领域，由于承包人可以通过协议折价的方式行使建设工程优先权，故在不存在虚假诉讼的情况下，可以认定“以房抵债”的效力，有效的前提是双方已经进行结算，工程价款已经确定，清偿期届满且承包人仍享有建设工程价款优先权。然案涉建设工程至今尚未进行结算，发包人应付工程价款以及承包人是否已经请求并享有建设工程优先权均未确定，故根据 1999 年《合同法》第 286 条的规定，案涉合同中的“以房抵债” 条款不具备确定有效的条件。[②]

（二）通过拍卖方式实现

根据《民法典》第 807 条的规定，承包人在与发包人无法达成折价协议时，可以请求法院依法拍卖。对于承包人的建设工程优先权已经过生效法律文书确认，在执行程序中要求拍卖受偿的，在司法实践中并无争议。但在承包人的建设工程优先权甚至包括其工程价款债权还没有经过生效法律文书确认的情况下，能否以

---

① 参见最高人民法院民事判决书，(2020) 最高法民再 352 号。类似观点参见安徽省高级人民法院民事判决书，(2016) 皖民终 924 号。

② 参见江苏省高级人民法院民事判决书，(2017) 苏民终 468 号。

非诉程序请求法院直接拍卖或直接以欠付工程价款的事实参与其他案件执行中的财产分配,实践中尚存在较大争议。

1. 规范现状

《民诉法解释》第 506 条第 2 款规定:"对人民法院查封、扣押、冻结的财产有优先权、担保物权的债权人,可以直接申请参与分配,主张优先受偿权。"根据上述条款规定,对于有优先权及担保物权的债权人申请参与分配的,不以取得执行依据为前提。

在地方法院层面,《浙江省高级人民法院执行局执行中处理建设工程价款优先受偿权有关问题的解答》第 2 条第 1 款、《广东省高级人民法院关于审理建设工程合同纠纷案件疑难问题的解答》(已失效)第 17 条"申请法院将该工程拍卖以实现工程款债权,申请对建设工程拍卖款参与分配程序主张优先受偿权"的规定属于对工程价款依法行使建设工程优先权。

2. 理论争议

肯定意见认为,建设工程优先权属于法定权利,在法定条件具备时即设立,而非必须经诉讼或仲裁进行确认。其理由在于:首先,从法律规范来看,直接实现建设工程优先权具有实体法依据。《民诉法解释》第 506 条第 2 款所涉的权利人申请进入参与分配程序,不以取得执行依据为前提。其次,基于诉讼效率考量,使债权得以直接通过执行程序获得清偿,可以有效节省诉讼时间和费用。再次,在约定担保物权的实现程序中,各方有可能就担保债权之范围存在较大分歧,无法达成一致。但是,这并不影响担保物权人可以直接进入参与执行程序。[①] 最后,执行法官发现拍卖的建设工程存在优先权,应当通知承包人申请参与分配。即使承包人不愿意申请参与,执行法官也要依职权将其列为优先债权参与人,并按照优先权进行分配。[②] 其原因在于,我国对拍卖担保物等采取涂销主义,一旦拍卖成交后,买受人不再继受他物权的负担,但是,又不能够因此损害承包人的合法权益。故而,执行法官须依职权对承包人强制清偿。

否定意见则认为,承包人必须经由实体程序确认取得执行依据后,方可在非

---

① 参见李建星:《〈民法典〉第 807 条(建工价款的优先受偿权)评注》,载《南京大学学报(哲学·人文科学·社会科学版)》2021 年第 4 期。

② 参见张永泉:《民事执行程序中"参与分配"的理论与制度构建》,载《苏州大学学报(法学版)》2017 年第 4 期。

诉程序中实现优先受偿。① 一方面，承包人是否享有建设工程优先权以及可享有建设工程优先权部分的具体数额，在法律性质层面属于实体范畴，根据审执分离的原则，执行机构一般不得对实体问题进行裁判。另一方面，各方在非诉程序中就建设工程优先权是否存在及其担保债权之范围大小经常难以达成一致。如果由执行机构在执行程序中对承包人建设工程优先权进行确认，不仅难以给当事人的权利提供充分救济，还因具体数额的认定需要另行委托审计机构或鉴定机构审计或鉴定，导致增加当事人的诉累，影响执行效率，容易出现审计结果相互矛盾情形等问题。②

而折中意见提出，直接在执行程序中实现建设工程优先权，只适用于发包人对工程价款的金额无异议的场合。③ 即在双方已经确认工程价款的情形下，承包人有权直接向人民法院请求拍卖建设工程项目使其工程价款优先受偿，而无须通过诉讼审理过程。在双方就工程价款存在争议的情况下，承包人只能向人民法院起诉或申请仲裁，在法院作出判决或仲裁裁决确定工程价款后，承包人才能请求人民法院拍卖建设工程行使其优先权。

3. 司法裁判现状

据检索，在司法实践中，法院对工程价款债权人在执行程序中主张建设工程优先权多采肯定观点，即如执行法院依其他债权人的申请，对发包人的建设工程强制执行，承包人向执行法院主张其享有建设工程优先权且未超过行使期限的，视为承包人依法行使了建设工程优先权。例如，在中天建设集团有限公司与河南恒和置业有限公司建设工程施工合同纠纷一案中，最高人民法院认为，人民法院依据发包人的其他债权人或抵押权人申请对建设工程采取强制执行行为，会对承包人的建设工程优先权产生影响。此时，如承包人向执行法院主张其对建设工程享有建设工程优先权的，属于合法行使建设工程优先权。④

需注意的是，在振发建设集团有限公司、宋某某等借款合同纠纷一案中，最高人民法院进一步指出，在执行程序中对于工程价款的数额和性质均无争议的，可

① 参见石佳友：《〈民法典〉建设工程合同修订的争议问题》，载《社会科学辑刊》2020 年第 6 期。

② 参见雷运龙、黄锋：《建设工程优先权若干问题辨析》，载《法律适用》2005 年第 10 期。

③ 参见梁慧星：《合同法第二百八十六条的权利性质及其适用》，载《山西大学学报（哲学社会科学版）》2001 年第 3 期。

④ 参见最高人民法院民事判决书，(2019) 最高法民终 255 号。类似观点参见最高人民法院民事裁定书，(2016) 最高法民申 1281 号。

以在执行程序中对工程价款金额及优先权事项予以确认，但如涉及实体争议，则仍须通过诉讼等程序予以认定。[①]

二、建设工程优先权的行使程序：在执行程序中申请优先分配

承包人在执行程序中申请优先分配，是指承包人未经诉讼或仲裁确认建设工程优先权及优先受偿金额，直接向执行法院申请优先分配。

（一）有关承包人可否未取得执行依据直接向执行法院申请优先分配的问题

《民诉法解释》第506条第1款规定："被执行人为公民或者其他组织，在执行程序开始后，被执行人的其他已经取得执行依据的债权人发现被执行人的财产不能清偿所有债权的，可以向人民法院申请参与分配。"该规定明确，申请参与分配的债权人需"已经取得执行依据"。因此，根据该规定，原则上未取得执行依据即未经过诉讼或仲裁确认建设工程优先权及优先受偿金额的承包人不能直接向执行法院申请优先分配。但是，《民诉法解释》第506条第2款规定："对人民法院查封、扣押、冻结的财产有优先权、担保物权的债权人，可以直接申请参与分配，主张优先受偿权。"根据该规定，当建设工程优先权的标的物即建筑物被法院采取强制执行措施后，承包人可在未取得执行依据时直接向执行法院申请优先分配，主张建设工程优先权。实践中，承包人往往是在建设工程优先权标的物被查封甚至将要拍卖的急迫情形下才需要直接向执行法院申请优先分配。在非急迫情形下，承包人可正常通过诉讼或仲裁程序确认其建设工程优先权，无须直接申请优先分配。因此，承包人在实践中遇到建设工程优先权标的物未被法院采取强制措施的情形较少，多数情形是可以直接申请优先分配。

需要强调的是，《民诉法解释》第506条第1款规定的参与分配的客观事实要件为被执行人财产不足以清偿所有债权，这仅仅是针对普通债权人，而非优先受偿权人。《施工合同司法解释（一）》第36条规定："承包人根据民法典第八百零七条规定享有的建设工程价款优先受偿权优于抵押权和其他债权。"根据该规定，建设工程优先权优先于抵押权和其他债权受偿，无论被执行人财产是否足以清偿

---

① 参见最高人民法院执行裁定书，（2020）最高法执监547号。

所有债权，建设工程优先权标的物折价或拍卖后的价款均由建设工程优先权人优先受偿。只有当同一建筑物存在多个建设工程优先权时，才会存在按比例分配的问题。

（二）有关被执行人为法人时能否申请优先分配的问题

申请参与执行分配，《民诉法解释》第 506 条第 1 款还规定需满足“被执行人为公民或者其他组织”的条件，即只有被执行人为公民或者其他组织时，债权人才可以申请参与分配。但是，实践中对当被执行人为法人时，债权人能否直接申请参与分配存在分歧。

一种观点认为，当被执行人为法人时不适用执行分配制度，可以通过破产程序进行解决。最高人民法院在（2019）最高法执监 410 号执行裁定书中指出：《民诉法解释》明确规定当作为被执行人的公民、其他组织的财产不能清偿所有债权时，相关债权人可以申请参与分配，排除了被执行人为企业法人时适用参与分配的空间。作为被执行人的企业法人财产不能清偿所有债权的，申诉人作为债权人可以向人民法院提出对该被执行人进行破产清算，通过破产程序受偿。《关于正确理解和适用参与分配制度的指导意见》第 4 条第 2 款明确规定：“企业法人的财产不能清偿所有债权的，不得适用参与分配制度。普通债权人申请对企业法人财产参与分配的，应征求其意见，建议其同意移送破产审查或者直接申请被执行人破产。债权人坚持申请参与分配的，不予支持。”

另一种观点认为，“有多个债权人对同一被执行人申请执行或者对执行财产申请参与分配的，执行法院可依照该规定制作分配方案；当事人对分配方案不服的，可以通过分配方案异议或异议之诉程序处理，并不区分被执行人是企业法人或者是公民、其他组织。事实上，参与分配有广义和狭义两种概念，广义的参与分配，是指不管被执行人是否为企业法人，只要涉及多个债权人对其财产申请分配的，执行法院均应按执行程序若干问题的解释第二十五条的规定启动分配程序；而狭义的参与分配，则特指被执行人为公民或者其他组织时，在其财产不能清偿所有债权的情况下，按债权比例公平清偿的分配方式。民诉法解释第五百零八条的规定针对的正是狭义参与分配，但不能据此否定执行程序若干问题的解释第二十五条规定的广义参与分配程序之适用，只是根据民诉法司法解释的相关规定，被执行人为企业法人的，不得对其采取按债权比例清偿的狭义参与分配程序。”

对此，本书认为，产生争议的法条缘起是2008年《最高人民法院关于适用〈中华人民共和国民事诉讼法〉执行程序若干问题的解释》第25条（2020年修正后的第17条）规定："多个债权人对同一被执行人申请执行或者对执行财产申请参与分配的，执行法院应当制作财产分配方案，并送达各债权人和被执行人。债权人或者被执行人对分配方案有异议的，应当自收到分配方案之日起十五日内向执行法院提出书面异议。"在该条的文义中并未明确申请参与分配需以被执行人为公民或其他组织为前提。但是，该条规定已经被2015年《民诉法解释》第511条（2022年修正后的第509条）吸收。因此，对该条的理解应以《民诉法解释》第506条为前提，即只有被执行人为公民或者其他组织时，普通债权人才能申请参与分配。当被执行人为法人时，普通债权人申请参与分配，应当通过破产程序保障所有债权人公平受偿。《关于正确理解和适用参与分配制度的指导意见》第2条第1项规定："参与分配中，必须严格按照法定优先权、一般优先权以及普通债权的法定清偿顺序予以分配。相同性质以及相同顺序的债权，原则上应当按比例予以分配，确保各债权人依法获得公平受偿。"

但是，建设工程优先权具有优先于抵押权和其他债权的效力，并且是对特定建筑物的折价或拍卖价款优先受偿，并非对被执行人的全部财产优先受偿。承包人申请参与分配，主张的是建设工程优先权，进而优先分配。即使被执行人为法人，在破产程序中，承包人也可以通过行使别除权的方式来实现优先受偿。无论是在参与分配程序中还是在破产程序中，承包人行使优先权，对于抵押权人和其他普通债权人在结果意义上并无不同。因此，无论被执行人是公民、其他组织还是法人，承包人均可直接申请优先分配。《关于正确理解和适用参与分配制度的指导意见》第2条第4项规定："被执行人为企业法人的，除对执行财产享有优先权、担保物权的债权人申请优先分配受偿之外，不得对其财产适用参与分配制度。其他债权人申请参与分配的，应告知其按照'执转破'程序对执行财产申请破产清偿。否则，按照一般清偿原则予以执行，促使债权人启动'执转破'程序。"根据该规定，即使被执行人为法人，承包人也可申请优先分配。

（三）承包人直接申请优先分配的程序救济

建设工程优先权是法定权利，理论上并不需要法院或仲裁机构的确认。但是，建设工程优先权的范围有明确界限规定，实践中也容易产生争议。《施工合同司法解释(一)》第40条规定:“承包人建设工程价款优先受偿的范围依照国务院有关行政主管部门关于建设工程价款范围的规定确定。承包人就逾期支付建设工程价款的利息、违约金、损害赔偿金等主张优先受偿的,人民法院不予支持。”虽然该条对工程价款优先受偿的范围作了明确规定,但实践中对于非因承包人造成的停工损失、赶工费等费用的性质存在争议。尤其是未经法院或仲裁机构确认,承包人主张的优先分配的金额是否包含逾期付款利息、违约金和损害赔偿金等都存疑。因建设工程优先权金额直接关系到被执行人和其他债权人的利益,被执行人和其他债权人均可对工程价款优先受偿金额提出异议。同时,基于审执分离原则,执行法院仅对参与分配的申请进行形式审查,一旦被执行人或其他债权人对优先受偿金额提出异议,则需通过诉讼程序解决。

1. 执行分配方案异议诉讼。《民诉法解释》第509条规定:“多个债权人对执行财产申请参与分配的,执行法院应当制作财产分配方案,并送达各债权人和被执行人。债权人或者被执行人对分配方案有异议的,应当自收到分配方案之日起十五日内向执行法院提出书面异议。”第510条规定:“债权人或者被执行人对分配方案提出书面异议的,执行法院应当通知未提出异议的债权人、被执行人。未提出异议的债权人、被执行人自收到通知之日起十五日内未提出反对意见的,执行法院依异议人的意见对分配方案审查修正后进行分配;提出反对意见的,应当通知异议人。异议人可以自收到通知之日起十五日内,以提出反对意见的债权人、被执行人为被告,向执行法院提起诉讼;异议人逾期未提起诉讼的,执行法院按照原分配方案进行分配。诉讼期间进行分配的,执行法院应当提存与争议债权数额相应的款项。”

2. 另行提起诉讼。最高人民法院在《民事审判实务问答》一书中,将执行法院在承包人未经诉讼直接主张建设工程优先权分两种情况进行处理:一是如果被执行人对其申请的工程价款金额无异议,且经法院审查承包人提供的建设工程合同及相关材料合法有效,亦未发现承包人和被执行人恶意串通损害国家、集体和第三人利益的,应准许其优先受偿;二是如果被执行人对其申请的工程价款金额有异议,法院应当告知承包人另行诉讼,但法院对工程价款的分配程序须待诉讼有结果后方可进行。① 该另行诉讼是指另行起诉确认工程价款债权、建设工程优先权金额。

---

① 参见最高人民法院民事审判第一庭编:《民事审判实务问答》,法律出版社2021年版,第58页。

第二节　实务中争议的具体问题

一、催告程序的相关问题

【问题的提出】

《民法典》第 807 条规定:“发包人未按照约定支付价款的,承包人可以催告发包人在合理期限内支付价款。发包人逾期不支付的,除根据建设工程的性质不宜折价、拍卖外,承包人可以与发包人协议将该工程折价,也可以请求人民法院将该工程依法拍卖。建设工程的价款就该工程折价或者拍卖的价款优先受偿。”依照上述规定,催告系建设工程优先权行使的重要考量因素,因此,有必要从催告的必要性、催告的形式要件以及合理期限的界定展开探讨。

【基本观点】

催告系承包人行使建设工程优先权的必要条件。催告的形式为非要式,除非当事人之间有特别约定,书面通知或者口头通知均可。催告的合理期限应当尊重当事人之间的约定,若未约定,可以围绕合同性质、合同标的、建设工程实施情况以及欠款金额等因素综合考量。

【观点分析】

(一)催告是否为必经程序

《民法典》第 807 条肇始于《合同法(征求意见稿)》第 161 条,该条规定:“建设工程完成后,建设人未按照约定支付价款的,承建人应当催告建设人支付价款,催告的期限不得少于两个月。建设人逾期不支付的,承建人可以与建设人协议将该工程折价,也可以将该工程依法拍卖。承建人就该工程折价或者拍卖的价款优先受偿。”[①]但是在 1999 年《合同法》正式颁布时,第 286 条将上述条文更改为:“发包人未按照约定支付价款的,承包人可以催告发包人在合理期限内支付价款。发包人逾期不支付的,除按照建设工程的性质不宜折价、拍卖的以外,承包人可以

---

① 全国人大常委会法制工作委员会民法室编著:《〈中华人民共和国合同法〉及其重要草稿介绍》,法律出版社 2000 年版,第 133 页。

与发包人协议将该工程折价，也可以申请人民法院将该工程依法拍卖。建设工程的价款就该工程折价或者拍卖的价款优先受偿。”①有观点认为鉴于1999年《合同法》中采用的表述为“可以”而非“应当”催告，意味着也可以不催告，催告并非必经程序。但是本书对此持不同意见，一方面，从《民法典》第807条的组成架构出发，若不将催告认定为行使建设工程优先权的前提条件，则催告条款势必沦为“僵尸条款”。从承包人的角度考虑，实践中其在行使建设工程优先权时，将鲜有承包人向发包人催告付款的情形发生。另一方面，从权利平衡的角度出发，建设工程优先权本就是法律赋予承包人的特殊权利，若不加以限制或未给予发包人合理期限予以回应或者进行支付，可能会损害发包人的合法权利。因此，从条文构造与权利保护两方面出发，都应当认定催告是行权的必经程序。该观点亦与立法本意及司法共识相符，全国人大法工委认为如果发包人在催告后的合理期限内仍不支付价款，承包人才能与发包人协商将该建设工程折价或者请求人民法院将该建设工程拍卖以优先受偿。② 最高人民法院亦明确将催告认定为承包人行使建设工程优先权的前提条件。③

（二）催告是否必须以书面形式

催告是大陆法的一种合同法制度，一般是指债权人提请债务人履约的通知。催告在《民法典》中多次出现，因此，催告在《民法典》第807条中的相关含义应与其他条款中保持一致。以《民法典》第752条④的理解与适用为例，司法机关明确了催告的形式要件，即催告的形式为非要式，除非当事人之间有特别约定，书面通知或者口头通知均可，只要出租人能在纠纷中举证证明其履行了催告义务即可。⑤此外，催告在行政法中亦有体现，《行政强制法》第35条规定：“行政机关作出强制执行决定前，应当事先催告当事人履行义务。催告应当以书面形式作出……”该规定明确指出催告以书面形式作出，即若未特别说明，催告的形式不作特别限制。

---

① 1999年《合同法》第286条与《民法典》第807条仅在个别表述上存在差异，但实质内容并没有差别。

② 参见黄薇主编：《中华人民共和国民法典合同编释义》，法律出版社2020年版，第694页。

③ 参见最高人民法院民法典贯彻实施工作领导小组主编：《中华人民共和国民法典合同编理解与适用（三）》，人民法院出版社2020年版，第2039页。

④ 《民法典》第752条规定：“承租人应当按照约定支付租金。承租人经催告后在合理期限内仍不支付租金的，出租人可以请求支付全部租金；也可以解除合同，收回租赁物。”

⑤ 参见最高人民法院民法典贯彻实施工作领导小组主编：《中华人民共和国民法典合同编理解与适用（三）》，人民法院出版社2020年版，第1705页。

在《民法典》第807条中，对于催告的形式无明确要求，理论上书面、数据电文或口头形式均可，只要承包人能够举证证明其向发包人履行了告知付款义务即可。但从实践的角度出发，承包人为证明其已完成向发包人催告的程序，应尽量采取书面或者数据电文的形式，并确保发包人已经签收。在发包人拒收的情况下，可以采用公证邮寄送达的形式。

另外需要说明的是，承包人催告的方式灵活多样，但是向人民法院提起诉讼应当是最重要的一种催告方式。[①] 若承包人未经催告即起诉请求确认建设工程优先权的，人民法院不宜仅以未予催告为由直接驳回其诉讼请求，而是可将起诉状送达发包人的时间作为承包人的催告时间，并为发包人确定合理的履行期限。

（三）催告合理期限如何界定

首先需要明确的是，催告的合理期限与建设工程优先权的行权期限不一致且无关联。《施工合同司法解释（一）》第41条明确将建设工程优先权行使期限扩展至18个月，而催告则是在发包人未按照约定支付价款的情形下，由承包人催告发包人在合理期限内支付价款。

其次需要明确合理期限的长度是否应当固定。有观点建议固定宽限期为2个月[②]；有部分意见主张参照施工合同示范文本，将宽限期固定为28天[③]；还有观点认为可以参照《最高人民法院关于审理商品房买卖合同纠纷案件适用法律若干问题的解释》（以下简称《商品房买卖合同司法解释》）第11条规定，将合理期限明确为3个月[④]。但是考虑到建设工程的复杂性和差异性，将合理期限固定难以满足实践需求。在此情形下，应当尊重合同当事人的意思自治，有约定的从约定，由合同双方提前明确付款宽限期。在当事人未约定的情形下，综合考虑欠款金额等因素，给予发包人筹措工程价款及办理支付手续的准备时间，综合考量合理期限。

---

① 参见最高人民法院民事审判第一庭编著：《最高人民法院新建设工程施工合同司法解释（一）理解与适用》，人民法院出版社2021年版，第377页。

② 参见中国建设工程法律评论第四工作组编著：《建设工程优先受偿权》，法律出版社2017年版，第103页。

③ 参见王建东：《评〈合同法〉第286条》，载《中国法学》2003年第2期。

④ 《商品房买卖合同司法解释》第11条第1款规定："根据民法典第五百六十三条的规定，出卖人迟延交付房屋或者买受人迟延支付购房款，经催告后在三个月的合理期限内仍未履行，解除权人请求解除合同的，应予支持，但当事人另有约定的除外。"

二、"以房抵债"协议与建设工程优先权

根据《民法典》第807条规定,协议折价是承包人行使建设工程优先权的方式之一。协议折价通常是指在建设工程发包人不能支付工程价款后,承包人与发包人在达成一致意思表示的情况下,对建设工程进行折价,以所得价款来优先实现承包人的工程价款债权。常见操作是指发包人与承包人协商,将承包人完成的部分工程,按照约定的价格折抵相应部分工程价款的行为。[①]

在建设工程施工领域,实践中会出现"以房抵债"协议,此类协议是否存在,即以"协议折价"的形式行使优先权,还需进一步分析。

(一)"以房抵债"协议是诺成合同还是实践合同

"以房抵债"协议属于以物抵债协议的一种,其诺成合同与实践合同的性质之争,源于是否为代物清偿。所谓代物清偿,是指债权人受领他种给付以代原定给付而使合同关系消灭的现象。[②] 代物清偿的成立,参考传统民法理论,须具备如下要件:(1)必须有原债的关系存在;(2)必须有双方当事人关于代物清偿的合意;(3)他种给付必须与原定给付不同;(4)须债权人受领他种给付代原给付。由此可以看出代物清偿具有要物性。我国1999年《合同法》和《民法典》未对代物清偿制度作出明确规定,理论界和实务界对于"以房抵债"协议的性质存在两种不同观点:一种观点认为,"以房抵债"协议本质上属于传统民法上的代物清偿,具有要物性,是实践合同。另一种观点认为,"以房抵债"协议是双方当事人就以物抵债达成了一致意见,不需现实的交付,是诺成合同,自双方当事人意思表示一致时成立。司法实践中两种认定情况都有。

关于实践合同的观点,在最高人民法院(2011)民提字第210号成都市国土资源局武侯分局与招商(蛇口)成都房地产开发有限责任公司、成都港招实业开发有限责任公司、海南民丰科技实业开发总公司债权人代位权纠纷案的公报案例中,法院认为:"成都港招公司与招商局公司双方协议以土地作价清偿的约定构成了代物清偿法律关系。依据民法基本原理,代物清偿作为清偿债务的方法之一,是

① 参见项平:《建设工程合同法律实务》,法律出版社2022年版,第366页。

② 参见崔建远:《以物抵债的理论与实践》,载《河北法学》2012年第3期。

以他种给付代替原定给付的清偿，以债权人等有受领权的人现实地受领给付为生效条件，在新债务未履行前，原债务并不消灭，当新债务履行后，原债务同时消灭。”法院认定案涉“以地抵债”为实践合同。在（2016）最高法民终15号案中，对于海天公司与弘泽公司无争议的以房抵债款能否作为弘泽公司向海天公司已付款的问题，一审法院认为：“因上述抵债房屋均系在建工程，上述四份《抵债协议书》涉及的房屋尚无法办理房产过户手续，也即上述协议未实际履行完毕。而以房抵债协议系实践性合同，在涉诉房产办理完毕产权过户登记手续前，以房抵债协议虽成立，但尚未生效，一审法院对此不予认定。”

关于诺成合同的观点，在（2016）最高法民终484号案中，法院认为：“以物抵债，系债务清偿的方式之一，是当事人之间对于如何清偿债务作出的安排，故对以物抵债协议的效力、履行等问题的认定，应以尊重当事人的意思自治为基本原则。一般而言，除当事人明确约定外，当事人于债务清偿期届满后签订的以物抵债协议，并不以债权人现实地受领抵债物，或取得抵债物所有权、使用权等财产权利，为成立或生效要件。只要双方当事人的意思表示真实，合同内容不违反法律、行政法规的强制性规定，合同即为有效。”反映出法院肯定了以物抵债协议属诺成合同。

从合同演变的历史可发现，实践合同在类型方面呈现逐渐减少的趋势，在强调意思主义的背景下尤其如此。[①] 现代民法更加强调当事人的意思自治，若按照代物清偿制度的规格衡量“以房抵债”协议，则它们会因债权人未现实地受领抵债之物而不具有合同有效的法律效力，有时会损害债权人的合法权益，与鼓励交易原则未尽相合。因而，本书倾向于第二种观点，认为“以房抵债”协议为诺成合同。

（二）“以房抵债”协议是否消灭原债务

“新债清偿”是我国台湾地区所谓“民法典”中的一种表述，我国台湾地区所谓“民法典”第320条［间接给付——新债清偿］规定：“因清偿债务而对于债权人负担新债务者，除当事人另有意思表示外，若新债务不履行时，其旧债务仍不消灭。”我国法律未对“新债清偿”作出规定，但司法实践中有较多案件运用新债清偿规则作出裁判。最典型的是（2016）最高法民终484号案，该判决对新债清偿的概

---

① 参见崔建远：《以物抵债的理论与实践》，载《河北法学》2012年第3期。

念作出了较为具体的阐述:"当事人于债务清偿期届满后达成的以物抵债协议,可能构成债的更改,即成立新债务,同时消灭旧债务;亦可能属于新债清偿,即成立新债务,与旧债务并存。基于保护债权的理念,债的更改一般需有当事人明确消灭旧债的合意,否则,当事人于债务清偿期届满后达成的以物抵债协议,性质一般应为新债清偿。换言之,债务清偿期届满后,债权人与债务人所签订的以物抵债协议,如未约定消灭原有的金钱给付债务,应认定系双方当事人另行增加一种清偿债务的履行方式,而非原金钱给付债务的消灭。"

该案判决后,其后多个判决引用该判决的内容,如(2017)晋02民终268号、(2017)辽02民终5328号、(2017)浙民再314号、(2018)宁01民终2426号、(2018)陕民终922号、(2018)苏06民终961号等判决的裁判理由中关于新债清偿的论述部分几乎完全一致①,均指出:在新债清偿,旧债务于新债务履行之前不消灭,旧债务和新债务处于衔接并存的状态;在新债务合法有效并得以履行完毕后,因完成了债务清偿义务,旧债务才归于消灭。

(三)"以房抵债"协议的效力认定

基于2007年《物权法》第186条、第211条中关于流质契约禁止的规定,理论界和实务界多以债务清偿期是否届满,将以物抵债协议划分为债务清偿期届满前的以物抵债协议和债务清偿期届满后的以物抵债协议。在债务清偿期届满前的以物抵债协议中,通常约定债务人在债务清偿期届满后如不履行或无法履行原债务的,将物的所有权转移给债权人以抵偿原合同债务,具有担保将来债权实现的特性;而债务清偿期届满后的以物抵债协议,因履行期已届满,债权已确定,以物抵债协议通常被认为是折价协议。因此,在司法实践中,债务清偿期届满前的以物抵债协议,通常被认为是流质契约,进而被认定为无效,而债务清偿期届满后的以物抵债协议,属于当事人意思自治的范畴,如不存在法定的无效理由,则应被认定为有效。在建设工程领域的"以房抵债"协议通常也按此分类。

1. 债务履行期限届满前签署的"以房抵债"协议的效力认定

对于该类"以房抵债"协议,在《九民纪要》之前的司法实践中多以流质契约

---

① 参见项平、黄近之:《以物抵债中新债清偿与债的变更如何区分?》,载微信公众号"高杉LEGAL"2019年7月16日,https://mp.weixin.qq.com/s/cy-VONUo6-M1urhdy82QVQ。

禁止原则认定为无效,如在(2017)最高法民申 284 号案中,最高人民法院认为:“补充协议中以房屋抵顶工程款的约定,是山诚房地产公司与大正公司在债务履行期届满前达成以物抵债协议,其本质是为了担保工程价款的实现,原审法院参照《中华人民共和国担保法》第四十条及《中华人民共和国物权法》第一百八十六条关于禁止流押的规定,认定该补充协议中以房屋抵顶工程款的条款无效,并无不妥。”

《九民纪要》第 45 条规定:当事人在债务履行期届满前达成以物抵债协议,抵债物尚未交付债权人,债权人请求债务人交付的,因此种情况不同于本纪要第 71 条规定的让与担保,人民法院应当向其释明,其应当根据原债权债务关系提起诉讼。经释明后当事人仍拒绝变更诉讼请求的,应当驳回其诉讼请求,但不影响其根据原债权债务关系另行提起诉讼。在建设工程领域,当事人在债务履行期届满前达成的“以房抵债”协议,通常所涉房产为承包人施工的在建房产,承包人同意抵房大部分情况是通过转售他人获取资金流通,一般不会涉及房产所有权的转移,即不构成让与担保。若发包人不履行“以房抵债”协议的,根据《九民纪要》的规定,承包人应根据建设工程合同债权债务关系提起诉讼,不能主张“以房抵债”协议属于行使建设工程优先权。

2. 债务履行期限届满后签署的“以房抵债”协议的效力认定

对于债务履行期限届满之后签署的“以房抵债”协议,司法实践中通常认可其效力,如最高人民法院作出的(2016)最高法民终 484 号民事判决、江西省高级人民法院作出的(2017)赣民终 209 号判决、山西省高级人民法院作出的(2015)晋民申字第 3 号判决,均认为债务履行期限届满之后签署的“以房抵债”协议合法有效。《九民纪要》第 44 条也进一步明确规定,当事人在债务履行期届满后达成以物抵债协议,若不存在恶意损害第三人合法权益等导致合同无效的情形,一般认为合同有效。

(四)“以房抵债”协议是否是承包人行使建设工程优先权的方式

以协议折价方式行使建设工程优先权是一种双方法律行为,需要承包人与发包人双方都有协议折价的意思表示,并作出协议折价的行为。司法实践中,承包人有行使建设工程优先权的意思表示,具备行使建设工程优先权的条件,并与发包人签订“以房抵债”协议的,法院可认可承包人“以房抵债”协议属于以工程协议折价形式行使建设工程优先权。此种情况下达成的“以房抵债”协议具有一定的特殊性，一般而言，在完成房屋变更登记之前，“以房抵债”协议并不形成优于其他债权的利益，不能认定由此而产生的物权期待权或优先性。但如果“以房抵债”协议是依据承包人就案涉工程所享有建设工程优先权所形成的，则应认定其优先性。

如前文所述，在最高人民法院(2020)最高法民再352号四川建筑公司、紫杰公司申请执行人执行异议之诉再审案中，法院认为，四川建筑公司与大邑银都签订的《协议书》《商品房买卖合同》，实质是通过协商折价抵偿实现四川建筑公司就案涉项目房屋所享有的建设工程优先权，符合法律规定的建设工程优先权实现方式。案涉房屋系工程价款债权的物化载体，本案不适用2015年《执行异议和复议规定》第28条，四川建筑公司就案涉房屋享有的权利足以排除紫杰公司的强制执行。

在最高人民法院(2021)最高法民申4574号案中，法院认为，2013年8月8日，华盛六分公司与菩萨崖公司签订《以房抵债协议》，通过“以房折价”方式行使了建设工程优先权，而王某某与菩萨崖公司系民间借贷关系，王某某为实现借款债权在2018年申请对案涉房屋强制执行时，华盛六分公司已经就案涉房屋折价行使了建设工程优先权，其对案涉抵债房屋所享有的权利足以排除强制执行。

在最高人民法院(2020)最高法民申3527号案中，法院认为，由于盛景公司欠付富士电梯公司工程价款，双方协议将案涉房屋抵偿盛景公司欠付工程价款，李某作为富士电梯公司的负责人与盛景公司就案涉房屋签订商品房买卖合同，其真实意思是通过协商实现富士电梯公司就案涉房屋所享有的建设工程优先权。依据2002年《优先权批复》第1条规定，李某对案涉房屋享有建设工程优先权，该建设工程优先权优于华融重庆分公司对案涉房屋享有的抵押权，李某享有足以排除华融重庆分公司对案涉房屋强制执行的民事权利。原审判决适用法律虽有不当，但处理结果正确。

三、以单独提起确认之诉的方式行使建设工程优先权

(一)规范现状

《民事案件案由规定》第10条第115项中明确建设工程合同纠纷项下的具体案由包括9类，其中第4类为“建设工程优先权纠纷”。该条规定已明确了建设工

程优先权纠纷是建设工程合同纠纷项下的一类纠纷，如承包人单独提起确认建设工程优先权的诉讼请求，法院可以依据这一规定直接将案件纳入建设工程优先权纠纷这一案由。

从《民法典》第807条及地方法院的规定来看，提起诉讼为行使建设工程优先权的一种方式。《浙江省高级人民法院执行局执行中处理建设工程价款优先受偿权有关问题的解答》第2条规定："承包人可以通过诉讼、仲裁，执行程序中的参与分配，折价抵偿等方式行使优先受偿权。"《江苏省高级人民法院关于审理建设工程施工合同纠纷案件若干法律问题的解答》（已失效）第17条规定："提起诉讼、申请仲裁，发包人与承包人自行协商工程价款抵偿，申请参与分配，承包人以书面形式发函明示主张工程款优先受偿权，均属于依法行使优先受偿权。"《广东省高级人民法院关于审理建设工程合同纠纷案件疑难问题的解答》（已失效）第17条规定："建设工程承包人提起诉法、申请仲裁主张工程价款优先受偿权，自行与发包人协商以该工程折价抵偿欠付工程款，申请法院将该工程拍卖以实现工程款债权，申请对建设工程拍卖款参与分配程序主张优先受偿权，或者向发包人以书面形式明确表示主张优先受偿权的，均属于对建设工程价款依法行使优先受偿权。"

（二）理论争议

部分观点认为，承包人单独提起，或者在工程价款诉讼中，一并提起建设工程优先权的确认之诉均可行使建设工程优先权。[①] 从实际效果而言，承包人单独提起确认建设工程优先权诉讼，一方面减轻了承包人的经济负担，另一方面也有助于承包人在实现工程价款方面获得优先保护，符合立法目的。

而反对观点则认为，承包人单独提起建设工程优先权的确认之诉，既不能体现出建设工程优先权作为法定担保物权的支配性，又不会对建设工程进行变价，更加无法从中获得清偿，因此，单独提起建设工程优先权确认之诉不是建设工程优先权的有效行使方式。[②]

---

① 参见潘军锋：《建设工程施工合同案件审判疑难问题研究》，载《法律适用》2014年第7期。

② 参见李建星：《〈民法典〉第807条（建工价款的优先受偿权）评注》，载《南京大学学报（哲学·人文科学·社会科学）》2021年第4期。

（三）司法裁判现状

目前司法实践中，承包人起诉单独主张建设工程优先权的案件较少，在承包人确定工程价款后再单独主张建设工程优先权的情况下，多数可能已经超过了行使的期限，所以当事人往往在提起工程价款诉讼之时即主张建设工程优先权，使得建设工程优先权的审理在绝大多数情况下已经包含在建设工程施工合同的审理中，案由也被确定为建设工程施工合同纠纷而非建设工程优先权纠纷。

在山东考普莱机械科技有限公司（以下简称考普莱公司）与潍坊市平安消防工程有限公司东营分公司（以下简称潍坊平安消防东营分公司）建设工程优先权纠纷一案中，潍坊平安消防东营分公司向一审法院起诉请求确认潍坊平安消防东营分公司对考普莱公司行政楼（消防工程）折价、拍卖或其他处置所获得价款在1,140,340元范围内享有建设工程优先权。后变更诉讼请求将工程价款范围修改为1,110,340元。一审法院判决潍坊平安消防东营分公司对考普莱公司行政楼（消防工程）折价、拍卖的价款在1,110,340元范围内优先受偿。山东省高级人民法院二审予以维持。①

本书倾向于认为，现行法律对于单独提起建设工程优先权诉讼并无禁止性规定，但囿于建设工程优先权的审查需要有明确的债权数额，且应对债权数额一并进行审查。此外，须符合现行司法解释关于建设工程优先权债权范围、行使期限等的规定。因此，单独提起确认建设工程优先权诉讼，恐在现行司法实践中限制较多。

四、以发函方式主张工程价款

（一）规范现状

就以发函方式是否能够行使建设工程优先权的问题，地方法院作出了立场不同的规定。《广东省高级人民法院关于审理建设工程合同纠纷案件疑难问题的解答》（已失效）第17条规定："建设工程承包人提起诉讼、申请仲裁主张工程价款优

① 参见山东省高级人民法院民事判决书，（2019）鲁民终1523号。类似案例包括：湖北省高级人民法院民事判决书，（2021）鄂民终663号；山东省高级人民法院民事判决书，（2014）鲁民一终字第307号；北京市高级人民法院民事判决书，（2019）京民终158号。

先受偿权，自行与发包人协商以该工程折价抵偿欠付工程款，申请法院将该工程拍卖以实现工程款债权，申请对建设工程拍卖款参与分配程序主张优先受偿权，或者向发包人以书面形式明确表示主张优先受偿权的，均属于对建设工程价款依法行使优先受偿权。"

而浙江省高级人民法院和江苏省高人民法院则采取了另一种观点。《浙江省高级人民法院执行局执行中处理建设工程价款优先受偿权有关问题的解答》第2条第1款规定："建设工程承包人自行与发包人协商以该工程折价抵偿尚未支付的工程价款，或者提起诉讼、申请仲裁要求确认其对该工程拍卖价款享有优先受偿权，或者直接申请法院将该工程拍卖以实现工程款债权，或者申请参加对建设工程变价款的参与分配程序主张优先受偿权，均属于对建设工程价款依法行使优先权。"由于该规定中认可的权利行使方式大多是承包人向法院在不同程序中主张权利，而不包括承包人自行采取发函的权利行使方式，因此，在解释上也不应再作扩张。同样，《江苏省高级人民法院关于审理建设工程施工合同纠纷案件若干问题的解答》(已失效)第18条第3款规定："承包人通过发函形式主张建设工程价款优先受偿权的，不认可其行使的效力。"

(二)理论争议

一种观点认为，承包人在法定期限内发函向发包人主张建设工程优先权，属于有效的权利行使方式。其理由在于：第一，权利的行使是单方行为，无须对方认可或双方达成协议。第二，《民法典》第807条虽然规定承包人行使建设工程优先权的方式是与发包人协议折价和向法院申请拍卖，但其亦未限制其他行使方式。第三，通说认为，建设工程优先权行使期限的性质是除斥期间，而除斥期间为形成权。所谓形成权，是指权利人依自己单方面的意思表示，使民事法律关系发生、变更或消灭的权利。因此，从权利性质来看，只要承包人单方向发包人主张建设工程优先权的行为完成且主张内容明确，就应视为行使建设工程优先权，无须发包人同意。①

另一种观点认为，承包人单方面向发包人作出行使建设工程优先权的表示，

---

① 参见武钦殿:《民法典背景下建设工程价款优先受偿权期限制度的理解与思考|建工衔评》，载微信公众号"天同诉讼圈"2021年9月2日，https://mp.weixin.qq.com/s/ENtB-e3z4JnCPj5okr8N-A。

不是实现权利的有效方式。原因在于：其一，建设工程优先权具有法定担保物权的性质，与主张请求权、行使形成权不同，行使建设工程优先权旨在实现法定担保物权，必须通过具有公示效果的方式。① 其二，建设工程优先权是否存在与行使对抵押权人等众多利害关系人的权益影响甚巨，《施工合同司法解释(一)》规定权利行使期限为18个月，其目的在于督促承包人尽快行使权利，避免法律关系长期处于不确定的状态，如果允许承包人以发函方式主张权利，则权利行使的期限过长，不利于法律关系的尽快稳定。②

(三)司法裁判现状

对于以发函方式向发包人主张建设工程优先权的效力问题，在司法实践中亦存在较大的争议。对此，最高人民法院亦存有不同观点。

一种裁判观点认为，以发函的方式主张建设工程优先权并不违反法律规定，可以以发函方式行使建设工程优先权。

在兴业银行股份有限公司上海长宁支行与浙江国泰建设集团有限公司(以下简称国泰公司)第三人撤销之诉一案中，最高人民法院认为，承包人享有的建设工程优先权系法定权利，1999年《合同法》第286条规定承包人可以通过协议折价或者申请拍卖的方式主张建设工程优先权，并未限定承包人必须通过诉讼的方式主张。本案中，国泰公司以发函的方式向世盟公司主张建设工程优先权，并不违反法律规定。国泰公司在除斥期间内向世盟公司发出主张建设工程优先权的催款函，世盟公司对此无异议，故原审认定国泰公司以发函的形式行使建设工程优先权，亦无不当。③

另一种裁判观点认为，承包人的单方主张并不能视为正确的行权方式，不具有行使建设工程优先权的效力。

---

① 参见李建星：《〈民法典〉第807条(建工价款的优先受偿权)评注》，载《南京大学学报(哲学·人文科学·社会科学)》2021年第4期。

② 参见常设中国建设工程法律论坛第八工作组：《中国建设工程施工合同法律全书：词条释义与实务指引》(第2版)，法律出版社2021年版，第499页。

③ 参见最高人民法院民事裁定书，(2020)最高法民申5386号。类似观点参见最高人民法院民事判决书，(2018)最高法民再84号；最高人民法院民事裁定书，(2019)最高法民申4925号；最高人民法院民事裁定书，(2021)最高法民申2026号；北京市第二中级人民法院民事判决书，(2021)京02民终13907号。

在重庆建工工业有限公司（以下简称建工公司）与重庆通耀交通装备有限公司建设工程施工合同纠纷再审案中，最高人民法院认为，承包人直接向发包人主张建设工程优先权，应当以达成工程折价协议为必要前提，否则，承包人的单方主张并不能视为正确的行权方式，不能起到行使建设工程优先权的法律效果。建工公司虽于 2016 年 7 月 22 日向管理人主张建设工程优先权，但未得到管理人的确认，故该日期不能被认定为建工公司行权时间。此时，作为债权人的建工公司如认为其享有建设工程优先权，应当及时提起确认之诉。[①]

本书认为，行使建设工程优先权宜通过具有公示效果的方式，发函方式主张不符合法定“协议折价”的合意；另外，建设工程优先权是否存在与行使对抵押权人等众多利害关系人的权益影响甚巨，在司法解释规定权利行使期限从 6 个月改为 18 个月背景之下，如果仍允许承包人以发函方式主张权利并不合适。

五、能否通过调解方式确认建设工程优先权

【问题的提出】

建设工程优先权是法律赋予承包人的一项重要权利，极大地保障了承包人的核心利益。但是，多数建设工程项目通常存在银行贷款，因而存在承包人的此项优先权利与金融机构利益的平衡与博弈。民事调解程序是人民法院、仲裁机构妥善化解纠纷的重要方式之一，考虑到相关法律法规与司法解释对建设工程优先权的行使时间、方式、范围等进行严格限制，对能否对建设工程优先权进行调解确认缺乏法律法规的明确规定，导致这一问题在实务操作中一直存在争议。

【基本观点】

实务主流观点认为，原则上建设工程优先权不宜以调解方式进行确认。

【观点分析】

第一，建设工程优先权具有一定的物权属性，参考现有法律规定不宜通过调解方式确认。《民诉法解释》第 355 条规定：“当事人申请司法确认调解协议，有下列情形之一的，人民法院裁定不予受理：……（五）调解协议内容涉及物权、知识产

① 参见最高人民法院民事判决书，（2022）最高法民再 114 号。类似观点参见最高人民法院民事判决书；北京市第二中级人民法院民事判决书，（2023）京 02 民终 8129 号；江苏省苏州市中级人民法院民事判决书，（2015）苏中民终字第 04325 号；浙江省高级人民法院民事裁定书，（2017）浙民申 1421 号；浙江省高级人民法院民事裁定书，（2017）浙民申 410 号。

权确权的。人民法院受理申请后，发现有上述不予受理情形的，应当裁定驳回当事人的申请。”建设工程优先权作为法定优先权，该权利具有与担保物权类似的物权属性，参考上述司法解释的相关规定，不宜通过调解方式予以确认。

第二，以调解方式确认建设工程优先权有违该权利本身的法定性，且存在侵害第三人利益的可能。如果允许就建设工程优先权是否成立及担保债权数额通过调解的方式确定，则会使建设工程优先权范围及数额的确定具有极大的随意性，这与建设工程优先权本身的法定性不相适应。而且，在通常情况下，建设工程多存在银行贷款，发包人亦可能存在银行等金融机构在内的其他债权人，如允许发包人与承包人通过调解的方式进行确认，易产生恶意串通、虚假诉讼的情况，从而损害第三人利益。因此，建设工程优先权是否成立及担保债权数额原则上不能通过调解方式确定。①

值得注意的是，上述对建设工程优先权不宜以调解方式进行确认的观点在实务界有所变化。近年来，最高人民法院开始有限制地允许通过调解方式确认建设工程优先权。最高人民法院在(2022)最高法民申 22 号裁定书中提到，……建设工程价款优先权是法定优先权，对于在人民法院调解书中明确工程价款享有优先受偿权的情形，法律、法规及司法解释并未予以禁止。由此，东田公司对案涉工程实际由孔某某借用十建公司资质施工是明知或应知的，孔某某与东田公司之间形成事实上的建设工程合同关系，203 号案件调解确认孔某某在应收工程价款范围内享有优先受偿权并无不当。

部分地方人民法院越来越强调对承包人是否享有建设工程优先权、工程价款的性质及其数额、行使期限是否真实等核心内容进行重点实质审查，如果工程价款性质真实、工程价款欠付金额不存在侵害抵押权人及其他债权人的情形，且承包人已在法定期限内主张并行使建设工程优先权的，则可以通过调解方式确认建设工程优先权，例如：湖南省高级人民法院在 2022 年 11 月 17 日发布的《湖南省高级人民法院关于审理建设工程施工合同纠纷案件若干问题的解答》第 22 条规定：以调解方式确认建设工程优先权的，符合法律规定的，法院可以确认，但为了防止虚假诉讼、损害案外人利益等情况，法院应当进行实体审查，重点审查建设工

① 参见中国建设工程法律评论第四工作组编著：《建设工程优先受偿权》，法律出版社 2017 年版，第 136 页。

程优先权的行使主体、行使期限、行使方式、工程价款债权的范围等实质性事项是否符合法律规定，尤其要审查是否存在当事人虚增工程价款数额、伪造竣工记录、伪造付款期限、伪造行使时间等情形。经实体审查或者经审查不符合建设工程优先权行使条件的，不予出具调解书。

河北省高级人民法院在 2018 年 6 月 13 日发布的《河北省高级人民法院建设工程施工合同案件审理指南》第 36 条载明：当事人以调解方式对建设工程优先权进行确认的，人民法院应依法审查其合法性，对当事人恶意串通损害第三人合法权益的调解协议不予确认。

综上，虽然实务界主流观点认为建设工程优先权不宜以调解方式进行确认，但考虑到法律和司法解释并未对此进行明确规定，根据“法无禁止即自由”的基本民法理论，人民法院和仲裁机构可以在对当事人行使建设工程优先权进行实体审查的基础上，在不存在恶意串通损害第三人合法权益的前提下，尊重发包人与承包人的调解意向，妥善定分止争，最大限度地节省司法资源。

第七章

建设工程优先权的放弃与限制

建设工程建设周期长，资金需求量大，建设单位尤其是房地产开发企业常常会将在建工程抵押给银行或者其他金融机构进行贷款。为防范风险，最大化实现自身债权，银行或者其他金融机构往往要求承包人出具承诺函，放弃其对预抵押的在建工程的建设工程优先权，以保证银行等金融机关在遭遇发包人还贷不能的商业风险时能通过折价、变卖、拍卖抵押物等方式对抵押物变现价值获得在先受偿。

第一节　承包人放弃建设工程优先权的形式

承包人放弃建设工程优先权的意思表示形式多种多样，可以单方出具承诺，向银行、其他金融机构或者发包人承诺放弃建设工程优先权；可以与发包人签订专门的合同，约定放弃建设工程优先权；还可以与发包人及第三方（银行或者其他金融机构）签订三方协议，约定放弃建设工程优先权。根据承包人放弃建设工程优先权的时间、对象、范围的不同，可以划分出以下情况。

一、根据承包人放弃建设工程优先权的时间点划分

1. 预先放弃。预先放弃指的是建设工程优先权形成前，承包人放弃的行为。在工程投标或签订合同时，银行以承包人放弃建设工程优先权作为放款的条件，发包人则以此作为承包人承接工程的条件。

2. 嗣后放弃。嗣后放弃指的是建设工程优先权形成后，承包人放弃的行为。施工合同履行过程中或工程完工后，发包人会因现资金紧张的情况，为获取贷款而要求承包人放弃建设工程优先权。

二、根据承包人放弃建设工程优先权的对象划分

1. 绝对放弃。绝对放弃是指承包人放弃建设工程优先权的顺位不针对特定的对象，向所有在其后的权利人放弃其优先顺位，使工程价款债权成为普通债权。

2. 相对放弃。相对放弃是指承包人放弃建设工程优先权的顺位仅针对某一在其后顺位的特定对象而放弃其在先顺位，此种情况下，该后顺位债权清偿的顺序提前。

三、根据承包人放弃建设工程优先权的范围划分

1. 概括放弃。概括放弃是指承包人放弃建设工程优先权时并未明确具体数额，而是概括性地放弃，承包人的行为应视为就全部建设工程放弃建设工程优先权。

2. 部分放弃。部分放弃是指承包人仅针对部分建设工程放弃建设工程优先权，并不影响承包人对其他建设工程行使建设工程优先权。

第二节　承包人放弃建设工程优先权的效力之争

最高人民法院在 2003 年公布的原《施工合同司法解释》（征求意见稿）第 27 条曾表明立场："承包方放弃建设工程价款优先受偿权的承诺有效"。但在 2004 年颁布的正式稿中并未出现该条款的身影，致使该问题在司法实践中依然存在疑义。[①] 2015 年 4 月，最高人民法院召开全国民事审判工作会议时，与会专家对涉及建设工程优先权能否事先约定排除的议题讨论热烈，争论之处即是问题所在，一方面反映了建筑施工行业实践的复杂性，另一方面也表明我国现有法律体系对建设工程优先权的规定存在模糊性。[②] 最高人民法院《2015 年全国民事审判工作会议纪要》中关于建设工程优先权是否能放弃的问题有两种意见：第一种意见指出，发包人与承包人在建设工程施工合同中约定承包人预先放弃行使建设工程优先权，承包人起诉请求确认上述约定无效的，人民法院应在确定该预先放弃承包人真实意思的基础上，对承包人的请求不予支持。第二种意见指出，发包人与承包人在建设工程施工合同中约定承包人预先放弃行使建设工程优先权，承包人起

① 原《施工合同司法解释》（法释〔2004〕14 号），2004 年 10 月 25 日发布，2005 年 1 月 1 日实施。

② 参见王涛、俞悦：《建设工程价款优先受偿权放弃的法律效力》，载《人民司法（应用）》2016 年第 16 期。

诉请求确认上述约定无效的,人民法院应对该请求予以支持。①

综观各家观点,对于建设工程优先权能否放弃,大致可归纳为三种观点:有效说、无效说、区别对待说。

有效说认为,放弃或限制建设工程优先权的行为有效。持此种观点的主要理由是:第一,工程价款是一种债权,虽然具有法定的建设工程优先权,但这种债权是基于对当事人意思自治的保护,可以放弃。承包人作为理性的民事主体,对于限制和放弃该项权利的意义和后果有着合理的判断,因此,法律不必过分干涉民事主体对自己权利的处分。第二,放弃或限制建设工程优先权并不违反法律强制性规定。建设工程优先权虽然是法定的优先权,但并未有法律、法规、司法解释规定不可以放弃或限制该项权利。第三,承包人建设工程优先权的有无与施工人劳动报酬、材料款受偿的保障或损害没有必然的直接因果关系。

无效说认为,即使承包人或实际施工人作出同意放弃或限制的意思表示,放弃或限制建设工程优先权的行为也无效。持此种观点的主要理由是:第一,建设工程优先权是基于法律规定产生的,属于法律强制性规定,当事人不能以约定的方式排除。第二,建设工程优先权的目的是保护特殊群体,即建筑工人。第三,建筑市场发包人占有主导地位,承包人同意对建设工程优先权的预先限制或放弃往往不是其真实的意思表示,若法律不对限制或放弃该项权利进行严格的限制,则会在实质上帮助发包人压制承包人,进一步恶化承包人的弱势地位。

区别对待说认为,放弃建设工程优先权的效力不能一概而论,要区别对待。放弃行为若损害了材料款和农民工工资等特定法益,则应属无效,但如果有一定的担保措施确保工程价款债权的有效实现,则承包人放弃建设工程优先权的行为可以认定为有效。有学者认为,实践中常见的承包人预先放弃建设工程优先权的后果,可能存在损害他人合法权益的情形,也可能存在既不实际损害他人利益,又可扩大承包人的市场竞争优势,协助发包人通过抵押建设工程取得建设资金的多盈的积极效果。

原《施工合同司法解释(二)》起草之初,最高人民法院对于建设工程优先权能否放弃存在两种观点:第一种观点是"承包人与发包人约定放弃建设工程价款优先受偿权或者限制建设工程价款优先受偿权后,又请求行使优先受偿权的,人

① 参见《2015年全国民事审判工作会议纪要》(最高人民法院),2015年发布并实施。

民法院不予支持。”第二种观点是“发包人根据与承包人关于放弃建设工程价款优先受偿权或者限制建设工程价款优先受偿权行使的约定，主张承包人不享有优先受偿权的，人民法院不予支持。”原《施工合同司法解释（二）》最终确定的内容为：“发包人与承包人约定放弃或者限制建设工程价款优先受偿权，损害建筑工人利益，发包人根据该约定主张承包人不享有建设工程价款优先受偿权的，人民法院不予支持。”

《施工合同司法解释（一）》吸收了该条款，将其作为第42条规定。

第三节　具体争议问题的分析

一、损害建筑工人利益的认定

【问题的提出】

关于承包人放弃建设工程优先权行为的效力，司法实践中一直存在争议。直到2018年原《施工合同司法解释（二）》发布，才平息了争议，明确了承包人原则上有权放弃或限制建设工程优先权，损害建筑工人利益除外。2021年实施的《施工合同司法解释（一）》第42条承袭了该条规定。本条的设置，不仅尊重双方的意思自治，还维护了建设工程优先权的立法本意。但损害建筑工人利益作为本条的适用要件之一，并未有明确的界定标准，导致在判断承包人放弃或限制建设工程优先权时的效力的结果截然不同。

【基本观点】

在判断承包人放弃或限制建设工程优先权是否损害建筑工人的利益时，要看承包人这一行为是否影响其整体的清偿能力，要将承包人整体的资产负债情况以及现金流情况是否会因此恶化到影响建筑工人工资支付的程度作为主要的考虑因素[①]，还需要从损害结果的程度、损害发生的时间节点等多个维度进行综合判断。

---

① 参见最高人民法院民事审判第一庭编著：《最高人民法院新建设工程施工合同司法解释（一）理解与适用》，人民法院出版社2021年版，第437页。

【观点分析】

建筑工人的工资支付事关广大建筑工人的切身利益，2016 年，《人社部副部长邱小平就全面治理拖欠农民工工资问题答记者问》[①]中指出，导致拖欠农民工工资的原因主要有：一是建设领域市场秩序不规范。工程项目违法分包、层层转包、挂靠承包、垫资施工和拖欠工程价款等问题仍大量存在，无用工主体资格的“包工头”带队伍参加施工的现象比较普遍，导致建设单位与农民工之间形成了很长的“债务链”，工资支付的责任主体难以落实。二是建设领域用工管理和工资支付行为不规范。施工企业普遍采取平时只给农民工发基本生活费，工程竣工后或春节前结清工资等做法，将农民工工资与工程价款捆绑在一起，一旦工程价款不到位极易导致欠薪。为了解决建筑工人工资问题，2015 年政府工作报告明确要求全面治理拖欠农民工工资问题。在此背景下，2016 年国务院办公厅印发《国务院办公厅关于全面治理拖欠农民工工资问题的意见》（国办发〔2016〕1 号）[②]，意见中明确要求在工程建设领域坚持先签劳动合同后进场施工，全面实行农民工实名制管理制度，特别提出要建立健全农民工工资（劳务费）专用账户管理制度，推动农民工工资与工程材料款等相分离，要求建设单位在拨付工程价款时，按照合同约定的比例或施工总承包企业提供的数额，将工程价款中的人工费用单独拨付到施工总承包企业在银行设立的农民工工资（劳务费）专用账户。意见发布以后，国务院在 2019 年又出台了《保障农民工工资支付条例》[③]，明确要求建筑企业要设立农民工工资专用账户，提供工资保证金。为了解决建筑工人工资拖欠问题，国家从落实主体责任、规范工资支付行为、明确工资清偿责任、细化重点领域治理措施、强化监管手段等方面进行了制度建设。在此基础上，地方政府也陆续出台了配套政策。随着相关制度的推广，损害建筑工人利益的情况逐渐减少。所以，在适用本条时，应尽量缩小例外情形的适用范围。如最高人民法院（2021）最高法民申 6948 号民事裁定书中，最高人民法院认为：“惠三公司主张其放弃案涉工程款优先权损

---

① 《人社部副部长邱小平就全面治理拖欠农民工工资问题答记者问》，载中华人民共和国人力资源和社会保障部网 2016 年 1 月 20 日，http://www.mohrss.gov.cn/SYrlzyhshbzb/dongtaixinwen/buneiyaowen/201601/t20160120_232166.html。

② 参见《国务院办公厅关于全面治理拖欠农民工工资问题的意见》（国办发〔2016〕1 号），2016 年 1 月 17 日发布并实施。

③ 参见《保障农民工工资支付条例》（国务院令第 724 号），2019 年 12 月 30 日发布，2020 年 5 月 1 日实施。

害建筑工人的利益，但未提供相应证据，仅凭214号民事判决第三项‘盛隆公司应于判决生效后十日内支付惠三公司停工期间工作人员工资224,000元及……’不足以证明建筑工人利益实际受到损害。”[①]通过最高人民法院在判例中的用词“不足以证明”“实际受到损害”等，可以看出最高人民法院对损害建筑工人利益的认定标准很高。

本书认为，对“损害建筑工人利益”的认定，原则上可以最高人民法院的观点为根据，并结合结果、时间节点等多个维度进行综合判断。

（一）从结果上看。承包人放弃或限制建设工程优先权的行为严重影响承包人的资金情况，导致承包人无法支付建筑工人工资

在最高人民法院（2019）最高法民终1951号民事判决书中，一审法院认为：“本案中，苏州凤凰公司为使发包人金瑞公司顺利获得浦发银行福州分行的贷款进行涉案工程建设而出具《承诺书》放弃建设工程价款优先受偿权，但金瑞公司获得贷款后并未向苏州凤凰公司支付工程价款，现苏州凤凰公司已无力自行清偿建筑工人工资系显而易见的事实：……现法院已裁定受理债权人对苏州凤凰公司的破产清算申请，说明苏州凤凰公司缺乏偿债能力，因此，若苏州凤凰公司放弃其建设工程价款优先受偿权，则其责任财产必然减少，从而对其偿债能力造成更加恶劣影响，损害建筑工人利益。”[②]本案中，承包人为了帮助发包人融资，向银行放弃了建设工程优先权。但发包人获得贷款后，并未向承包人支付工程价款，导致承包人面临破产，无法支付工人工资。在企业整体资产负债以及现金流情况恶化，缺乏偿债能力的情况下，如果还认可放弃或限制建设工程优先权的有效性，则其责任财产必然减少，从而对其偿债能力造成更加恶劣的影响，损害建筑工人利益。但在承包人放弃或限制建设工程优先权的行为并不影响建筑工人利益时，承包人放弃或限制建设工程优先权的行为应有效。如在最高人民法院（2022）最高法民终233号判决书中，法院指出：“水安建设公司放弃只占总工程面积约4.5%、评估价值22,373,538元房产的优先受偿权，仍对占总工程面积95.5%的剩余房产享有建设工程价款优先受偿权，因此水安建设公司的放弃行为不影响其对龙腾置业

---

① 福建省惠三建设发展有限公司、兴业银行股份有限公司三明列东支行之明盛隆汽车有限公司及第三人等民事申请再审审查案，最高人民法院（2021）最高法民申6948号民事裁定书。

② 中国华融资产管理股份有限公司福建省分公司、苏州市凤凰建筑安装工程有限公司合同纠纷案，最高人民法院（2019）最高法民终1951号民事判决书。

公司的 48,733,386 元工程款及利息债权获得清偿,不会损害建筑工人的合法权益,在不存在其他无效事由的情况下,应认定该放弃行为有效。”①

(二)从“损害建筑工人利益”发生的时间节点来判断

发包人和承包人因本条发生纠纷时,往往存在两个过往时间节点,一个是承包人事先放弃或限制行为作出意思表示之时,另一个是承包人事后反悔而又主张行使建设工程优先权之时。关于损害建筑工人利益的时间点如何确定的问题,有观点认为,以发包人和承包人“约定”放弃或限制的时间为准;也有观点认为,以承包人事后又主张建设工程优先权之时即损害建筑工人利益实际发生之时为准。

1. 以“约定”放弃或限制的时间为准

按照“约定”可将承包人放弃或限制建设工程优先权的时间分为预先和嗣后放弃或限制。预先放弃或限制指的是在建设工程优先权形成前,承包人放弃或限制的行为。工程建设本就容易出现拖欠建筑工人工资的情形,承包人在招投标阶段和合同签订阶段便放弃或限制建设工程优先权,导致受偿顺位后移,更容易损害建筑工人利益。所以,预先放弃必然损害建筑工人利益,应为无效。

嗣后放弃或限制指的是在建设工程优先权形成后,承包人放弃或限制的行为。因为此行为发生在建设工程优先权形成后,更容易判断放弃或限制的行为是否会损害建筑工人利益。如果放弃或限制建设工程优先权行为不影响承包人向农民工等建筑工人支付工资报酬,放弃行为有效。反之,则应无效。

2. 以承包人事后又主张建设工程优先权之时即损害建筑工人利益实际发生之时为准②

在项目建设过程中放弃或限制建设工程优先权的,即使出现了损害建筑工人利益的风险,也有可能在之后的合同履行过程中通过其他方式解决,所以该时间点亦不应作为判断是否损害建筑工人利益的时间节点。如果以放弃或限制建设工程优先权之时没有损害建筑工人利益为由,便认定放弃或限制行为的有效性,而对最终出现的损害后果坐视不理,不仅不能真正保护建筑工人的合法权益,还与法律的追求目标相悖。所以,损害建筑工人利益应以实际发生为标准。

---

① 利辛县信宜达融资担保有限公司与安徽水安建设集团股份有限公司、利辛县龙腾置业有限公司第三人撤销之诉案,最高人民法院(2022)最高法民终 233 号民事判决书。

② 参见吴宁:《建设工程司法解释二第 23 条中“损害建筑工人利益”的理解与把握|审判研究》,载微信公众号“审判研究”2019 年 2 月 14 日,http://mp. weixin. qq. com/s/hiJJ – I5ygOvjsl7N9itIpw。

本书更倾向于第二种观点,以承包人事后又主张建设工程优先权之时即损害建筑工人利益实际发生之时为准。首先,如果按照“约定”时间来判断,预先放弃的行为不必然会导致损害结果的发生,审判中也很难作出判断。其次,损害结果的发生,是为了认定放弃行为的无效性,同时保护建筑工人利益,给予承包人主张建设工程优先权的权利,两者应该是不可分割的。该条的规制重点不在于承包人的支付意愿,而是考察放弃建设工程优先权是否会使承包人的资产负债状况、现金流恶化,最终影响支付建筑工人的劳动报酬。依此规制方向,承包人可基于不能支付劳动报酬的事实(以实现程序开始为基准),继续实现建设工程优先权。[①]反之,承包人便不能继续实现建设工程优先权。在最高人民法院作出的(2019)最高法民终588号民事判决书中,法院便认为:“建设工程价款优先受偿权是法律赋予建设工程施工人的法定权利,属于具有担保性质的民事财产权利……秉持权利人可以自由选择是否行使或放弃,但不能损害建筑工人利益,否则应为无效的原则。本案中,《放弃优先受偿权声明书》是旺朋公司真实意思表示,且不违反法律法规强制性规定。旺朋公司上诉称对远禾公司的财产进行拍卖并已分配,农民工的工资已进行发放,因此建筑工人的利益已经得到保障。旺朋公司再以损害建筑工人利益为由主张《放弃优先受偿权声明书》无效,没有事实、法律依据,本院不予采信。”[②]

【实务中应注意的问题】

(一)不宜认定损害建筑工人利益的情形

损害建筑工人利益作为该条的适用要件之一,属于一种法律事实。对该法律事实的判断,理论上可以由双方根据约定标准协商确定,也可以经法院审理或者仲裁裁决予以认定。但现实中,承包人在放弃建设工程优先权时,双方通常不会约定认定损害的标准。所以,承包人一般需要通过法院或仲裁机构确认放弃或者限制建设工程优先权的行为无效,以此主张建设工程优先权。法院不宜认定为损害建筑工人利益的情形包括以下几种。

1. 承包人仅存在个别欠薪行为。如果仅以承包人存在个别的欠薪行为,就认

---

① 参见程新文、刘敏、谢勇:《〈关于审理建设工程施工合同纠纷案件适用法律问题的解释(二)〉的理解与适用》,载《人民司法》2019年第4期。

② 广东旺朋建设集团有限公司、江门市中骏建筑装修工程有限公司第三人撤销之诉案,最高人民法院(2019)最高法民终588号民事判决书。

定其与发包人约定放弃或限制建设工程优先权损害建筑工人利益,进而认定该约定无效,则可能会对承包人产生负面激励,使其恶意拖欠建筑工人工资,以达到继续行使建设工程优先权的目的。

2. 发包人或第三人提供担保。如果承包人放弃或者限制建设工程优先权,发包人为此提供了切实可靠的替代性担保的,如发包人向承包人提供有效的银行保函,或者发包人、承包人与第三人达成关于发包人以在建工程抵押给第三人,第三人将贷款直接支付给承包人的协议的,就应当认为没有损害建筑工人利益。[①] 同时需要注意的是,如果法院认定损害建筑工人利益,是否可以考虑放弃或限制建设工程优先权无效范围,应当与损害建筑工人利益的程度相当。即如果承包人行使部分建设工程优先权即可保障建筑工人利益,则没有必要由承包人重新享有全部建设工程优先权。[②]

（二）建筑工人不能作为有独立请求权的第三人或者单独提起撤销之诉

有观点认为,为了维护建筑工人的合法权益,在诉讼过程中,建筑工人进入诉讼有两种路径:第一种路径是以证人的身份参与诉讼。在这种路径下,由承包人申请或者在人民法院认为必要时依法通知建筑工人出庭作证。第二种路径是把建筑工人作为第三人对待。在此路径下,建筑工人可以第三人身份参加承包人和发包人之间的诉讼,也可以第三人身份提起撤销之诉,撤销承包人放弃或限制建设工程优先权的承诺。诉讼中,建筑工人以证人的身份出庭,证明承包人放弃或限制建设工程优先权的行为损害了建筑工人利益,本书对此予以认同。但是,对于建筑工人以第三人身份参与诉讼,本书不予赞同。

"有独立请求权"一方面是程序性概念,另一方面又与实体法紧密相连,使司法机关在判断第三人是否享有该权利时,必须从实体和程序两个方面加以考量。具体而言,在实体层面,案外第三人必须对系争诉讼标的享有救济性请求权或者救济性形成权;在程序层面,案外第三人的加入,必须有助于自身权益的维护以及纠纷的彻底解决。唯有如此,才能认定案外人"独立请求权"。[③] 建筑工人只是对

① 参见陈鑫范、王琦:《最高人民法院建设工程施工合同司法解释(二)实务操作与案例精解》,中国法制出版社2019年版,第318页。

② 参见吴宁:《建设工程司法解释二第23条中"损害建筑工人利益"的理解与把握|审判研究》,载微信公众号"审判研究"2019年2月14日,http://mp.weixin.qq.com/s/hiJJ-I5ygOvjsl7N9it1pw。

③ 参见刘东:《"有独立请求权"的类型化分析——以民事诉讼法第56条第1款为中心的研究》,载《政法论坛》2016年第1期。

承包人享有债权,与发包人与承包人之间的诉讼缺乏足够的关联性,因此,不属于有独立请求权的第三人。同时,提起第三人撤销之诉的前提是建筑工人属于第三人,显然建筑工人不属于第三人,也就无法提起撤销之诉。

【典型案例(一)】

兴业银行股份有限公司三明列东支行与福建省惠三建设发展有限公司、三明盛隆汽车有限公司第三人撤销之诉案①

福建省惠三建设发展有限公司(以下简称惠三公司)是三明盛隆汽车有限公司(以下简称盛隆公司)位于福建省沙县金古经济开发区南区××地块长安汽车华南地区配件中心在建工程的施工人,2012年盛隆公司向兴业银行股份有限公司三明列东支行(以下简称兴业银行列东支行)贷款,惠三公司作为案涉工程的施工人向兴业银行列东支行作出《不可撤销承诺函》,载明:"鉴于盛隆公司及其关联公司向贵行借款,我司作为案涉工程综合楼的建筑承包人,承诺如下:自本承诺函签发之日起,在贵行全部债权得到全部清偿之前,我司自愿放弃我司基于合同法第286条等规定而享有的上述项目因折价或拍卖建设工程所得价款的优先受偿权。"现兴业银行列东支行依据(2014)三民初字第99号民事判决要求对案涉工程享有抵押物优先权,但(2013)三民初字第214号民事判决确认惠三公司就案涉工程享有建设工程优先权,故兴业银行列东支行提起本案第三人撤销之诉。

人民法院经审理认为,本案的争议焦点之一在于惠三公司向兴业银行列东支行承诺放弃建设工程优先权是否有效的问题。

最高人民法院认为:建设工程优先权是建设工程施工人的法定权利,属于具有担保性质的财产权利。根据相关司法解释精神,在不损害建筑工人利益的前提下,并不禁止权利人放弃或者限制建设工程优先权。惠三公司主张其放弃建设工程优先权损害建筑工人的利益,但未提供相应证据,仅凭(2013)三民初字第214号民事判决第三项"盛隆公司应于判决生效后十日内支付惠三公司停工期间工作人员工资224,000元及……"不足以证明建筑工人利益实际受到损害。一审、二审判决认定惠三公司在本案中对建设工程优先权的放弃未违反法律、行政法规的强制性规定,合法有效,并无不当。

---

① 参见最高人民法院民事裁定书,(2021)最高法民申6948号。

【典型案例(二)】

利辛县信宜达融资担保有限公司与安徽水安建设集团股份有限公司、利辛县龙腾置业有限公司第三人撤销之诉案[①]

2011 年 10 月,安徽水安建设集团股份有限公司(以下简称水安公司)中标案涉安徽·金龙国际商贸港 C 区、D 区建设工程项目,利辛县龙腾置业有限公司(以下简称龙腾公司)为发包人。2016 年 1 月,利辛县国盛企业管理有限公司(以下简称国盛公司)为向安徽利辛农村商业银行股份有限公司担保 2900 万元贷款,与利辛县信宜达融资担保有限公司(以下简称信宜达公司)签订委托担保合同,约定信宜达公司为国盛公司的 2900 万元借款提供全额信用担保,信宜达公司与龙腾公司签订在建工程抵押合同……龙腾公司等为国盛公司提供连带责任反担保。后担保人向安徽省亳州市中级人民法院起诉要求发包人向其承担付款义务,并举证承包人出具的《在建工程抵押建筑商声明书》用以证明承包人自愿放弃建设工程优先权,一审法院认定承包人的行为极有可能导致承包人的整体清偿能力恶化导致侵犯建筑工人利益,故驳回担保人的诉讼请求。担保人不服一审判决,上诉至最高人民法院,经最高人民法院查明,承包人对建设工程优先权的放弃范围仅为案涉总建设工程面积的 4.5%,且该行为的对象特定,并不影响承包人仍对发包人的其他债权人享有建设工程优先权。故最高人民法院仅对一审法院的事实认定及法律适用予以纠正,维持原审判决。

本案的争议焦点之一是水安公司是否丧失了建设工程优先权?

最高人民法院认为:认定承包人放弃建设工程优先权的行为是否无效,关键看其是否损害建筑工人利益。案涉《在建工程抵押建筑商声明书》虽是承包人水安公司向发包人的债权人信宜达公司作出,并非直接向发包人龙腾公司作出,但其核心内容仍是水安公司处分了建设工程优先权,对其效力判断仍应适用前述司法解释的规定。从目的上看,本案中水安公司放弃建设工程优先权不具有损害建筑工人利益的非法目的。水安公司向信宜达公司承诺放弃建设工程优先权,目的在于获取信宜达公司为案涉项目建设贷款提供担保,以保障项目建设获得必要的资金支持,而这对水安公司自身以及建筑工人均是有利的。从后果上看,水安公司的放弃行为也不会损害建筑工人利益。水安公司放弃只占总工程面积约

---

① 参见最高人民法院民事判决书,(2022)最高法民终 233 号。

4.5%、评估价值22,373,538元房产的建设工程优先权,仍对占总工程面积95.5%的剩余房产享有建设工程优先权,因此,水安公司的放弃行为不影响其对龙腾公司的48,733,386元工程价款及利息债权获得清偿,不会损害建筑工人的合法权益,在不存在其他无效事由的情况下,应认定该放弃行为有效。

二、承包人单方向银行作出放弃建设工程优先权的承诺效力是否及于发包人和其他债权人

【问题的提出】

建设工程项目资金需求量大,通常发包人需以在建工程为银行设定抵押以换取融资。因建设工程优先权优先于抵押权,银行往往要求承包人向其作出放弃建设工程优先权的承诺。《施工合同司法解释(一)》第42条规定:"发包人与承包人约定放弃或者限制建设工程价款优先受偿权,损害建筑工人利益,发包人根据该约定主张承包人不享有建设工程价款优先受偿权的,人民法院不予支持。"根据前述规定,承包人放弃建设工程优先权的承诺原则上应为有效。有疑问的是,放弃建设工程优先权的单方承诺效力范围如何,承包人向银行作出承诺后,发包人和其他债权人能否主张承包人已放弃建设工程优先权,不得在银行之后获得优先受偿,而应作为普通债权人受偿?

【基本观点】

承包人针对特定主体作出放弃建设工程优先权的承诺,仅对该特定主体有效,效力不及于发包人和其他债权人。

【观点分析】

对于承包人向银行单方作出的放弃建设工程优先权承诺效力问题,实践中存在两种不同观点:

第一种观点:承包人向银行单方承诺放弃建设工程优先权是对建设工程优先权的绝对放弃,建设工程优先权消灭,承包人仅能作为普通债权人获偿。在(2018)最高法民终99号案中,法院即持此观点。

第二种观点:承包人针对特定主体作出放弃建设工程优先权的承诺,仅对该特定主体有效,效力不及于发包人和其他债权人。该观点为理论及司法实践中多数的观点,本书亦倾向于此种观点。

（一）承包人向银行单方承诺放弃建设工程优先权应属相对放弃

对建设工程优先权的放弃可以分为相对放弃和绝对放弃。绝对放弃是指承包人彻底消灭其建设工程优先权而成为普通债权人，对于发包人的其他任何抵押权人和普通债权人均不再享有优先受偿权，相对放弃是指承包人只放弃其部分优先受偿的权利，如只放弃优先于抵押权人而受清偿的权利，保留与抵押权人同一顺位的可以优先于普通债权人受清偿的权利。[①]

《施工合同司法解释（一）》第42条规定了建设工程优先权的"放弃"和"限制"两种情形，有论者将"放弃"解释为绝对放弃，将"限制"解释为相对放弃，相对放弃包括权利人放弃优先于一个或多个（但不是全部）特定抵押权人或无担保债权人的权利、限制权利行使的时间和条件等情形。[②]

在承包人向银行单方承诺的情况下，承包人所作承诺内容往往未能直接体现其意思表示为相对放弃还是绝对放弃，需要结合承诺目的等内容解释承包人的真实意思。

例如，承包人可能仅仅在其对银行出具的承诺书中说明"承包人放弃优先受偿权，项目资金优先偿还贵行贷款本金和利息，直至全部偿还完为止"或者"承包人已知项目建设资金来源已全部落实，自愿放弃本项目工程款优先受偿权"。从前述承诺文义来看，无法判断承包人究竟意在完全放弃建设工程优先权，还是仅仅放弃优先于抵押权人的权利。从函件出具的背景来看，此类单方承诺通常旨在打消银行的放贷顾虑，保障银行享有优先于承包人受偿的权利。现实中，尽管建设工程项目初期及项目建设过程中发包人通常已从银行处获得融资，但工程建设周期长、发包人资金状况不确定性较大，承包人仍然存在保障其工程价款债权能够获得优先受偿的现实需求。因此，应将放弃建设工程优先权承诺函中承包人的真实意思解释为放弃优先于银行受偿的权利，而非绝对放弃优先受偿权。承包人单方向银行作出放弃建设工程优先权的承诺，仅构成权利的相对放弃而非绝对放弃，对发包人及其债权人不产生效力。承包人享有的建设工程优先权虽劣后于其

---

① 参见王旭光：《建筑工程优先受偿权制度研究——合同法第286条的理论与实务》，人民法院出版社2010年版，第229－230页。

② 参见张保华：《论建设工程价款优先受偿权的放弃与限制》，载《人民司法》2020年第13期；李建星：《〈民法典〉第807条（建工价款的优先受偿权）评注》，载《南京大学学报（哲学·人文科学·社会科学）》2021年第4期。

作出承诺的相对方，但仍然优先于发包人的其他债权人，发包人及其债权人均不得主张承包人不享有建设工程优先权，应按照普通债权人受偿。

（二）承包人向银行单方作出的放弃建设工程优先权承诺应仅具有债权效力

目前理论和实践通说认为建设工程优先权具有法定担保物权性质。担保物权的放弃属于担保物权消灭事由之一。《民法典》第393条规定，"有下列情形之一的，担保物权消灭：……（三）债权人放弃担保物权"。承包人向银行作出放弃建设工程优先权的承诺，是否属于放弃法定担保物权，能否发生权利消灭的效果？

有观点认为，承包人以承诺书形式作出放弃建设工程优先权的意思表示，旨在于承包人与相对人（发包人、债权人）之间产生债的关系，并不能直接消灭建设工程优先权这种法定担保物权。① 承诺放弃建设工程优先权具有明显的债权属性，承包人对特定主体放弃建设工程优先权，并不意味着承包人的受偿权沦落为普通债权，其相对其他较低位阶的权利依然具有优先受偿的顺位。②

本书认为，承包人向银行作出放弃建设工程优先权的承诺的情形，仍应结合承诺内容及相关背景解释承包人的真实意思。通常情况下，承包人很有可能是为便于建设工程项目资金的筹措，或迫于发包人的要求而向银行作出放弃建设工程优先权的承诺，该等承诺应仅具有债权效力。且从建设工程优先权的产生时点来看，通说认为在发包人逾期不支付工程价款的情况下，承包人才享有建设工程优先权。而承包人对银行作出承诺的时点往往在项目筹建之初，此时，建设工程优先权并未发生，更无放弃余地。因此，承包人向银行作出放弃建设工程优先权的承诺，应解释为承包人承诺对银行负担一项义务，承诺将来取得建设工程优先权之后，仍相对于银行劣后受偿。该等承诺仅具有债权效力，效力不及于发包人和其他债权人。

【实务中应注意的问题】

实践中，承包人单方向银行作出放弃建设工程优先权承诺之时，应尽可能明确表示其仅相对于银行劣后受偿，相较于其他债权人而言仍然具有建设工程优先权，以免因法院将放弃承诺解释为对建设工程优先权的绝对放弃，致使承包人完

---

① 参见陈信勇：《建设工程价款优先受偿权放弃行为的效力分析》，载《浙江社会科学》2016年第2期。

② 参见王涛、俞悦：《建设工程价款优先受偿权放弃的法律效力》，载《人民司法（应用）》2016年第16期。

全丧失对建设工程价款优先受偿的权利。

【典型案例(一)】

大连宜华建设集团有限公司与北首光源科技(大连)股份有限公司、中国建设银行股份有限公司大连青泥洼桥支行建设工程施工合同纠纷案[①]

大连宜华建设集团有限公司(以下简称宜华公司)与北首光源科技(大连)股份有限公司(以下简称光源公司)于2010年3月签订建设工程施工合同,约定宜华公司承建光源公司发包的案涉项目。2010年7月10日,光源公司与中国建设银行股份有限公司大连青泥洼桥支行(以下简称建行青泥洼桥支行)签订贷款合同及最高额抵押合同,光源公司以案涉在建工程作为抵押物。2010年7月15日,宜华公司向建行青泥洼桥支行出具施工单位承诺书,载明:"光源公司准备在贵行办理5亿元人民币本金贷款,贷款用途为大连北首节能光源产业基地项目,作为施工单位,同意并承诺:宜华公司放弃优先受偿权,项目资金优先偿还贵行贷款本金和利息,直至全部偿还完为止。"因建设工程施工合同履行产生争议,宜华公司提起本案诉讼,请求法院判令光源公司和建行青泥洼桥支行共同向承包人支付工程价款及违约金,并请求确认宜华公司对案涉工程享有建设工程优先权。

法院经审理认为,本案的争议焦点之一为宜华公司出具的放弃建设工程优先权承诺书的效力应如何认定。

最高人民法院认为:首先,依民法法理,在不违反法律的禁止性规定和社会公序良俗的前提下,民事权利主体可自由处分财产权利,包括放弃或者限制财产权利。本案无证据证明承包人放弃建设工程优先权损害了建筑工人的利益,可认定其针对建行青泥洼桥支行作出的放弃建设工程优先权的承诺有效。其次,承包人放弃建设工程优先权的对象是建行青泥洼桥支行,此种权利放弃是有特定对象的放弃,该权利放弃的意思表示仅及于建行青泥洼桥支行,而不及于其他债权人,亦不及于发包人。此种权利放弃是相对放弃而非绝对放弃,承包人放弃的仅是其债权顺位优先于建行青泥洼桥支行贷款本息债权的部分,发包人将案涉贷款本息偿还完毕后,承包人仍可主张建设工程优先权。

---

① 参见最高人民法院民事判决书,(2021)最高法民再193号。

【典型案例(二)】

中国工商银行股份有限公司枣庄薛城支行与江苏南通二建集团有限公司、山东浙商联合实业股份有限公司第三人撤销之诉纠纷案①

2013 年 4 月 19 日,中国工商银行股份有限公司枣庄薛城支行(以下简称工行薛城支行)与山东浙商联合实业股份有限公司(以下简称浙商公司)签订《房地产借款合同》,约定工行薛城支行向浙商公司开发的"嘉豪国际公寓"项目提供住房开发贷款 1.38 亿元。浙商公司以"嘉豪国际公寓"项目在建工程及国有土地使用权为上述贷款提供抵押担保并办理了抵押登记手续。当日,作为案涉项目承建单位的江苏南通二建集团有限公司(以下简称南通二建)向工行薛城支行出具《承诺函》载明,"我单位已知山东浙商联合实业股份有限公司'嘉豪国际公寓'项目建设资金来源已全部落实,我单位自愿放弃本项目工程款优先受偿权"。2015 年,南通二建与浙商公司因建设工程施工合同纠纷向山东省高级人民法院提起诉讼,山东省高级人民法院作出 17 号调解书,其中第 2.5 条确认:双方自愿达成和解协议,约定南通二建对嘉豪国际项目工程进行评估、拍卖,折价所得价款享有优先权。工行薛城支行提起本案诉讼,请求撤销 17 号调解书第 2.5 条的内容。

法院认为,本案的争议焦点之一是南通二建向工行薛城支行出具的《承诺函》的性质。

最高人民法院认为:首先,从双方主体来看,工行薛城支行系案涉"嘉豪国际公寓"项目在建工程抵押权人,南通二建系该项目的总承包人,其出具《承诺函》是为帮助浙商公司顺利获得工行薛城支行就该项目工程的贷款。在此,有关《承诺函》中承包人的意思表示,应当根据《民法总则》第 142 条第 1 款"有相对人的意思表示的解释,应当按照所使用的词句,结合相关条款、行为的性质和目的、习惯以及诚信原则,确定意思表示的含义"的规定确定其真实含义。本院认为,《承诺函》是南通二建针对特定抵押权人工行薛城支行作出的,故其承诺放弃建设工程优先权的意思表示,是对建设工程优先权的相对放弃而非绝对放弃,因该种权利放弃的意思表示不及于浙商公司的其他债权人,而且此种放弃的意思表示仅应视为对法律规定工程价款优先于抵押权受偿顺位的一种放弃,而非法定权利本身的放弃。

---

① 参见最高人民法院民事判决书,(2019)最高法民终 978 号。

第八章

建设工程优先权与其他权利的顺位问题

第一节 概 述

《民法典》第 807 条规定:发包人未按照约定支付价款的,承包人可以催告发包人在合理期限内支付价款。发包人逾期不支付的,除根据建设工程的性质不宜折价、拍卖外,承包人可以与发包人协议将该工程折价,也可以请求人民法院将该工程依法拍卖。建设工程的价款就该工程折价或者拍卖的价款优先受偿。

在建设工程优先权与商品房消费者权利、商业房屋所有权人权利、不动产抵押权、保证人权利、预告登记购房人权利、房屋所有权保留人权利、以物抵债债权人权利、融资租赁中出租人对租赁物享有的所有权等发生冲突时,该如何确定这几种权利的顺位;在执行程序中如何处理各主体间的权利冲突,如执行异议之诉;以及在企业破产程序中,如何处理破产费用和共益债、破产企业职工债权、工程价款以房抵债、分配方案异议之诉、破产衍生诉讼等,是司法实务中面临的常见问题。本章将从法律条文的沿革和现行法律规定出发,结合实务中的具体操作和案例,对前述中的主要问题作进一步的分析和研究。

一、条文沿革

(1)1999 年《合同法》的规定。建设工程优先权,最早规定在 1999 年《合同法》第 286 条:发包人未按照约定支付价款的,承包人可以催告发包人在合理期限内支付价款。发包人逾期不支付的,除按照建设工程的性质不宜折价、拍卖的以外,承包人可以与发包人协议将该工程折价,也可以申请人民法院将该工程依法拍卖。建设工程的价款就该工程折价或者拍卖的价款优先受偿。(2)最高人民法院 2002 年《优先权批复》。①虽然 1999 年《合同法》对建设工程优先权进行了规定,但对于其与其他权利发生冲突时,尤其是实务中经常出现的建设工程优先权与购房人的权利和银行抵押权发生冲突时该如何解决,缺乏明确的规定。对此,最高人民法院答复上海市高级人民法院的 2002 年《优先权批复》明确指出,商品房消费者在交付购买商品房的全部或者大部分款项后,其权利顺位优先于建设工程优先权，后者权利顺位优先于抵押权和其他债权。[①] ②对于装饰装修工程合同中承包人的建设工程优先权，最高人民法院在答复福建省高级人民法院的《装饰装修工程优先权函复》中也明确指出，即装饰装修工程的承包人在建筑物因装饰装修而增加价值的范围内，享有优先于其他权利人的权利顺位，但发包人不是该建筑的所有权人或者承包人与该建筑物的所有权人之间没有合同关系的除外。[②] ③针对实务中出现的许多问题楼盘，即房屋出现烂尾最终无法建成，购房人要求返还购房款的情况，最高人民法院在给山东省高级人民法院的答复中明确指出，基于保护处于弱势地位的房屋买受人的精神，购房人的购房款返还请求权顺位优先于建设工程优先权。[③] (3)《民法典》的规定。《民法典》第 807 条沿袭了 1999 年《合同法》第 286 条的规定。(4)司法解释的规定。《施工合同司法解释(一)》第 36 条沿袭了 2002 年《优先权批复》规定。(5)最高人民法院答复河南省高级人民法院的《商品房消费者权利保护批复》，吸收了《施工合同司法解释(一)》和最高人民法院给山东省高级人民法院关于彩石山庄的答复意见，明确了商品房消费者以居住为目的购买房屋并已支付全部价款(一审法庭辩论终结前)，房屋交付请求权的顺位优先于建设工程优先权、抵押权及其他债权；或者在房屋不能交付且无实际交付可能情况下，房款返还请求权的顺位优先于建设工程优先权、抵押权及其他债权。[④] (6)对于商业房屋所有权人、保证人权利、预告登记购房人权利、

---

① 《优先权批复》规定：一、人民法院在审理房地产纠纷案件和办理执行案件中，应当依照《中华人民共和国合同法》第二百八十六条的规定，认定建筑工程的承包人的优先受偿权优于抵押权和其他债权。二、消费者交付购买商品房的全部或者大部分款项后，承包人就该商品房享有的工程价款优先受偿权不得对抗买受人。

② 《最高人民法院关于装修装饰工程款是否享有合同法第二百八十六条规定的优先受偿权的函复》规定：装修装饰工程属于建设工程，可以适用《中华人民共和国合同法》第二百八十六条关于优先受偿权的规定，但装修装饰工程的发包人不是该建筑的所有权人或者承包人与该建筑物的所有权人之间没有合同关系的除外。享有优先权的承包人只能在建筑物因装修装饰而增加价值的范围内优先受偿。

③ 《最高人民法院针对山东省高级人民法院就处置济南彩石山庄房屋买卖合同纠纷案请示的答复》规定：基于《批复》保护处于弱势地位的房屋买受人的精神，对于《批复》第二条"承包人的工程价款优先受偿权不得对抗买受人"的规定，应当理解为既不得对抗买受人在房屋建成情况下的房屋交付请求权，也不得对抗买受人在房屋未建成等情况下的购房款返还请求权。

④ 《最高人民法院关于商品房消费者权利保护问题的批复》规定：就人民法院在审理房地产开发企业因商品房已售逾期难交付引发的相关纠纷案件中涉及的商品房消费者权利保护问题，经研究，批复如下：一、建设工程价款优先受偿权、抵押权以及其他债权之间的权利顺位关系，按照《最高人民法院关于审理建设工程施工合同纠纷案件适用法律问题的解释(一)》第三十六条的规定处理。二、商品房消费者以居住为目的购买房屋并已支付全部价款，主张其房屋交付请求权优先于建设工程价款优先受偿权、抵押权以及其他债权的，人民法院应当予以支持。只支付了部分价款的商品房消费者，在一审法庭辩论终结前已实际支付剩余价款的，可以适用前款规定。三、在房屋不能交付且无实际交付可能的情况下，商品房消费者主张价款返还请求权优先于建设工程价款优先受偿权、抵押权以及其他债权的，人民法院应当予以支持。

房屋所有权保留人权利、以物抵债债权人权利、融资租赁中出租人对租赁物享有的所有权与建设工程优先权之间的顺位等,法律和司法解释目前没有具体的规定。

二、法律和司法解释中关于建设工程优先权顺位在执行程序中实现途径的规定

建设工程优先权在执行程序中,主要涉及执行异议、执行异议之诉、申请参与分配、分配方案异议之诉和案外人申请再审。

(一)执行异议

建设工程优先权属于法定优先权,其本质是以建设工程的交换价值担保工程款债权的实现,人民法院执行行为并未影响其实体权益的实现。因此,当事人不能根据《民事诉讼法》第 236 条①的规定提出执行异议,请求中止强制执行程序。

(二)执行异议之诉

对建设工程优先权能否排除执行的问题仍有一定分歧,从最高人民法院司法解释征求意见稿的情况看,绝大多数观点还是倾向于认为建设工程优先权不属于足以排除强制执行的民事权利。

(三)执行异议之诉判项

依据《九民纪要》第 119 条规定:案外人提出执行异议被驳回的,即可向执行人民法院提起执行异议之诉。人民法院一般应当就案外人对执行标的物是否享有权利、享有什么样的权利、权利是否足以排除强制执行进行判断。至于是否作出具体的确权判项,视案外人的诉讼请求而定。案外人未提出确权或者给付诉讼请求的,不作出确权判项,仅在裁判理由中进行分析判断并作出是否排除执行的判项即可。

---

① 《民事诉讼法》第 236 条规定:当事人、利害关系人认为执行行为违反法律规定的,可以向负责执行的人民法院提出书面异议。当事人、利害关系人提出书面异议的,人民法院应当自收到书面异议之日起十五日内审查,理由成立的,裁定撤销或者改正;理由不成立的,裁定驳回。当事人、利害关系人对裁定不服的,可以自裁定送达之日起十日内向上一级人民法院申请复议。

(四)申请参与分配

依据《民诉法解释》第 506 条[①]规定,对人民法院查封、扣押、冻结的财产有优先权、担保物权的债权人,可以直接申请参与分配,主张优先受偿权。因此,享有建设工程优先权的承包人在执行异议和执行异议之诉被驳回后,可以依据前述规定,申请参与分配。

(五)分配方案异议之诉

建设工程优先权在执行方案中可能与其他债权人或被执行人的权利发生冲突。债权人或者被执行人对于分配方案不服的,可以依据《民事诉讼法》第 510 条的规定,提起分配方案异议之诉。[②]

(六)案外人申请再审或者第三人撤销之诉

执行异议之诉不以否定作为执行依据的生效裁判为目的,案外人如认为原优先受偿权裁判确有错误的,可以通过申请再审或者提起第三人撤销之诉的方式进行救济。但是,依据《九民纪要》第 122 条的规定,案外人申请再审与第三人撤销之诉功能上近似,案外人先启动执行异议程序的,对执行异议裁定不服,认为原裁判内容错误损害其合法权益的,只能向作出原裁判的人民法院申请再审,而不能提起第三人撤销之诉;案外人先启动了第三人撤销之诉,即便在执行程序中又提出执行异议,也只能继续进行第三人撤销之诉,而不能依《民事诉讼法》第 234 条申请再审。

---

① 《民诉法解释》第 506 条规定:被执行人为公民或者其他组织,在执行程序开始后,被执行人的其他已经取得执行依据的债权人发现被执行人的财产不能清偿所有债权的,可以向人民法院申请参与分配。对人民法院查封、扣押、冻结的财产有优先权、担保物权的债权人,可以直接申请参与分配,主张优先受偿权。

② 《民诉法解释》第 510 条规定:债权人或者被执行人对分配方案提出书面异议的,执行法院应当通知未提出异议的债权人、被执行人。未提出异议的债权人、被执行人自收到通知之日起十五日内未提出反对意见的,执行法院依异议人的意见对分配方案审查修正后进行分配;提出反对意见的,应当通知异议人。异议人可以自收到通知之日起十五日内,以提出反对意见的债权人、被执行人为被告,向执行法院提起诉讼;异议人逾期未提起诉讼的,执行法院按照原分配方案进行分配。诉讼期间进行分配的,执行法院应当提存与争议债权数额相应的款项。

（七）关于以房抵债中的建设工程优先权

《九民纪要》第44条规定：当事人在债务履行期限届满后达成以物抵债协议，抵债物尚未交付债权人，债权人请求债务人交付的，人民法院要着重审查以物抵债协议是否存在恶意损害第三人合法权益等情形，避免虚假诉讼的发生。经审查，不存在以上情况，且无其他无效事由的，人民法院依法予以支持。《九民纪要》第45条规定：当事人在债务履行期届满前达成以物抵债协议，抵债物尚未交付债权人，债权人请求债务人交付的，因此种情况不同于本纪要第71条规定的让与担保，人民法院应当向其释明，其应当根据原债权债务关系提起诉讼。经释明后当事人仍拒绝变更诉讼请求的，应当驳回其诉讼请求，但不影响其根据原债权债务关系另行提起诉讼。因此，当发包人用于抵债的房屋未交付承包人时，如果是在工程款履行期限届满后达成，承包人可以要求发包人交付房屋或对该房屋行使优先受偿权；如果是在工程款债务履行届满前达成，发包人无法交付房屋的，承包人可以依据原建设工程法律关系，要求发包人支付工程款，并主张建设工程优先权。

三、法律和司法解释对于建设工程优先权在破产程序中实现途径的规定

建设工程优先权之法律适用极具争议，再将其置于发包人的破产程序中，前述法律争议将会因破产程序内外的权力体系及权利实现顺位而放大，加剧权利冲突与施工方建设工程优先权实现的不确定性。①

（一）《企业破产法（试行）》的规定

1986年《企业破产法（试行）》第37条规定："清算组提出破产财产分配方案，经债权人会议讨论通过，报请人民法院裁定后执行。破产财产优先拨付破产费用后，按照下列顺序清偿：（一）破产企业所欠职工工资和劳动保险费用；（二）破产企业所欠税款；（三）破产债权。破产财产不足清偿同一顺序的清偿要求的，按照比例分配。"在前述法律规定中，并未涉及建设工程优先权问题。

---

① 金恒：《建设工程价款优先受偿权在破产程序中的处理》，载于健龙等主编：《中国建设工程法律评论》第5辑，法律出版社2017年版。

(二)《企业破产法》的规定

2007 年 6 月起施行的《企业破产法》第 109 条规定:对破产人的特定财产享有担保权的权利人,对该特定财产享有优先受偿的权利,即别除权。一般来说,担保物权是别除权最主要的基础权利,但别除权又不限于担保物权,如抵押权、质权、留置权,还包括法律确立的其他法定优先权。如《民法典》第 807 条规定的承包人享有的建设工程优先权,如果发包人破产,则承包人的建设工程优先权在破产程序中即为别除权。

(三)破产法司法解释的规定

《最高人民法院关于适用〈中华人民共和国企业破产法〉若干问题的规定(二)》(以下简称《破产法规定(二)》)第 3 条规定:债务人已依法设定担保物权的特定财产,人民法院应当认定为债务人财产。对债务人的特定财产在担保物权消灭或者实现担保物权后的剩余部分,在破产程序中可用以清偿破产费用、共益债务和其他破产债权。据此,建设工程优先权在清偿顺位上优先于针对该建筑工程设定担保的担保债权,只有在该建筑工程实现担保物权后的剩余部分才可以用以清偿破产费用和共益债务。因此,针对建设工程拍卖价款来说,依照下列顺序清偿:(1)享有建设工程优先权的工程款债权;(2)担保债权;(3)破产费用;(4)共益债务;(5)劳动债权;(6)税收债权;(7)其他普通债权。但是对于未设定担保物权的其他破产财产的分配,第一顺位的应当是破产费用和共益债务。

第二节　建设工程优先权与其他权利顺位的冲突

一、建设工程优先权与购房消费者的权利冲突

【问题的提出】

《民法典》第 807 条规定了承包人的建设工程优先权,该条规定旨在维护建筑工人的利益,促进各方利益平衡。实践中,建设工程优先权普遍需要通过执行程序才能落实,但是经常因为在执行过程中遇到被执行工程的购房消费者主张权利

而受到阻拦。最高人民法院先后以发布2002年《优先权批复》、《执行异议和复议规定》和《九民纪要》等规定的方式,形成了有关建设工程优先权与购房消费者权利的冲突解决机制。2023年4月,最高人民法院又发布了《商品房消费者权利保护批复》,对于“烂尾楼”现象频发导致的大量商品房项目纠纷中的购房消费者返还房款请求权、建设工程优先权、抵押权和其他债权相关问题的处理予以明确。本书结合现行法律法规、司法解释、司法政策以及司法案例,就建设工程优先权与购房消费者的权利冲突进行分析。

【基本观点】

消费者的居住权属于生存权,在权利位阶上高于债权,故购房消费者能够在一定条件下对抗承包人的建设工程优先权。但是,对购房消费者的认定以及具体条件的把握要严格按照有关法律法规、司法解释的规定执行,不宜无限扩大,否则极易架空建设工程优先权。

【观点分析】

2002年《优先权批复》第2条规定:“消费者交付购买商品房全部或大部分款项后,承包人就该商品房享有的工程价款优先受偿权不得对抗买受人。”在此基础上形成了有关建设工程优先权与购房者权利的冲突解决机制,即在建设工程优先权与购房者权利之间进行了权利平衡,对购房者的权利作了一定的限制,即只有在购房者已交付了全部或大部分购房款时方可对抗建设工程优先权,未支付全部或大部分购房款的购房者不能对抗建设工程优先权。针对实践中存在的诸多问题,2015年5月,《执行异议和复议规定》第29条对该批复又进行了完善,即基于对消费者生存权这一价值的维护,赋予消费者买受房屋的物权期待权以排除执行的效力,即便申请执行人对该房屋享有建设工程优先权、担保物权等权利,也更优先保护消费者的物权期待权。2019年11月,《九民纪要》第125~127条对有关商品房消费者的相关内容又作出了较为详细的解释。

(一)购房消费者应当符合《消费者权益保护法》的规定

购房消费者请求权保护的法律价值为购房消费者的基本生存权利[①]。生存权优于经营权系消费者请求权保护的重要法理依据,也是国际通行的做法,故购房

---

① 代贞奎、蒲宏斌、何小兵:《居住权保留条件下可执行被执行人唯一住房所有权》,载《人民司法(案例)》2016年第8期。

消费者能够在一定条件下对抗承包人的建设工程优先权。而对于消费者的认定，应当参照《消费者权益保护法》对消费者的定义，即为生活消费需要购买、使用商品或者接受服务的主体。一般而言，消费者是自然人，法人或者其他组织由于不存在生活消费的问题，不在消费者之列，购房者购房是为生活消费需要而不是为经营需要。在判断购房消费者是“为生活需要”还是“为生产经营需要”的问题上，存在操作上的难题。为此，2005 年，《最高人民法院执行工作办公室关于〈最高人民法院关于建设工程价款优先受偿权问题的批复〉中有关消费者权利应优先保护的规定应如何理解的答复》(〔2005〕执他字第 16 号)认为：“2002 年《优先权批复》第 2 条关于已交付购买商品房的全部或者大部分款项的消费者权利应优先保护的规定，是为了保护个人消费者的居住权而设置的，即购房应是直接用于满足其生活居住需要，而不是用于经营，不应作扩大解释。”而这里的“用于居住”应当作宽泛理解，不管是单纯的居住房还是商住两用住房，只要有居住功能的，即应视为用于居住的房屋，也应当予以保护。[①] 购买商铺、写字楼具有投资属性，故此类房屋的购买人不应纳入消费者生存权的保护范畴，其权利不能对抗承包人的建设工程优先权。

此外，对于名下仅有一套房的公司是否构成购房消费者？基于自然人生存利益至上的考虑，公司为经营主体，因此公司购房人并不属于购房消费者。但是，如果公司购房系以公司名义购买，为了满足公司内部个人成员消费且将房屋分配给公司内部个人居住的，此时公司可以作为购房消费者。[②] 如《浙江省实施〈中华人民共和国消费者权益保护法〉办法》第 2 条规定：“单位为职工生活需要购买商品或者服务的，依照本办法规定执行。”由此可见，对购房消费者权利的保护本质上是对生存权的保障。

(二)购房消费者名下无其他用于居住的房屋

《执行异议和复议规定》第 29 条规定的购房消费者可以排除执行的条件之一是“买受人名下无其他用于居住的房屋”。那么，对于名下无其他用于居住的房屋的范围如何认定？一种观点认为，对于购房消费者的认定应当严格把握。只要购

---

① 最高人民法院民事审判第二庭编著：《〈全国法院民商事审判工作会议纪要〉理解与适用》，人民法院出版社 2019 年版，第 631 页。

② 江必新、刘贵祥主编，最高人民法院执行局编著：《最高人民法院关于人民法院办理执行异议和复议案件若干问题规定理解与适用》，人民法院出版社 2015 年版，第 432－433 页。

房人名下有房屋，又在其他地域购房，第二套房屋的买受人都不是基于消费需求购房，而是基于投资需求购房，因此，都不应当认定为消费者购房人。另一种观点认为，应当在地域上予以限定。但是，对于名下无其他用于居住的房屋是限定在同一省份还是同一个市，也存在争议。对此，《九民纪要》第125条规定："'买受人名下无其他用于居住的房屋'，可以理解为在案涉房屋同一设区的市或者县级市范围内商品房消费者名下没有用于居住的房屋。商品房消费者名下虽然已有1套房屋，但购买的房屋在面积上仍然属于满足基本居住需要的，可以理解为符合该规定的精神。"反之，商品房消费者名下虽然只有1套住房，但其面积远超满足个人及家庭基本生活需要，就超出满足个人及家庭基本生活需要部分不应享受商品房消费者"超级优先权"的保护，如别墅。如在(2019)最高法民申4892号案外人执行异议之诉一案中，法院认为，再审申请人认为被申请人名下另有房产，但经原审查明该房屋在不动产登记中心的房屋登记信息为"设计用途为商业"，不符合居住的使用目的，故并非《执行异议与复议规定》第29条规定的居住房屋，不能推翻原判决关于被申请人名下无其他用于居住的房屋的基本事实认定，故再审申请人的申请事由不能成立。

对于"买受人名下"的理解，特别是买受人名下无房屋，但其配偶、未成年子女名下有房屋时，能否排除执行？最高人民法院认为，对于"名下"应当作宽泛的理解，应当将买受人、实行夫妻共同财产制的配偶一方以及未成年子女作一并考虑。只要三者之一名下有房屋，即可视为已有居住用房。[①] 如在(2021)最高法民终604号申请执行人执行异议之诉一案中，法院认为，《执行异议和复议规定》第29条规定是基于对"消费者生存权"优先保护所作的例外规定，故对该条第2项关于"所购商品房系用于居住且买受人名下无其他用于居住的房屋"的情形中的"买受人名下"应当做宽泛的理解，将买受人、实行夫妻共同财产制的配偶一方以及未成年子女作一并考虑。另外，认定"买受人名下无其他用于居住的房屋"的时间节点应为法院采取执行措施之时，而非购买案涉房屋之时。

(三)准确认定购房消费者已支付的价款超过合同约定总价款的50%

关于已支付的购房款，从2002年《优先权批复》规定的"全部或者大部分款

---

① 最高人民法院民事审判第二庭编著：《〈全国法院民商事审判工作会议纪要〉理解与适用》，人民法院出版社2019年版，第632页。

项”,到《执行异议和复议规定》第 29 条规定的“已支付的价款超过合同约定总价款的百分之五十。”直至《九民纪要》第 125 条进一步细化:“如果商品房消费者支付的价款接近于百分之五十,且已按照合同约定将剩余价款支付给申请执行人或者按照人民法院的要求交付执行的,可以理解为符合该规定的精神。”在(2021)最高法民终 602 号案外人执行异议之诉一案中,案涉房屋用途为住宅,许某购买案涉房屋系用于个人居住,属于上述规定中的商品房消费者,其已经支付一定购房款,并明确表示愿意将剩余价款按照人民法院的要求交付执行,其对案涉房屋所享有的民事权益能够对抗施工企业基于建设工程优先权而对案涉房屋的强制执行。

最高人民法院在《商品房消费者权利保护批复》第 2 条中明确指出:“商品房消费者以居住为目的购买房屋并已支付全部价款,主张其房屋交付请求权优先于建设工程价款优先受偿权、抵押权以及其他债权的,人民法院应当予以支持。只支付了部分价款的商品房消费者,在一审法庭辩论终结前已实际支付剩余价款的,可以适用前款规定。”

该批复虽然强调要支付全部价款,但对于商品房消费者在一审法庭辩论结束之前能支付剩余部分价款的,没有再限定已付款所占的比例,这也是该批复重要的亮点之一。这意味着对商品房消费者权益的保护又进一步拓展:正常情况下,购买烂尾楼的消费者一般要求排除强制执行;此时,如果商品房消费者支付价款超过 50%,其执行异议就会受执行法院的支持;若没有超过 50%,其执行异议被驳回,但商品房消费者可以提出执行异议之诉,然后在一审辩论终结之前补齐差额的购房款,根据该批复,法院应当支持其主张。

(四)购房消费者的物权期待权应当以成立真实有效的商品房买卖合同为前提

基础法律关系是指法律规范确认和调整人们行为的过程中形成的权利和义务关系,它往往决定着案件的案由、管辖和诉讼策略。《九民纪要》指出:“民商事审判工作要树立正确的审判理念……通过穿透式审判思维,查明当事人的真实意思,探求真实法律关系。”最高人民法院审判委员会专职委员刘贵祥在该会议上也强调:“要树立穿透式审判思维,在准确揭示交易模式的基础上,探究当事人真实交易目的,根据真实的权利义务关系认定交易的性质与效力。”通俗地讲,穿透式审判思维就是透过现象看本质,注重对案件当事人意思表示以及法律关系的实质性审查。正因为购房消费者的物权期待权具有“超级优先性”，实践中，不排除个别民事主体借助以房抵债、让与担保、虚假贷款等手段，以此对抗承包人的建设工程优先权，故发生以工程款抵债等情形，应当审查是否存在虚构事实（恶意串通）。

购房消费者的物权期待权作为一种更加优先的权利，是以消费者生存权优于经营利益为前提条件的。如果购房消费者并不存在真实的购房目的，或者对所购房屋不享有合法的物权期待权（如合同无效），则购房消费者的居住权不会因承包人对所购房屋行使建设工程优先权而受到影响，其物权期待权不能优于建设工程优先权受到保护。以以房抵债为例，以物抵债协议当事人不具有购买不动产的意思表示，与商品房消费者的生存权无关，即便签订了商品房买卖合同，其基础法律关系也是以物抵债，如果商品房买卖合同未能履行，抵债受让人仍然可以主张原债权；如果赋予抵债受让人物权期待权，能够排除强制执行，则会导致当事人自行确认并签订清偿协议的债权优先于其他债权受偿，扰乱债权清偿顺序，损害债权平等受偿原则。此类债权与其他普通债权相比，不具有优先保护的合理性和必要性。在（2021）最高法民申 969 号和（2021）最高法民申 948 号民事裁定中，法院均认为购房消费者应是以生活居住为目的的购房人，案涉当事人签订房屋买卖合同的目的是以房屋抵偿此前的借款，其实质是实现以物抵债的交易目的，并非用于居住，故不享有优先于普通债权受偿的权利。

（五）指向标的物必须是房地产经营者所开发的商品房

物权优先于债权是一般原则，突破该原则仅仅是例外，且该突破必须有实体法上的依据，否则会对民法基本理论以及交易秩序造成冲击。购房消费者的物权期待权来源于 2002 年《优先权批复》，与购房消费者的概念相对应的是房地产企业。况且，对于房地产经营者开发销售的商品房而言，由于有比一般民事主体更严格的监管制度，买卖双方一般都签订规范的商品房销售合同，绝大多数情况还要办理销售合同备案、网签或者预登记手续，比较容易判断。而对于二手房交易，交易模式相对灵活，不易掌握。因此，二手房购房人的权利不应当优先于建设工程优先权。如在福建省宁德市中级人民法院（2022）闽 09 民终 1587 号案外人执行异议之诉一案中，法院认为，购房消费者指的是向房地产开发企业购买商品房的买受人，即合同相对方必须是房地产开发企业。购房消费者向不属于房地产开发企业的公司购买案涉房产并签订房屋买卖协议，其所享有的实体权利不符合对购房消费者生存权保护的规定，也就不足以阻却抵押权人对案涉房产的强制执行。

【实务中应注意的问题】

至于被拆迁人对安置房物权期待权的保护，应参照适用消费者请求权保护的规定。鉴于拆迁行为使被拆迁人失去了最基本的生活资料，故被拆迁人签署产权调换拆迁安置协议后，以失去被拆迁房屋为代价获得对置换房屋的具有排他性、优先性的物上请求权。该权利保护与消费者请求权保护的目的均是保障基本生存权利，被拆迁人对安置房屋享有的请求权应当与消费者请求权受到同等保护，即可以对抗承包人的建设工程优先权。如在上海市第二中级人民法院（2016）沪02民终7920号企业借贷纠纷一案中，法院认为，动迁安置户在原有房屋被拆迁后，实际领受了安置房，对取得的安置房已经全额付出了对价，可以参照适用2002年《优先权批复》的规定，即使该安置房被抵押登记，动迁户对房屋的权利也优先于抵押权人受保障。

二、建设工程优先权与不动产约定抵押权的冲突

【问题的提出】

由于发包人通常以土地使用权及在建工程作为抵押财产向金融机构融资，金融机构享有的抵押权往往与承包人对建设工程享有的优先权产生冲突。

为处理这两种权利的冲突问题，《施工合同司法解释（一）》第36条规定："承包人根据民法典第八百零七条规定享有的建设工程价款优先受偿权优于抵押权和其他债权。"该规定延续自2002年《优先权批复》第1条。尽管前述条文对建设工程优先权优于抵押权作出了明确规定，但理论界对此仍存在不少争议。事实上，《民法典》立法起草者认为，建设工程优先权的权利顺位问题属于争议较多的问题，故《民法典》并未对该争议问题作出规定。① 因此，有必要结合建设工程优先权的性质、我国法律法规的相关规定，对建设工程优先权与不动产约定抵押权的冲突问题进行分析。

【基本观点】

对建设工程优先权与不动产约定抵押权的权利顺位问题，理论和实务中主要存在以下观点：

---

① 参见黄薇主编：《中华人民共和国民法典合同编解读》（下册），中国法制出版社2020年版，第1053页。

第一种观点：建设工程优先权优先于不动产约定抵押权。最高人民法院民事审判第一庭认为，建设工程优先权属于特别优先权，即法律规定债权人对于债务人的特定财产享有的优先于其他一切民事请求受偿的权利，[①]建设工程优先权优于抵押权，更优于一般债权。根据我国现行法的规定，登记不是建设工程优先权产生的条件，权利产生时间也不应作为判断建设工程优先权与抵押权权利顺位的标准。[②] 有学者虽将建设工程优先权的性质界定为法定抵押权，但也认为该法定抵押权优先于约定抵押权。其理由是：法律特别规定了承包人的法定抵押权，目的在于赋予特定债权以特定保护，如以其他因素来确定法定抵押权和意定抵押权的先后顺序，势必使法定抵押权制度的功能丧失殆尽。[③]

第二种观点：原则上建设工程优先权优先于约定抵押权，但在承包人滥用权利时应限制建设工程优先权的优先效力。具体而言，如果承包人明知或应知发包人已就案涉工程设立了抵押权且已公示，仍提高建设工程价款数额，则对增加的建设工程价款数额部分不应适用《民法典》第 807 条后段的规定，而应优先类推适用《民法典》第 414 条第 1 款的规定。[④]

第三种观点：应当按照权利成立的时间先后判断建设工程优先权与不动产约定抵押权的先后顺序。例如，有学者认为，建设工程优先权为法定抵押权，本质上也是一种抵押权，其与约定抵押权的根本区别在于成立方式上的不同，应按照时间在先、权利在先的原则确定优先受偿顺序，建设工程优先权的成立时间为发包人未按约支付价款时。[⑤] 有学者虽认同以成立时间确定权利优先顺位，但认为建设工程优先权的成立时间为建设工程合同成立之时。[⑥]

第四种观点：建议建立建设工程优先权的登记制度，应结合建设工程优先权的登记状态和成立时间判断权利优先顺位。有学者认为，承包人建设工程优先权

---

① 参见最高人民法院民事审判第一庭编著：《最高人民法院新建设工程施工合同司法解释（一）理解与适用》，人民法院出版社 2021 年版，第 375－376 页。

② 参见最高人民法院民事审判第一庭编著：《最高人民法院新建设工程施工合同司法解释（一）理解与适用》，人民法院出版社 2021 年版，第 373－374 页。

③ 参见余能斌、范中超：《论法定抵押权——对〈合同法〉第 286 条之解释》，载《法学评论》2002 年第 1 期。

④ 参见崔建远：《论建设工程价款优先受偿权》，载《法商研究》2022 年第 6 期。

⑤ 参见张学文：《建设工程承包人优先受偿权若干问题探讨》，载《法商研究》2000 年第 3 期。

⑥ 参见王一兵：《论建筑工程承包人的法定抵押权——对〈合同法〉第 286 条的理解和探讨》，载《当代法学》2002 年第 11 期。

和建设工程贷款人的抵押权均属于不动产特别优先权，二者发生竞合时，应依登记先后依次受偿；有未登记的，已登记的优先于未登记的受偿；若均未登记，由于建设工程贷款人优先权成立在先，应优先于建设工程承包人优先权受偿。①

【观点分析】

（一）建设工程优先权的性质

对于建设工程优先权的性质，理论界存在“留置权说”②、“法定抵押权说”③、“优先权说”④等不同观点。其中，“优先权说”为主流观点，其原因在于：

首先，“留置权说”存在理论缺陷。我国法律规定中留置权的客体为动产，而建设工程为不动产；留置权成立和存续的条件是留置权人占有标的物，而建设工程价款纠纷中工程通常已竣工验收、交付给发包人。⑤

其次，“法定抵押权说”与我国抵押权相关制度存在龃龉。除《民法典》第 397 条等极少数条款规定的法定抵押权外，典型的不动产抵押权都以登记为生效要件，而现行法律规定对建设工程优先权并无此要求；建设工程优先权所担保的范围不包括利息、违约金、损害赔偿金等，与现行法律规定的抵押担保范围不一致；根据《民法典》第 414 条的规定，抵押权的优先顺位按照登记公示的先后顺序确定，而建设工程优先权无论公示与否都优先于抵押权担保的债权受偿。⑥

最后，“优先权说”具有合理性。优先权是指特种债权人直接基于法律规定而对债务人的全部财产或特定财产享有的优先受偿其债权的权利。优先权的设立或是基于公共利益和国家利益的要求，或是基于社会政策的要求，旨在保护具有特殊社会基础的债权人。⑦ 建设工程优先权制度旨在解决发包人拖欠工程款的问

---

① 参见王全弟、丁洁：《物权法应确立优先权制度——围绕合同法第 286 条之争议》，载《法学》2001 年第 4 期。

② 参见李晓春：《建设工程适用留置权制度之立法思考》，载《政治与法律》2006 年第 4 期。

③ 参见余能斌、范中超：《论法定抵押权——对〈合同法〉第 286 条之解释》，载《法学评论》2002 年第 1 期；张学文：《建设工程承包人优先受偿权若干问题探讨》，载《法商研究（中南政法学院学报）》2000 年第 3 期。

④ 参见王全弟、丁洁：《物权法应确立优先权制度——围绕合同法第 286 条之争议》，载《法学》2001 年第 4 期；申卫星：《论优先权同其他担保物权之区别与竞合》，载《法制与社会发展》2001 年第 3 期。

⑤ 参见崔建远：《论建设工程价款优先受偿权》，载《法商研究》2022 年第 6 期。

⑥ 参见崔建远：《论建设工程价款优先受偿权》，载《法商研究》2022 年第 6 期。

⑦ 参见王全弟、丁洁：《物权法应确立优先权制度——围绕合同法第 286 条之争议》，载《法学》2001 年第 4 期。

题,保障承包人工程价款债权的实现,[①]具有特定的社会政策基础。将建设工程优先权作为优先权的一种,视为法定担保物权,也能够与其他特别法规定的优先权一起共同组成优先权体系。[②] 本书赞同上述观点,将建设工程优先权界定为法定优先权更为妥当。

(二)建设工程优先权应优先于不动产约定抵押权

建设工程优先权优先于不动产约定抵押权具有理论和现实依据。

首先,从制度目的来看,建设工程优先权制度旨在解决建设工程发包人拖欠工程款的问题,保障承包人价款债权的实现。[③] 在建设工程项目实践中,大多数抵押权优先于建设工程优先权产生,如果按照权利产生的时间确定权利优先顺位,势必造成建设工程优先权的制度目的落空。[④] 建设工程优先权优先于不动产约定抵押权,有助于贯彻建设工程优先权保护劳动报酬的立法目的,有助于承包人获得工程款支付,促进建筑业的持续健康发展,也有助于保障承包人获得应得的报酬,符合建设工程合同作为承揽合同的本质。[⑤]

其次,从权利性质来看,建设工程优先权属于费用性担保物权(以担保因保存或增加标的物价值所产生的债权为目的),应优先于融资性担保物权(以担保因融资所产生的债权为目的)。就标的物而言,施予劳务、技术或供给材料所产生的债权,法律通常赋予担保物权予以特别保障。这种担保物权虽然发生在后,但通常具有优先于一般担保物权的效力。如果建设工程优先权劣后于不动产约定抵押权,则是以承包人的费用清偿发包人的债务,有失公平。[⑥] 承包人通过建造行为,至少保持了建设工程的价值,如果抵押权人可以从中优先取偿,违背诚实信用原则和事物内在之理。[⑦]

① 参见黄薇主编:《中华人民共和国民法典合同编解读》(下册),中国法制出版社 2020 年版,第 1044 页。

② 参见崔建远:《论建设工程价款优先受偿权》,载《法商研究》2022 年第 6 期。

③ 参见黄薇主编:《中华人民共和国民法典合同编解读》(下册),中国法制出版社 2020 年版,第 1044 页。

④ 参见李建星:《〈民法典〉第 807 条(建工价款的优先受偿权)评注》,载《南京大学学报(哲学·人文科学·社会科学)》2021 年第 4 期。

⑤ 参见最高人民法院民事审判第一庭编著:《最高人民法院新建设工程施工合同司法解释(一)理解与适用》,人民法院出版社 2021 年版,第 375 - 376 页。

⑥ 参见谢在全:《民法物权论》(上册),中国政法大学出版社 1999 年版,第 33 - 34 页。

⑦ 参见李建星:《〈民法典〉第 807 条(建工价款的优先受偿权)评注》,载《南京大学学报(哲学·人文科学·社会科学)》2021 年第 4 期。

最后,参考其他法定优先权的规定,法定优先权应具有对抗其他担保物权的效力。例如,《海商法》第25条规定:船舶优先权先于船舶留置权受偿,船舶抵押权劣后于船舶留置权受偿。该规定确立了法定优先权高于法定担保物权、意定担保物权低于法定担保物权的权利效力位序。① 如将建设工程优先权定位为法定优先权,其亦应具有对抗其他担保物权的效力。

(三)建设工程优先权登记制度再思考

不少学者认为,建设工程优先权缺乏公示性,不利于保障交易安全,也给判断权利产生时间带来困难,建议建立建设工程优先权登记制度。其中,多数观点认为登记并非生效要件而是对抗要件:建设工程优先权依法律规定而直接产生,但需经登记才能产生对抗其他权利的效力。② 例如,有学者认为应当采"两次登记制":建设工程优先权产生后即进行预告登记(建设工程优先权的产生时间为发包人逾期不支付工程款时),确认承包人的优先权地位,未进行预告登记的工程价款请求权不得对抗抵押权和其他债权;在工程完工结算后一定时间内进行第二次登记,以确认优先权数额。③

就建设工程优先权的登记对抗制度,本书第一章进行了较为详细的阐述,这里再介绍另一种观点,即建设工程优先权登记对抗制度不具有必要性和可行性。

首先,建设工程优先权并不缺乏公示性。优先权并非无须公示的物权,只不过是无须以占有或登记进行公示的担保物权,法律对优先权的种类、内容、顺位的明确规定本身即为优先权的公示方法。④ 我国现行法律明确规定承包人享有建设工程优先权,并规定该权利优先于不动产约定抵押权。《民法典》第807条之文义及我国司法实践均明确建设工程优先权的产生时间为发包人逾期不支付工程款之时。因此,现行法律的规定已足以作为建设工程优先权的公示方法,额外增设登记作为公示方法并不必要。

其次,建立建设工程优先权的登记制度,理由之一是为给发包人的潜在交易

---

① 参见隋卫东、隋灵灵:《建设工程优先受偿权与其他权利竞存的探析》,载《法学论坛》2007年第5期。

② 参见李世刚:《论法定不动产担保物权隐秘性削减的修法趋势——以法国和台湾地区的经验看我国〈合同法〉第286条》,载《法学杂志》2016年第11期;李建华、董彪:《我国法定抵押权制度的若干立法构想》,载《当代法学》2006年第2期。

③ 参见王淑华:《工程价款优先受偿权之预告登记制度构建》,载《法学论坛》2008年第2期。

④ 参见申卫星:《论优先权同其他担保物权之区别与竞合》,载《法制与社会发展》2001年第3期。

对象提供交易信息。这意味着要在发包人与银行等债权人签订借款合同之前就已完成建设工程优先权的登记,但这实际上是不可能的,因为发包人是否拖欠及拖欠多少工程款项需在工程竣工后通过双方结算才能准确厘定,只有这时才能登记准确的建设工程优先权。① 实践中,发包人往往在建设工程开工前或施工过程中就与金融机构签订借款合同获取融资,此时建设工程优先权担保的债权数额更无从登记,无法为银行等债权人提供充分的交易信息。

因此,本书认为建立建设工程优先权的登记对抗制度不具有必要性,实践中也难以操作。一方面,现有法律规定已足以发挥建设工程优先权的公示作用,在建设工程优先权成立之时进行预告登记缺乏必要性;另一方面,在建设工程完工结算后对建设工程优先权担保的数额进行二次登记,也难以发挥给发包人债权人提供充分交易信息的作用。在法律对建设工程优先权的产生及权利顺位已作明确规定的情况下,发包人的潜在交易对象应对建设工程优先权的存在有所预期,交易时亦可通过询问和调查等方式查明建设工程优先权的状态,并进行相应的交易安排。

【实务中应注意的问题】

建设工程优先权优先于抵押权的前提是建设工程优先权仍为有效存续。实践中,建设工程优先权可能因承包人放弃、逾期未行使而消灭。司法解释对于建设工程优先权的行使方式未作规定,实践中亦存在不同理解。例如,在最高人民法院发布的150号指导性案例(2018)浙民申3524号案中,法院认为发函主张建设工程优先权并非法律规定的行使优先权的方式。而在(2020)最高法民再352号申请执行人执行异议之诉一案中,最高人民法院则认为承包人行使建设工程优先权的形式包括且不限于通知、协商、诉讼、仲裁等方式。实践中,承包人应关注其是否以合理方式已在法定期限内行使建设工程优先权,裁判者则应关注建设工程优先权及抵押权是否仍为有效存续、是否存在消灭事由。

【典型案例(一)】

沈阳华强建设集团有限公司、阜新盛金投资管理有限公司等债权人撤销权纠纷执行复议案②

2005年,承包人与发包人签订建设工程施工合同,约定发包人将"领先国际"

---

① 参见常鹏翱:《论可登记财产权的多元化》,载《现代法学》2016年第6期。

② 参见最高人民法院执行裁定书,(2021)最高法执复48号。

工程中的中央空调安装工程发包给承包人。后因合同履行出现争议,承包人向法院提起诉讼。2015 年 7 月,法院判决施工合同解除、发包人向承包人支付工程款项,并判决承包人在发包人欠付款项范围内对“领先国际”工程中的中央空调安装工程享有优先受偿权。

2013 年 6 月 20 日,发包人与盛京银行签订借款合同及抵押合同,约定发包人向盛京银行借款 10.1 亿元用于“领先国际”城项目建设,发包人以包括案涉工程在内的在建工程和土地作为抵押财产。盛京银行对前述借款合同和抵押合同作了公证,后向法院申请强制执行公证债权文书。2015 年 8 月,因债权转让,申请执行人变更为盛金公司。

2015 年 8 月,就银行债权执行案,承包人向执行法院主张建设工程优先权并要求参与分配。执行过程中,执行法院对部分案涉工程进行了处置,部分在建工程及土地使用权已抵债给申请执行人。2018 年,承包人就银行债权执行案向法院提出执行异议。

最高人民法院认为,本案的争议焦点之一是承包人、盛金公司债权的受偿顺序。

根据 2002 年《优先权批复》第 1 条规定,人民法院在审理房地产纠纷案件和办理执行案件中,应当依照 1999 年《合同法》第 286 条的规定,认定建筑工程的承包人的优先受偿权优于抵押权和其他债权。《施工合同司法解释(一)》第 36 条规定:“承包人根据民法典第八百零七条规定享有的建设工程优先权优于抵押权和其他债权。”本案中,承包人对“领先国际”城项目中央空调安装工程享有优先受偿权,清偿顺序上依法应当优先于盛金公司享有的抵押权。

【典型案例(二)】

福建平潭融泰资产管理有限公司、北京鹏润金服在线信息技术有限公司建设工程施工合同纠纷案①

就发包人与承包人之间的建设工程施工合同纠纷案件,法院判决发包人支付欠付工程款,并确认承包人在发包人欠付工程款范围内对案涉工程享有优先受偿权。判决生效后,法院立案执行,于 2019 年 3 月发布执行公告,对案涉工程进行评估拍卖。

① 参见最高人民法院执行裁定书,(2019)最高法执复 107 号。

融泰公司、鹏润公司于2019年4月对本案提出执行异议，请求暂停对案涉房产的评估拍卖，理由是案涉工程中有169套房产的抵押权登记在鹏润公司名下，鹏润公司已于2018年4月将房产的抵押权和相应主债权转让给融泰公司，但因房产被查封而未办理变更登记。

最高人民法院认为，本案的争议焦点之一是兰州铁路运输中级法院对案涉房产的评估、拍卖是否损害了复议申请人的合法权益。

《执行拍卖变卖规定》第28条规定："拍卖财产上原有的担保物权及其他优先受偿权，因拍卖而消灭，拍卖所得价款，应当优先清偿担保物权人及其他优先受偿权人的债权，但当事人另有约定的除外。"鹏润公司虽对案涉房产享有抵押权，但该抵押权不能阻却法院的执行，该抵押权因司法拍卖而消灭后，鹏润公司可以就案涉房产中169套房产拍卖所得价款享有优先受偿权。同时，由于申请执行人（承包人）对案涉房产享有建设工程优先权。根据2002年《优先权批复》第1条的规定，人民法院在审理房地产纠纷案件和办理执行案件中，应当认定建筑工程的承包人的优先受偿权优于抵押权和其他债权，即承包人的优先受偿权优先于鹏润公司的抵押权受偿，故复议申请人以其对案涉部分房产享有抵押权可以阻却执行的理由不能成立。

三、建设工程优先权与预告登记的权利冲突

【问题的提出】

根据《民法典》第221条规定，预告登记后，未经预告登记的权利人同意，处分该不动产的，不发生物权效力。结合《执行异议和复议规定》第30条之规定，如果房屋买受人在房屋所有权转移之前办理了预告登记，该预告登记的法律效果是什么？房屋买受人可否据此对抗该房屋对应的建设工程优先权？

【基本观点】

房屋买受人在房屋所有权转移之前办理了预告登记，该预告登记的效力不能对抗该房屋所对应的建设工程优先权，除非该房屋买受人属于法律规定的购房消费者。

【观点分析】

(一)商品房预告登记制度的背景[①]

房地产企业出售的房屋分为现售房和预售房,我国第一次住房制度改革时引入商品房预售制度,俗称"卖楼花""卖期房"。商品房预售制度在一定程度上满足了房地产开发企业的资金需求,盘活房地产开发企业资金链,故房地产市场的繁荣催生了商品房抵押权预告登记制度。1994 年,我国出台《城市房地产管理法》,首次将商品房预售制度化。1995 年,原建设部制定《城市商品房预售管理办法》,加强商品房预售管理,细化商品房预售程序。虽然商品房预售制度在 1995 年时就以立法的形式确认下来,但直到 2000 年《担保法解释》出台,涉及"正在建造中的房屋或其他建筑物"的抵押效力的规定,才在立法层面上真正出现。之后《物权法》确立了预告登记制度,《房屋登记办法》明确将商品房抵押权纳入预告登记的范围。至此,商品房抵押权预告登记的概念终于出现,这一制度使房产抵押方面的权利保全制度发挥了更大作用。

在具体操作方面,在房地产开发阶段,往往由金融机构为开发商提供房地产开发贷款,开发商以建设用地使用权和在建工程为金融机构提供担保;商品房预售时,金融机构根据开发商的还款情况,逐户向开发商出具抵押物放行清单,开发商凭放行清单进行预售;房地产管理部门对销售进行监管,对金融机构已经放行的抵押房产办理抵押权注销登记,对于销售给购房人的房产,办理所有权预告登记。同时,在房地产预售阶段,购房人缴纳首付款后,购房人以预售房屋为抵押向金融机构申请按揭贷款,办理抵押权预告登记手续。[②] 为确保房屋购买人能如约还本付息,银行要求开发商必须在借款合同中或者在双方另行签订的保证合同中约定:在预售商品房未取得房屋权属证书、房屋抵押登记未办妥或者贷款银行未取得他项权利证明书前,开发商对购房者的借款本息承担阶段性的连带责任保证。开发商在预售之前与选定的银行签订"房地产抵押贷款合作协议",开发商按照协议在银行开立贷款保证金账户,并存入一定比例的保证金;如某一商品房抵

---

① 参见蒋子翘:《论预售商品房抵押预告登记的效力与规制》,载王利明主编:《判解研究》总第 90 辑,人民法院出版社 2020 年版,第 67 – 68 页。

② 福建省厦门市中级人民法院课题组郝勇、叶炳坤、王池:《关于认可抵押权预告登记优先受偿效力的调研报告》,载齐树洁主编:《东南司法评论》(2017 年卷 · 总第 10 卷),厦门大学出版社 2017 年版,第 51 页。

押贷款发生逾期或违约，银行从该保证金账户直接扣除相应款项，开发商则要及时补足保证金。①

因此，我国法律只规定了预售房屋抵押权预告登记在未经权利人同意时处分的排他效力，其目的实际上是维护设立预告登记的请求权，排除妨害以顺利实现为预抵押权人设立正式抵押的物权变动。

（二）预告登记制度的功能

《民法典》第221条第1款规定了预告登记的法律效果，即预告登记后，未经预告登记的权利人同意，处分该不动产的，不发生物权效力。《最高人民法院关于适用〈中华人民共和国民法典物权编〉的解释（一）》第4条规定："未经预告登记的权利人同意，转让不动产所有权等物权，或者设立建设用地使用权、居住权、地役权、抵押权等其他物权的，应当依照民法典第二百二十一条第一款的规定，认定其不发生物权效力。"《执行异议和复议规定》第30条也规定："金钱债权执行中，对被查封的办理了受让物权预告登记的不动产，受让人提出停止处分异议的，人民法院应予支持；符合物权登记条件，受让人提出排除执行异议的，应予支持。"

可见，预告登记是对将来发生不动产物权设立或者变动为目的的债权请求权的登记，预告登记后，物权并不产生设立或者变动的法律效果，而是通过对相对人向第三人处分预告登记标的物的限制，使得该债权请求权的实现得到充分保障。预告登记使得被登记的不动产请求权具有了物权效力，但并不改变请求权本来的法律关系，预告登记权利人享有的权利本质仍为债权请求权。② 当然，预告登记亦区别于物权登记，后者是针对物权设立、变动进行的登记。我国不动产物权变动采登记生效主义，通常所说的登记就是指不动产登记。不动产登记后，不动产物权才发生设立、变动的法律效果。

通说认为，预告登记的法律效果集中表现为五个方面③：一是保障将来实现物权。所谓将来实现物权，就是指将来能够取得物权或者发生物权变动，这是预告登记制度最主要的功能。二是对第三人的对抗效力。基于预告登记，能够使普通

① 孟祥沛：《论中国式按揭》，载《政治与法律》2013年第5期。

② 最高人民法院民法典贯彻实施工作领导小组主编：《中华人民共和国民法典物权编理解与适用》（上），人民法院出版社2020年版，第120页。

③ 最高人民法院民法典贯彻实施工作领导小组主编：《中华人民共和国民法典物权编理解与适用》（上），人民法院出版社2020年版，第118－119页。

债权产生一种对抗第三人的效力。例如,在办理预告登记之后,合同债权具有对抗第三人取得物权的效力。三是保存顺位的效力。不动产权利的顺位不是依现实登记的日期确定,而是以预告登记的日期加以确定。四是破产保护的效力。在相对人破产、但预告登记权利人请求权的履行期限尚未届满或者履行条件并未达成时,权利人可以请求将作为请求权标的的不动产不列入破产财产,使请求权发生指定的效果。五是对执行的对抗效力。例如,开发商资不抵债,开发商的债权人(包括抵押权人)申请执行,如预售合同经过预告登记,预告登记权利人则有权主张停止处分异议或者排除执行异议。

(三)房屋买受人办理预告登记不能对抗该房屋所对应的建设工程优先权

如果房屋买受人在房屋所有权转移之前办理了预告登记,该预告登记的效力是否能够对抗该房屋所对应的建设工程优先权?理论界有两种不同的观点,表现为肯定说与否定说的极端对立。

肯定说认为不动产预告登记权利人对于该不动产享有优先受偿权。主要理由有:一是将抵押预告登记视为抵押本登记,认定抵押权设立。二是抵押预告登记本质上属于在建工程抵押登记,故抵押权已设立,债权人对商品房享有优先受偿权。三是预售商品房具备办理抵押登记条件,但抵押人拒不办理的,法院可以直接判决抵押权人享有优先受偿权。四是无论是抵押预告登记,还是正式的抵押登记,只要当事人在不动产登记机构办理了以抵押为意思表示的登记,抵押权就有效设立。这一观点有相关案例佐证,据不完全统计,如浙江省杭州市中级人民法院(2014)浙杭商外终字第27号民事判决、福建省福州市中级人民法院(2015)榕民终字第5965号民事判决、安徽省高级人民法院(2014)皖民二终字第00780号民事判决、湖南省高级人民法院(2019)湘民终870号民事判决。在执行程序中,有的法院认为案涉房屋办理了不动产预告登记,产生了物权法规定的法律效力,往往裁定中止执行,不支持承包人的建设工程优先权。

否定说认为抵押预告登记权利人不享有优先受偿权。一是在《最高人民法院公报》2014年第9期中国光大银行股份有限公司上海青浦支行诉上海东鹤房地产有限公司、陈某绮保证合同纠纷案中,最高人民法院认为,预告登记并未使银行获得现实的抵押权,而是待房屋建成交付借款人后银行就该房屋设立抵押权的一种预先的排他性保全。二是在中国银行股份有限公司福州元洪支行与福州世茂实业有限公司、张某琼金融借款合同纠纷一案中,法院认为预告登记属于债权保全措施,并具有排除他人处分标的物的物权效力。基于预告登记并非正式物权登记,故在仅办理预购商品房抵押权预告登记情况下,抵押权并未依登记而设立。[①]三是在威海广信房地产开发有限责任公司系列破产纠纷中,最高人民法院认为,预告登记系为保全一项请求权而进行的不动产登记,其登记内容是对物权的请求权,能够排除在后的物权变动,故原则上应认可其破产保护的效力,但不应一概而论。根据该案件情况,最高人民法院认定案涉先前预告登记并不具有转为本登记的必然性,最终否定预告登记的效力。[②] 在执行程序中,法院往往认为办理预告登记的房屋买受人并不能取得对案涉房屋的物权,不能阻却对案涉项目的查封、评估、拍卖,亦不是司法解释规定的购买商品房并交付了全部或者大部分款项的消费者,故其权利不能对抗承包人的建设工程优先权。

本书赞同否定说观点,即预告登记权利人办理的预告登记不能对抗承包人享有的建设工程优先权。主要理由如下:

第一,就预告登记的性质而言,预先登记不是现实的不动产物权,而是将来发生不动产物权变动的请求权,是指在确定的财产登记还不具备条件时,为了保证将来财产权属变动能够顺利进行,而就相关的请求权进行的登记。预告登记本身仍然只是一种债权的保全手段,其目的系限制登记义务人在预告登记后对财产权利的处分行为,具有一定的"物权效力",但始终保持着债权性。[③] 因此,预告登记权利人所享有的请求权虽然被赋予了很强的公示效力,但仍然完全处于债务关系之中,并不能改变其债权请求权的实质。如在(2022)最高法民终 78 号执行异议之诉一案中,法院认为,受让人不能仅以办理了受让物权预告登记,就主张排除基于担保物权等优先受偿权的执行。根据原审已查明的事实,生效判决已经确认某公司对案涉商铺在尚欠工程款范围内享有建设工程优先权,故洪某不能依据已办理预告登记,主张排除某公司基于建设工程优先权的执行。

第二,依法成立的建设工程优先权,无须占有或登记,亦不以其成立在先为要件,法律已经明确赋予了承包人该优先受偿的权利。《施工合同司法解释(一)》

---

① 参见福建省福州市中级人民法院民事判决书,(2016)闽 01 民终 5508 号。

② 参见最高人民法院民事裁定书,(2020)最高法民申 6469 号;最高人民法院民事裁定书,(2020)最高法民申 1407 号;最高人民法院民事裁定书,(2020)最高法民申 6304 号等。

③ 高印立:《论建设工程价款优先受偿权的清偿顺位》,载陈福勇主编:《北京仲裁》(总第 115 辑),中国法制出版社 2021 年版。

规定建设工程施工合同的承包人行使建设工程优先权的期限自发包人应当给付建设工程价款之日起计算。而商品房预售条件之一是需要满足一定的施工进度要求(如完成基础工程、主体结构封顶等),故建设工程优先权的成立时间早于预售房屋的预告登记时间。[①] 基于工程优先受偿权的法定性,预告登记人在办理登记时应当知道建设工程优先权的存在,因此,尽管预告登记被赋予了一定的"物权效力",但也不应对抗在先成立的建设工程优先权。例如,《江苏省高级人民法院执行异议及执行异议之诉案件审理指南(二)》(已失效)第 11 条对该问题作出明确规定,即案外人以案涉不动产已办理物权预告登记为由,对金钱债权执行提出执行异议请求停止处分的,应予支持,但申请执行人对执行不动产享有工程优先受偿权的除外。

第三,不能超出制度的立法目的进行价值类推解释。预告登记所登记的不是不动产物权,其目的在于保障将来发生的不动产物权变动的请求权。例如,在房地产开发过程中,许多建设单位在出售期房以后,又以所谓在建工程的形式将期房进行抵押,甚至将整个建成的房屋在出售以后再行抵押给他人。如开发商资不抵债,开发商的债权人申请执行的,如预售合同经过预告登记,预告登记权利人有权主张停止处分异议或者排除执行异议。故预告登记对于解决"一房二卖"等敏感问题具有特殊作用,体现了"维护交易安全和合同稳定"的法律价值。但是,若以此价值判断出发赋予预告登记以优先受偿权的效力,显然不符合立法目的。从前述多个最高人民法院案例分析可见,最高人民法院的多数观点认为预告登记并不必然具有优先受偿的效力。

第四,从法律逻辑上分析,如果预告登记请求权优先于建设工程优先权,则会造成法律秩序的严重错乱。如在湖北省高级人民法院(2016)鄂民终 181 号执行异议之诉一案中,法院认为,如假设预告登记请求权优先于建设工程优先权,则会出现作为买受人的物权期待权优先于建设工程优先权,建设工程优先权又无条件的优先于抵押权,此时,预告登记的请求权又无条件的优先于抵押权,而在抵押权登记在先的情况下,将预告登记请求权的顺位提到了法律规定的顺位之前,显然违背了物权优于债权的原则,且即使将预告登记请求权提高到物权的效力,亦违

---

① 高印立:《论建设工程价款优先受偿权的清偿顺位》,载陈福勇主编:《北京仲裁》(总第 115 辑),中国法制出版社 2021 年版。

背了在先物权效力优先于在后物权的原则。

第五，司法裁判可以印证预告登记并不必然转化为不动产物权登记。实践中，往往是预告登记权利人诉请裁判机构判决抵押人履行抵押合同，即对于符合办理不动产抵押登记条件而预告登记义务人拒不协助申请登记的案件，法院可行使释明权，告知无过错的预告登记权利人获得优先受偿权的法定要件以及实现路径，避免产生重复诉讼。对此，最高人民法院亦认为："预告登记权利人享有的权利本质仍为债权请求权。如相对人不履行合同约定，则权利人无权依据预告登记直接取得物权，其可通过依法主张继续履行合同的方式，实现不动产物权。"①在浙江省高级人民法院（2020）浙民终739号债权转让合同纠纷一案中，法院认为，在未办理正式抵押权登记前，权利人某公司仅享有抵押登记条件成就或约定期限届满时对案涉房屋办理抵押登记的请求权，其不能基于该抵押权预告登记主张对案涉房屋享有优先受偿权。而结合《民法典担保制度解释》第52条第1款规定："当事人办理抵押预告登记后……经审查已经办理建筑物所有权首次登记，且不存在预告登记失效等情形的，人民法院应予支持，并应当认定抵押权自预告登记之日起设立。"换言之，预告登记的效力在于当能够办理抵押登记时，预告登记权利人能够获得较其他担保物权人或者债权人更加优先的顺位。即使要转化为不动产登记，在抵押人拒不配合时，也只能通过裁判方式判决抵押人履行抵押合同，而登记机关根据登记审查，最终也是赋予权利人以抵押权，而非其他优先权。

综上，除非系《执行异议和复议规定》规定的同时具备"已经交付全部或部分所购商品房价款"以及"消费者"这两个条件，房屋买受人的债权才可以排除建设工程价款优先权的强制执行。否则，对于仅经过了预告登记、尚未取得物权的债权人，不能以此对抗承包人就其承建的工程行使的建设工程优先权。

四、建设工程优先权与保证的关系

【问题的提出】

实践中，建设工程优先权与保证可能并存：一方面，承包人依据《民法典》第807条享有建设工程优先权；另一方面，第三人可能为发包人支付工程款的债务提

---

① 最高人民法院民法典贯彻实施工作领导小组主编：《中华人民共和国民法典物权编理解与适用》（上），人民法院出版社2020年版，第120页。

供保证担保。发包人逾期未履行支付建设工程价款义务时，承包人实现建设工程优先权与要求保证人承担保证责任何者优先，二者是否相互影响，值得探讨。

【基本观点】

对于建设工程优先权与保证的关系，实践中存在两种不同观点：

第一种观点：建设工程优先权属于承包人的法定权利，不是《民法典》规定的物的担保，承包人是否行使建设工程优先权不影响保证人保证义务的承担。

第二种观点：建设工程优先权在内容和效力上符合《民法典》第386条关于担保物权的规定，可以准用《民法典》有关担保物权的规定。当事人对于优先实现建设工程优先权还是担保债权没有约定或约定不明确时，承包人应当优先行使建设工程优先权，保证人只在建设工程优先权不能受偿的范围内承担责任。[①] 本书赞成第二种观点。

【观点分析】

（一）建设工程优先权与保证债权的实现顺序

根据理论界和实务界对建设工程优先权性质的理解，建设工程优先权为不动产优先权，属于法定的具有担保性质的物权。[②] 由此，对建设工程优先权与保证的关系问题，可类推适用《民法典》关于担保物权与保证关系的一般规定。

《民法典》第392条规定："被担保的债权既有物的担保又有人的担保的，债务人不履行到期债务或者发生当事人约定的实现担保物权的情形，债权人应当按照约定实现债权；没有约定或者约定不明确，债务人自己提供物的担保的，债权人应当先就该物的担保实现债权；第三人提供物的担保的，债权人可以就物的担保实现债权，也可以请求保证人承担保证责任。提供担保的第三人承担担保责任后，有权向债务人追偿。"据此，如当事人对实现建设工程优先权及保证债权的顺序存在约定的，承包人应按照约定实现债权；如无约定或约定不明确，由于建设工程相当于发包人自身提供的担保物，承包人应首先行使建设工程优先权，保证人仅在建设工程优先权不能清偿的范围内承担责任。

---

① 参见李后龙、潘军锋：《建设工程价款优先受偿权审判疑难问题研究》，载《法律适用》2016年第10期。

② 参见最高人民法院民事审判第一庭编著：《最高人民法院新建设工程施工合同司法解释（一）理解与适用》，人民法院出版社2021年版，第375－376页；崔建远：《论建设工程价款优先受偿权》，载《法商研究》2022年第6期。

(二)建设工程施工合同无效对承包人建设工程优先权和保证人责任的影响

在建设工程施工合同无效而建设工程质量合格的情况下,承包人仍享有建设工程优先权。《施工合同司法解释(一)》第38条规定:"建设工程质量合格,承包人请求其承建工程的价款就工程折价或者拍卖的价款优先受偿的,人民法院应予支持。"即承包人享有建设工程优先权不以建设工程施工合同有效为前提,应以工程质量合格作为工程款支付条件。① 据此,如建设工程质量合格,即使建设工程施工合同无效,承包人仍可行使建设工程优先权。

《民法典》第682条第1款规定:"保证合同是主债权债务合同的从合同。主债权债务合同无效的,保证合同无效,但是法律另有规定的除外。"《民法典担保制度解释》第17条第2款规定:"主合同无效导致第三人提供的担保合同无效,担保人无过错的,不承担赔偿责任;担保人有过错的,其承担的赔偿责任不应超过债务人不能清偿部分的三分之一。"据此,如因建设工程施工合同无效导致保证合同无效,保证人是否承担赔偿责任需视其是否存在过错而定。

因此,在建设工程施工合同无效的情况下,承包人是否仍可行使建设工程优先权和保证债权,需结合建设工程质量是否合格、保证人对合同无效是否存在过错来确定。

(三)承包人放弃建设工程优先权对保证责任的影响

《施工合同司法解释(一)》第42条规定:"发包人与承包人约定放弃或者限制建设工程优先权,损害建筑工人利益,发包人根据该约定主张承包人不享有建设工程优先权的,人民法院不予支持。"根据该规定,在不损害建筑工人利益的前提下,承包人放弃建设工程优先权的行为有效。

承包人放弃建设工程优先权,是否影响保证人承担的保证责任范围?现行法律对此未作明确规定。鉴于建设工程优先权具有法定担保物权的性质,或可类推适用《民法典》中有关担保物权人放弃担保物权的规定。《民法典》第409条第2款规定:"债务人以自己的财产设定抵押,抵押权人放弃该抵押权、抵押权顺位或者变更抵押权的,其他担保人在抵押权人丧失优先受偿权益的范围内免除担保责任,但是其他担保人承诺仍然提供担保的除外。"第435条规定:"质权人可以放弃

---

① 参见最高人民法院民事审判第一庭编著:《最高人民法院新建设工程施工合同司法解释(一)理解与适用》,人民法院出版社2021年版,第391-393页。

质权。债务人以自己的财产出质,质权人放弃该质权的,其他担保人在质权人丧失优先受偿权益的范围内免除担保责任,但是其他担保人承诺仍然提供担保的除外。”由上述规定可知,对于债务人提供的担保物,担保物权人放弃担保物权后,其他担保人在担保物权人丧失优先受偿权益的范围内免除担保责任。据此,承包人放弃建设工程优先权后,保证人应在承包人放弃优先受偿权益的范围内免除保证责任,除非其承诺仍然提供保证担保。

值得注意的是,《施工合同司法解释(一)》第 41 条还规定:“承包人应当在合理期限内行使建设工程价款优先受偿权,但最长不得超过十八个月,自发包人应当给付建设工程价款之日起算。”如承包人未在合理期限内行使建设工程优先权,是否影响保证人保证责任的范围? 本书认为,承包人怠于行使建设工程优先权,本质上类似于对建设工程优先权的放弃,保证人应在承包人丧失优先受偿权益的范围内免除保证责任。

【实务中应注意的问题】

建设工程优先权与保证债权均为有效是判断权利顺位的前提,考察二者关系之前,应分别判断两种权利是否已经产生、是否存在消灭事由。裁判者经过审理如认定承包人应优先行使建设工程优先权,则判决主文除认定承包人享有建设工程优先权外,应明确保证人仅在承包人不能完全受偿的范围内承担保证责任。

【典型案例】

中国一冶集团有限公司与普格县海德新能源有限公司、北京国顺投资股份有限公司建设工程施工合同纠纷案①

2016 年 4 月,发包人与承包人签订《总承包合同》,约定由承包人承包案涉项目。2016 年 5 月 5 日,北京国顺投资股份有限公司(以下简称国顺公司)向承包人出具《连带责任保证承诺函》,承诺就《总承包合同》项下债务人的所有债务承担无限连带保证责任,并约定:“(承包人)可以接受债务人或任何第三人现时或将来提供的任何抵押、质押或其他担保,或者解除或变更已持有的抵押、质押或其他担保而无须通知国顺公司,在任何一种情况下,国顺公司均应对债务人的所有未清偿债务承担无限连带保证责任。”承包人起诉请求发包人支付欠付工程款,并请求

① 参见四川省高级人民法院民事判决书,(2017)川民初 91 号。

判令国顺公司承担连带责任。

四川省高级人民法院认为，本案的争议焦点之一是国顺公司是否应该承担担保责任以及承担责任的具体方式问题。

根据2007年《物权法》第176条规定的"被担保的债权既有物的担保又有人的担保的，债务人不履行到期债务或者发生当事人约定的实现担保物权的情形，债权人应当按照约定实现债权；没有约定或者约定不明确，债务人自己提供物的担保的，债权人应当先就该物的担保实现债权；第三人提供物的担保的，债权人可以就物的担保实现债权，也可以要求保证人承担保证责任。提供担保的第三人承担担保责任后，有权向债务人追偿"。本案中，《连带责任保证承诺函》载明"本承诺函为一独立担保，承包人可以接受债务人或任何第三人现时或将来提供的任何抵押、质押或其他担保，在任何一种情况下，国顺公司均应对债务人的所有未清偿债务承担无限连带保证责任"。因此，在《连带责任保证承诺函》就物的担保与人的担保并存时，国顺公司仍对发包人债务承担无限连带保证责任有明确承诺的情形下，国顺公司应对发包人的债务承担无限连带保证责任。

五、同一工程项目中多个建设工程优先权的权利冲突

【问题的提出】

一般情况下，同一个建设工程中只存在一个承包人，但大型或复杂工程可能由两个以上承包人联合共同承包，单位工程项目通常包含多个分部、分项工程，不同工序也会发包给多个专业分包的承包人。司法实践认为，主张建设工程优先权不受发承包双方所签订合同效力的影响，只需满足工程质量合格的要件即可，故同一工程项目中有多个建设工程优先权的情况现实存在，如地基基础工程的承包人、主体工程的承包人、装饰装修工程的承包人可能同时被认定享有建设工程优先权。由此，各个承包人之间存在权利冲突的可能性，如何确定各方受偿顺序和受偿范围的问题需要解决。

【基本观点】

对于同一工程中多个建设工程优先权之间的权利顺位如何确定，实践中存在

不同的观点[①],具体如下:

第一种观点认为,应按照建设工程优先权成立的时间顺序受偿。该观点主张,建设工程优先权的性质属于法定抵押权[②],因抵押权具有物权的优先效力,而物权优先效力的本质是对标的物的直接支配权,成立在先的优先权优先获得支配地位,自然可以对抗成立在后的优先权。对于并存于建设工程上的数个优先权顺位如何确定,可参照《民法典》第 414 条关于抵押权顺位的规定,即先成立、先支配。该观点符合抵押权确立的"时序先后决定次序先后"的一般原则。

第二种观点认为,保存标的物价值的工程款债权应更为优先。[③] 如果不存在保存标的物价值的工程款债权,则按照工程款比例平等受偿。这一理论的依据是参照我国《海商法》中的船舶优先权制度。这是基于海难救助的特殊性,其逻辑是如果没有后序发生的救助使标的物现有价值得以保存,则先前存在的优先权也将丧失,所以《海商法》作出了这一规定。按照这一制度,后发生的海难救助费优先于船员工资、先发生的海难救助费。这一标准在理论上似乎更合理,但实践中通常难以认定后发生的工程款债权即属于保存标的物价值的债权。[④]

第三种观点认为,应按照起诉的时间顺序受偿。该观点主张,按照各承包人起诉发包人要求支付工程款的时间顺序依次排列其优先受偿权,更符合法律效力的优先原则,可以提高司法效率和避免程序烦琐,更有利于保护承包人的合法权益,更有利于促进建设工程纠纷的及时解决,更有利于维护建设工程市场的秩序和信用,是一种更合理、更公平、更有效的排序。[⑤]

第四种观点认为,应按照各承包人的债权比例分配平等受偿。该观点主张,建设工程优先权制度的核心价值之一在于对建筑工人劳动工资的保护。建设工程变现时若出现贱卖或因故无法完全变现,承包人只能收回部分工程款,若按先后顺序受偿,则部分工人的利益难以得到保障,违反了建设工程优先权制度保障

---

① 中国建设工程法律评论第四工作组编著:《建设工程优先受偿权》,法律出版社 2017 年版,第 221 页。

② 梁慧星:《合同法第二百八十六条的权利性质及其适用》,载《山西大学学报(哲学社会科学版)》2001 年第 3 期。

③ 蒋军平:《建设工程优先权的行使》,华东政法大学 2014 年硕士学位论文,第 22 页。

④ 蒋军平:《建设工程优先权的行使》,华东政法大学 2014 年硕士学位论文,第 22 页。

⑤ 张云昊:《同一不动产上数个建设工程优先受偿权,如何排序?》,载微信公众号"无讼研究院" 2023 年 5 月 12 日,https://mp.weixin.qq.com/s/Evhzb1NjykpJXI4quGoecQ。

劳动者薪酬权益的立法宗旨。因此,对于优先顺位可以采取有约定的按约定处理,无约定的,基于多个建设工程优先权产生的基础、指向对象的一致,工程价款的构成成分平等,应按各承包人的债权比例分配清偿。[①]

【观点分析】

本书同意上述第四种观点,主要理由如下:

首先,建设工程优先权的主要功能是担保,其依附于工程款债权存在,是一种从属性的权利,各承包人的权利来源是同质的,均是基于工程建设而发生。其次,工程款优先权制度设立的价值定位,涉及保障施工工人工资的考虑,属于施工工人的生存权范畴,生存权作为基本权利应当平等。再次,循序渐进是工程建设的自然属性,工序的发生必然存在先后顺序,并非各承包人有能力自主选择的范畴,各承包人所享有建设工程优先权的成立时间必然存在先后,该种顺序不能作为比较权利优劣的因素,否则有失公平。另外,起诉时间通常也受到建设工程优先权的成立时间的较大影响,不单是承包人行使权利积极性的反映,且各个建设工程优先权背后的工程价款债权之间可能存在牵连、包含的关系,必须以彼此作为计算的依据,故同样基于公平的考虑,不宜以起诉的时间顺序确定清偿顺位。最后,建设工程优先权目前并无登记制度,对其设立时间和价款范围的认定并非简单清晰,参照《民法典》第 414 条第 1 款第 3 项关于抵押权顺位的规定,未登记的抵押权应按债权比例清偿。

【实务中应注意的问题】

因不同承包人的债权债务关系相互独立,在司法实践中,多个优先权同时主张的情况较为少见,一般是各承包人分别起诉逾期不支付工程款的发包人并主张建设工程优先权,法院判决确认各承包人对其施工的工程部分价款债权相应享有优先权。至于各优先权的按比例受偿的最终实现,则要在执行程序中进行解决。对于多个优先权并存的情况,在审判和仲裁中应认真处理,除了关注防止发包人与承包人之间因特殊关系虚构或夸大优先权数额,还需关注裁判文书主文内容,处理好审执对接问题,避免波及其他优先权人利益。[②]

---

① 江必新、何东宁等:《最高人民法院指导性案例裁判规则理解与适用(房地产卷)》,中国法制出版社 2014 年版,第 268 - 269 页。

② 中国建设工程法律评论第四工作组编著:《建设工程优先受偿权》,法律出版社 2017 年版,第 222 页。

【典型案例】

王某、上海申桥建设开发有限公司与无锡明园房地产开发有限公司建设工程价款优先受偿权案

2009 年 3 月 12 日，明园公司与申桥公司签订《建设工程施工合同》一份，约定由申桥公司承建明园公司开发的“明园星都 3# – 10#楼及地下室”工程，承包范围为土建、水电安装，开工日期为 2009 年 3 月 28 日，竣工日期为 2011 年 3 月 28 日，工期为 730 天，合同价款暂定为 12,204.6488 万元。2009 年 3 月 18 日，申桥公司与王某签订《工程项目内部承包协议书》一份，约定申桥公司将“明园星都 3# – 10#楼及地下室”土建、水电安装工程施工任务内部承包给王某施工。同时约定，王某以工程结算总造价的 10% 上交给申桥公司，其余归王某支配，盈亏由王某自负。协议签订后，王某组织人员、设备进场施工。

2013 年 11 月 11 日，王某以申桥公司、明园公司为被告就工程款支付等事宜向浙江省绍兴市中级人民法院提起诉讼，要求申桥公司支付其工程款 65,260,326.7 元，并确认其对“明园星都 3# – 10#楼及地下室”项目折价或者拍卖的价款有优先受偿权等。

浙江省绍兴市中级人民法院受理案号为(2013)浙绍民初字第 7 号(以下简称 7 号案件)，该院经审理后判决：申桥公司应于判决生效之日起 30 日内支付王某工程款 12,724,187.6 元，并按中国人民银行发布的同期同类贷款利率四倍支付利息，王某就工程欠款 12,724,187.6 元对“明园星都 3# – 10#及地下室”工程享有优先受偿权等。①

2014 年 4 月 15 日，申桥公司向江苏省无锡市中级人民法院提起诉讼，要求判决明园公司支付其工程余款 9000 万元(最终以工程评估总价减去已付款为准)并依法确认其对“明园星都 3# – 10#楼及地下室”项目折价或拍卖的价款享有优先受偿权等。该院判决确认，王某作为实际施工人在 7 号案件中已主张了工程价款优先受偿权，绍兴市中级人民法院在前述判决中也认定了其就工程价款 12,724,187.6 元对涉案工程享有优先受偿权，故在认定申桥公司的优先受偿权范围时对该部分应予扣除。因此，申桥公司可就工程价款 67,671,828.4 元(80,396,016 元 –

① 参见浙江省绍兴市中级人民法院民事判决书，(2013)浙绍民初字第 7 号。

12,724,187.6 元）在涉案工程折价或拍卖的价款中优先受偿。[①]

六、执行中的以物抵债对优先权的影响

【问题的提出】

《执行拍卖变卖规定》第 26 条规定："不动产、动产或者其他财产权拍卖成交或者抵债后，该不动产、动产的所有权、其他财产权自拍卖成交或者抵债裁定送达买受人或者承受人时起转移。"执行程序中法院作出的以物抵债裁定具有变动物权的效力，如作为执行标的的建设工程被裁定以物抵债给其他债权人，承包人享有的建设工程优先权是否因此消灭？承包人享有的建设工程优先权又如何实现？

【基本观点】

对于执行中的以物抵债对建设工程优先权的影响，存在两种不同观点：

第一种观点：执行法院作出以物抵债裁定后，建设工程优先权仍附着于建设工程之上，不因以物抵债而消灭。

第二种观点：执行法院作出的以物抵债裁定送达执行财产承受人后，抵债财产上不再附着建设工程优先权，但以物抵债属于财产变价方式之一，建设工程优先权人仍应就执行财产变价所得优先受偿。具体而言，抵债财产承受人应当向执行法院补交其应受清偿的债权额与抵债财产的价值差额，该等补交款项应用以优先清偿建设工程优先权人的债权。本书赞同第二种观点。

【观点分析】

（一）执行程序中以物抵债的分类与效力

执行程序中的"以物抵债"可区分为两种：第一种是在执行标的拍卖流拍的情况下，执行法院作出以物抵债裁定，将执行标的交由申请执行人或其他债权人抵债。根据《民诉法解释》第 491 条、《执行拍卖变卖规定》第 26 条的规定，执行法院作出的以物抵债裁定送达承受人后，执行标的的所有权即发生转移。第二种"以物抵债"是在执行程序中，当事人达成以物抵债执行和解协议的情形。此种以物抵债协议并不具有物权变动效力，法院也不得依据该协议作出以物抵债裁定。本书旨在探讨第一种以物抵债对建设工程优先权的影响。

理论上，以物抵债与拍卖、变卖均属于执行标的的变价处置措施，是指将执行

---

① 参见江苏省无锡市中级人民法院民事判决书，（2014）锡民初字第 0041 号。

标的物以一定的价格折价抵偿给执行债权人以冲抵全部或者部分债务。[①] 不过，接受以物抵债的执行债权人并不是以其对被执行人所享有的全部债权承受抵债，否则将会损害其他执行债权人应受偿的权益。对此，应当以接受抵债的执行债权人应受偿的金额为参考，如果该金额低于抵债财产价格，抵债债权人应当在执行法院指定的期间内补交差额以供其他执行债权人受偿。[②] 也即执行程序中各债权人应受清偿的债权数额仍应根据各债权人债权的清偿顺位确定，抵债财产承受人并不因以物抵债而获得债权的全额清偿，如其应受清偿的债权数额低于抵债财产价值，仍应将差额补交执行法院以供其他债权人受偿。

（二）执行程序中以物抵债裁定对建设工程优先权的影响

执行财产承受人依以物抵债裁定取得执行财产所有权后，执行财产上原有的建设工程优先权是否消灭？现行法律和司法解释对此并未明文规定，仅规定在拍卖情形之下，拍卖财产上的优先受偿权因拍卖而消灭。《执行拍卖变卖规定》第28条第1款规定："拍卖财产上原有的担保物权及其他优先受偿权，因拍卖而消灭，拍卖所得价款，应当优先清偿担保物权人及其他优先受偿权人的债权，但当事人另有约定的除外。"

以物抵债与拍卖均属财产变价措施，拍卖情形下原有权利负担的处理方式对以物抵债具有参考意义。执行程序中的拍卖旨在迅速、经济地将查封标的物变换为较高的价金，以使得执行债权人的债权得到满足，故对拍卖财产上权利负担的处理不能套用民法的基本原则，而应设置符合执行程序自身规律的规则。在比较法上，对于拍卖时不动产之上优先于执行债权人而存在的各种负担应如何处理，存在承受主义、涂消主义两种立法模式。承受主义是指拍卖不动产上原有的担保物权或用益物权等负担不因拍卖而消灭，而是继续存在于不动产之上由拍定人承受。涂消主义是指拍卖不动产上存在的权利负担因拍卖而消灭，拍定人因此取得无任何负担的不动产。[③]

从我国《执行拍卖变卖规定》第28条来看，我国对拍卖财产上担保物权的处

① 参见肖建国主编：《民事执行法》，中国人民大学出版社2014年版，第234页、第244页。

② 参见肖建国主编：《民事执行法》，中国人民大学出版社2014年版，第246页。

③ 参见赵晋山：《强制执行程序中的拍卖问题研究》，载《强制执行法起草与论证》（第1册），中国法制出版社2002年版，第364页。

理采取涂消主义的立场。涂消主义有助于避免因拍卖导致的法律关系复杂化,并有助于激励拍定人,使拍定人能够取得不负有任何负担的不动产。此外,担保物权等优先受偿权本质上是一种价值权,重在支配不动产的交换价值,在拍卖之后优先受偿权人仍然可以对拍卖价金优先获偿,涂消主义一般不会对优先受偿权人的利益造成根本影响。[①]

以物抵债与拍卖、变卖均属于财产变价措施,在以物抵债情形中对担保物权等优先受偿权的处理也应采取涂消主义,以保持法律体系的一贯性。个别地方性司法文件明确规定,执行财产上原有的优先受偿权因以物抵债而消灭。例如,北京市高级人民法院 2013 年发布的《北京市法院执行工作规范》第 321 条第 1 款规定:"财产上原有的担保物权及其他优先受偿权,因拍卖、变卖、以物抵债而消灭,所得价款应当优先清偿担保物权人及其他优先受偿权人的债权,但当事人另有约定的除外。"与执行财产的拍卖、变卖相同,执行法院作出以物抵债裁定后,执行财产上附着的建设工程优先权等优先受偿权即消灭,而非续存于执行标的之上,执行标的承受人取得无负担的财产。

(三)执行财产抵债后建设工程优先权人如何获偿

以物抵债后承受人即取得执行财产无负担的所有权,但这并不意味着建设工程优先权人享有的债权无法获得优先清偿,其仍可就执行财产变价所得价款优先获偿。

执行程序中,担保物权人对执行财产变价所得价款享有建设工程优先权。《最高人民法院关于人民法院执行工作若干问题的规定(试行)》第 31 条规定:"人民法院对被执行人所有的其他人享有抵押权、质押权或留置权的财产,可以采取查封、扣押措施。财产拍卖、变卖后所得价款,应当在抵押权人、质押权人或留置权人优先受偿后,其余额部分用于清偿申请执行人的债权。"基于建设工程优先权的法定担保物权性质,实践中普遍认为建设工程优先权人可就执行财产拍卖、变卖所得价款优先受偿。

在以物抵债情形下,虽然形式上执行财产并未直接变价为价款,但抵债财产承受人仍应将其应受清偿的债权额与执行财产价值的差额部分补交至执行法院,

---

① 参见肖建国主编:《民事执行法》,中国人民大学出版社 2014 年版,第 259 页。

本质上仍属执行财产变价，而建设工程优先权可就该变价款优先获偿。《执行拍卖变卖规定》第 16 条第 2 款规定：“承受人应受清偿的债权额低于抵债财产的价额的，人民法院应当责令其在指定的期间内补交差额。”值得注意的是，这里的“应受清偿的债权额”并非指承受人在执行程序中主张的全额债权，而应指按照清偿顺位，抵债财产承受人在执行程序中可获得清偿的债权数额。承受人将该数额与抵债财产价值的差额价款补交至执行法院后，该笔价款可用于清偿建设工程优先权人的债权。

例如，在(2021)最高法执监 414 号建设工程合同纠纷案中，最高人民法院认为，以物抵债与拍卖、变卖均属于财产变价措施，以物抵债并不改变债权人之间的法定受偿顺序。在该案中，申请执行人享有的债权为普通债权，抵债的房地产变卖价为 8093 余万元，而抵押权人长城公司、建设工程优先权人山东莱钢公司的债权本金部分合计共 8702 万元。由于房地产变价所得尚不足以清偿优先受偿的债权，申请执行人享有的普通债权显然无法从流拍财产变价所得中获得清偿，即其应受清偿的债权额为零，应当向执行法院全额支付流拍价。

又如，在(2019)川 04 执恢 19 号执行案件中，执行标的为某酒店在建工程，申请执行人信达公司对执行财产享有抵押权，申请将该酒店的 1 栋和地下车库抵债，预留 2 栋。执行法院查明，天檀置业公司对执行财产享有建设工程优先权，债权数额为 1.01 亿元，依法应优先于申请执行人享有的抵押权受偿。预留的 2 栋拍卖流拍价为 0.89 亿元，与天檀置业公司建设工程优先权的差额为 0.12 亿元，执行法院要求申请执行人信达公司补齐该差额 0.12 亿元，否则视为不具备抵债条件。该案件中，执行法院虽结合抵债财产的实际进行了变通，但其内在逻辑与《执行拍卖变卖规定》第 16 条第 2 款第 2 句的规范内容及前述最高人民法院裁判逻辑相契合。也即即使执行财产通过以物抵债的方式由债权受偿顺位劣后的债权人承受，也应通过要求该债权人补交差额等方式，保证在先顺位的建设工程优先权人的债权获得受偿。

【实务中应注意的问题】

实务中，建设工程优先权人应注意相关财产的执行状态和处置状态，如已有其他债权人申请强制执行相关财产，应及时在执行程序中向执行法院主张建设工程优先权，以免财产抵债给其他债权人后难获救济。最高人民法院在 171 号指导性案例中也明确指出，承包人向执行法院主张其对建设工程享有建设工程优先权的,属于行使建设工程优先权的合法方式。执行程序中如遇相关财产流拍,建设工程优先权人可考虑申请以物抵债,如放弃以物抵债,亦应关注执行法院拟将执行财产抵债给后顺位债权人时是否要求其补交相关差额,并对执行法院不合法的执行行为及时通过执行行为异议等程序寻求救济。

【典型案例】

深圳市基础工程有限公司与云浮泓泰投资置业有限公司建设工程合同纠纷执行监督案[①]

深圳市基础工程有限公司(以下简称深圳基础公司)基于生效判决对云浮泓泰投资置业有限公司(以下简称云浮泓泰公司)享有约 3851 万元债权,并依据生效判决向法院申请强制执行。执行法院对案涉房地产进行查封、拍卖。该房地产上还存在两项优先受偿权,且已经生效判决确认:(1)山东莱钢建设有限公司(以下简称山东莱钢公司)在 1702 万元范围内对案涉房地产享有建设工程优先权;(2)中国长城资产管理股份有限公司广东省分公司(以下简称长城公司)在 7000 万元本金及其利息范围内对案涉房地产享有抵押权。后案涉房地产因无人出价而流拍,执行法院询问深圳基础公司、长城公司、山东莱钢公司是否接受对案涉房地产以物抵债,深圳基础公司表示愿意按照变卖流拍价对案涉房地产接受以物抵债,长城公司、山东莱钢公司表示不愿意。执行法院遂作出《缴款通知》,要求深圳基础公司将流拍价全部金额汇至法院账户。深圳基础公司对《缴款通知》不服,向执行法院提出执行异议。执行法院裁定撤销《缴款通知》,云浮泓泰公司不服,向广东省高级人民法院提出执行复议。广东省高级人民法院裁定撤销执行法院的前述裁定,驳回深圳基础公司的异议请求。深圳基础公司向最高人民法院申请执行监督。

最高人民法院认为,本案的争议焦点之一是,在执行过程中,拍卖的财产流拍后,具有优先受偿权的债权人放弃以物抵债,受偿顺序在后的普通债权人以物抵债时,如何计算其应缴纳款项?

最高人民法院认为:首先,执行债权人接受财产抵债,与司法拍卖、变卖同属于对被执行人财产强制变价的执行措施。其次,强制执行变价措施并不对多个执行债权的清偿顺序产生影响。前顺位债权人放弃接受财产抵债,只是放弃这一变

---

① 参见最高人民法院执行裁定书,(2021)最高法执监 414 号。

价措施,并不意味着其放弃对流拍财产变价所得优先受偿的权利。在建设工程优先权人未明示放弃其优先权的情况下,接受抵债的债权人即承受人不会因接受以物抵债获得优先于其他债权人就抵债财产变现后的价值受偿的地位。最后,在多个债权人并存的情形下,执行法院仍然应当按照法定顺位计算多个债权各自应受清偿金额,并非将流拍财产直接交由接受抵债的执行债权人受偿自身债权。本案中,流拍的财产即案涉房地产价额变卖价即8039余万元,而案涉房地产上的优先受偿债权即长城公司、山东莱钢公司的债权,本金部分合共8702万元,明显超过流拍财产价额。因案涉房地产的执行变价所得尚不足以清偿优先受偿的债权,而深圳基础公司在本案的执行债权为普通债权,显然无法从流拍财产变价所得中接受清偿,即在本案中,深圳基础公司的应受清偿的债权额为零。因此,其应按照变卖的流拍价全价进行购买。

第三节　各权利发生冲突时的主要救济路径

【问题的提出】

无论是承包人与其他债权人的权利发生冲突,还是各承包人之间的权利发生冲突,都将引发救济路径的选择问题,即承包人的权利应如何救济。当发包人拖欠承包人工程款未能清偿,而发包人又因其他债务被执行拍卖、变卖建设工程时,承包人作为案外人,其主张享有建设工程优先权,能否据此提出执行异议请求排除执行(请求停止查封、拍卖、变卖),能否进而提起执行异议之诉?

【基本观点】

承包人作为案外人主张其享有建设工程优先权而提出执行异议请求排除执行,其异议实质是对分配方案提出的异议,案外人不能以此为由要求排除执行。如果对承包人享有建设工程优先权无争议,则承包人可在执行程序中向执行法院提出顺位在先的主张,若其主张未获支持,则可以进一步根据《民诉法解释》第510条的规定,提出“执行分配方案异议之诉”;如果对承包人是否享有建设工程优先权或其数额存在争议,则应由承包人另行提起确权诉讼处理,执行程序应继续推进,但可对承包人的债权预留份额。

【观点分析】

一、承包人提出执行异议的类型化分析

(一)承包人执行异议的情形

当发包人拖欠承包人工程款未能清偿,而发包人又因其他债务被执行拍卖、变卖建设工程,承包人以其享有建设工程优先权为由向执行法院提出执行异议,其异议请求通常为:停止对案涉工程项目的查封、拍卖、变卖。区分承包人的权利情况,通常存在以下三种情形:(1)承包人的工程款债权数额明确且已由生效裁判文书确认可优先受偿;(2)承包人的工程款债权已由生效裁判文书认定但未确认优先受偿权或其数额;(3)承包人的工程款债权尚未经过诉讼或仲裁认定。对承包人的主张,还应根据其请求所列明的事实和理由,分辨承包人提出异议的性质。

(二)承包人执行异议的性质

执行异议可分为执行依据异议、执行标的异议和执行行为异议三类。执行标的异议是指案外人针对执行标的提出的权利和归属的实体性异议,也即案外人认为其对执行标的享有实体民事权益,应当优先于申请执行人在执行依据项下请求权实现的主张。执行依据异议是指案外人针对原生效法律文书提出执行依据存在错误应当变更、撤销的正当性异议,也即案外人认为原生效法律文书存在错误,不能作为执行依据的主张。执行行为异议是指案外人针对执行法院作出的具体执行行为是否合法提出的程序性异议,也即案外人认为执行行为违反法律规定,侵害其程序性权益的主张。①

一般而言,承包人主张其享有建设工程优先权,从承包人的视角,其并非主张作为执行依据的生效裁判文书有误或认为执行法院的执行程序存在问题。若承包人认为作为执行依据的生效裁判文书有误,例如,承包人认为不应确认他人享有优先受偿权或认为认定优先受偿的数额不当,该情形属于《民事诉讼法》第238条规定的"认为原判决、裁定错误"的情形,其应当针对作为执行依据的生效裁判文书通过审判监督程序或者第三人撤销之诉主张权利,法院应对该类异议裁定不

---

①《吉林省高级人民法院关于审理执行异议之诉案件若干疑难问题的解答》(2017年11月13日)。

予受理或驳回起诉。若承包人认为执行法院的执行程序存在问题,例如,对执行法院追加发包人为被执行人有异议或者认为执行法院未经生效裁判确定直接将工程项目作为被执行人的责任财产强制执行等,本质上是对执行法院的具体执行行为合法性提出的异议,属于《民事诉讼法》第 236 条规定的“认为执行行为违反法律规定”的情形,其应当针对执行行为通过执行复议或执行监督程序主张权利,法院应对该类异议裁定不予受理或驳回起诉。

除却上述两种情形,对于承包人主张其对工程价款享有优先权并据此请求排除执行的情形,应否将其归类于执行标的异议,实践中存在争议,该种争议聚焦于建设工程优先权人是否具有提起执行异议之诉的主体资格。《民事诉讼法》第 238 条规定:“执行过程中,案外人对执行标的提出书面异议的,人民法院应当自收到书面异议之日起十五日内审查,理由成立的,裁定中止对该标的的执行;理由不成立的,裁定驳回。……与原判决、裁定无关的,可以自裁定送达之日起十五日内向人民法院提起诉讼。”《民诉法解释》第 309 条规定:案外人或者申请执行人提起执行异议之诉的,案外人应当就其对执行标的享有足以排除强制执行的民事权益承担举证证明责任。可见,案外人提出执行标的异议时,执行法院应进行异议审查,案外人还可提起执行异议之诉。故究其根本,上述分歧是对建设工程优先权是否属于法律规定的足以排除强制执行的民事权益这一问题存在分歧。

第一种观点认为,建设工程优先受偿权依附于工程价款债权而存在,属于一种实体权利,当建设工程项目作为执行标的物,其上同时存在的普通债权人主张的债权与建设工程优先权人主张的建设工程价款债权发生冲突时,建设工程优先权优先于一般债权实现,如果不赋予此种建设工程优先权排除强制执行的效力,则不利于保护承包人的利益。另外,从程序权利的角度来看,《民诉法解释》第 310 条规定的“享有足以排除强制执行的民事权益”,是法院对案外人执行异议之诉进行审理后,作出不得执行或驳回诉讼请求判决的认定标准,而非对案外人是否有权提起执行异议之诉的判断标准。判断案外人执行异议之诉应否受理,应严格依据法定要件进行程序性审查,并不包含对案外人是否“享有足以排除强制执行的民事权益”的实体审查,对于符合法定要件的案外人执行异议之诉,应予受理。[①]

第二种观点认为,建设工程优先权的本质是一种顺位权,其制度目的旨在保障债权人的债权得以优先实现,保护的是一种顺位利益,其内涵是以建设工程折价、拍卖的交换价值担保债权的实现,而作为执行标的物的建设工程项目是否折价或拍卖,并不影响该权利的实现,反而是建设工程优先权需要依靠对建设工程项目的折价或拍卖来实现,只要在对折价或拍卖所得价款进行分配的时候考虑该权利的影响,保护权利人的顺位利益,即能契合该制度的目的。建设工程优先权依附于建设工程价款债权,其在第一性上仍是一种金钱债权,其权利客体并非建设工程项目本身,故建设工程优先权不属于对执行标的享有的足以排除强制执行的民事权益,不能排除执行。另外,从诉讼经济的角度考虑,即使允许其排除执行,其效果亦是启动另一个执行程序,如此将造成司法资源的浪费,故亦不必以排除执行的方式处理。

此外,若认为建设工程优先权的性质属于法定抵押权,则有一种观点值得一提。[②] 该观点认为,对于担保物权人是否有权提起执行异议之诉的问题不应一概而论,应作区分处理,是否足以排除强制执行应视该权利是否因强制执行而丧失或受侵害而定。针对抵押权而言,若只对标的物的一部分强制执行,将毁损整个标的物的担保价值时,抵押权人有排除强制执行的权利,可以提出执行异议之诉。[③] 部分地方高级人民法院的规范性文件采用了这一观点。[④] 最高人民法院在这一问题态度摇摆,《最高人民法院关于审理执行异议之诉案件适用法律问题的解释(一)》(向社会公开征求意见稿)第16条规定:"优先受偿权人提起的执行异

---

① 参见尹亮:《关于案外人执行异议之诉中,担保物权能否排除强制执行的思考|巡回观旨》,载微信公众号"天同诉讼圈"2018年7月27日,https://mp.weixin.qq.com/s/PXuqzJmbHH6dEBHgQUCuw。

② 参见司伟:《执行异议之诉原理与实务》,法律出版社2022年版,第227页。

③ 参见朱新林:《民事执行救济制度的司法适用与立法完善——以民诉法第225、227条为中心》,载《法治研究》2015年第1期。

④ 《浙江省高级人民法院关于审理案外人异议之诉和许可执行之诉案件的指导意见》第8条规定:"案外人依照民事诉讼法第二百零四条的规定提起诉讼的,须对执行标的享有足以阻止其转让、交付的实体权利,该实体权利包括:……(3)部分担保物权,如质权、留置权;……"《江苏省高级人民法院执行异议及执行异议之诉案件办理工作指引(一)》第三部分第1条规定:"案外人基于以下权利对执行标的提出异议,请求排除执行的,应依据《民事诉讼法》第二百三十八条规定审查处理:……(4)部分可以排除执行的特殊担保物权;……"

议之诉的处理”中提供了两种方案[1],分别体现了该种观点和上述第二种观点。

本书认同上述第二种观点。案外人执行异议的客体,亦即案外人执行异议之诉的诉讼标的,是程序法上的异议权[2],但其无法脱离实体法上的请求权而存在。《民诉法执行程序解释》第14条规定:案外人对执行标的主张所有权或者有其他足以阻止执行标的转让、交付的实体权利的,可以依照《民事诉讼法》第238条的规定,向执行法院提出异议。可见承包人作为案外人,只有在对作为执行标的物的建设工程项目主张实体权利的情况下才具有提起执行异议之诉的主体资格,才能提出案外人执行异议。上述法律规定的“足以排除强制执行的民事权益”,必须是依法足以阻止该标的转让与交付的实体权利,而非所有的实体权利,此种实体权利一般以所有权为典型,但是也包括用益物权、特定的债权,如租赁权。[3] 各地高级人民法院制定的指导规范与上述司法解释内容基本吻合,如2010年《浙江省高级人民法院关于审理案外人异议之诉和许可执行之诉案件的指导意见》第8条、2011年《北京市高级人民法院关于审理执行异议之诉案件适用法律若干问题的指导意见(试行)》第6条都属于相应的规定。《最高人民法院关于人民法院办理执行异议和复议案件若干问题的规定》第25条之规定又进一步明确了判断案外人是否系权利人的标准。即使是担保物权,能够排除强制执行的类型也极少,绝大部分均通过执行分配程序即可实现优先受偿;若仅以程序利益为由允许建设

① 《最高人民法院关于审理执行异议之诉案件适用法律问题的解释(一)》(向社会公开征求意见稿)第16条“优先受偿权人提起的执行异议之诉的处理”规定:“方案一　金钱债权执行中,案外人以其对执行标的享有担保物权、建设工程价款优先受偿权等优先受偿权为由,提起执行异议之诉,请求排除强制执行的,人民法院不予受理,案外人应根据《最高人民法院关于适用〈中华人民共和国民事诉讼法〉的解释》第五百零八条的规定,在执行程序中直接申请参与分配,就拍卖价款、应收账款等担保财产主张优先受偿。但是,案外人尚未取得执行依据且对其是否享有优先受偿权存在争议,或者强制执行可能导致优先受偿权受到其他实质性损害,案外人以其享有优先受偿权为由,提起执行异议之诉,请求排除强制执行的,人民法院应予受理。案外人在执行程序中就优先受偿顺序、数额等主张未获支持的,可以根据《最高人民法院关于适用〈中华人民共和国民事诉讼法〉的解释》第五百一十二条的规定,对执行分配方案提出书面异议,并提起执行分配方案异议之诉。方案二　金钱债权执行中,案外人以其对执行标的享有担保物权、建设工程价款优先受偿权等优先受偿权为由,提起执行异议之诉,请求排除强制执行的,人民法院不予受理,案外人应根据《最高人民法院关于适用〈中华人民共和国民事诉讼法〉的解释》第五百零八条的规定,在执行程序中直接申请参与分配,就拍卖价款、应收账款等担保财产主张优先受偿。在执行程序中,案外人因未取得执行依据且对其是否享有优先受偿权存在争议,或者就优先受偿顺序、数额等主张未获支持的,可以根据《最高人民法院关于适用〈中华人民共和国民事诉讼法〉的解释》第五百一十二条的规定,对执行分配方案提出书面异议,并提起执行分配方案异议之诉。”

② 唐力:《案外人执行异议之诉的完善》,载《法学》2014年第7期。

③ 江必新主编:《新民事诉讼法条文理解与适用》,人民法院出版社2002年版,第1118页。

工程优先权人提起执行异议之诉，无疑会消耗司法资源，影响司法效率。

二、承包人提出执行异议的实务处理

(一)承包人提出执行异议的处理

执行异议之诉是为了解决强制执行行为不当执行案外人财产问题而设计的一种特殊诉讼①，狭义的执行异议，仅指《民事诉讼法》第238条所规定的“执行标的异议”②。

如果承包人明确援引《民事诉讼法》第236条提出的“执行行为异议”，则人民法院依法应在收到承包人该书面异议之日起十五日内审查。理由成立的，裁定撤销或者改正；理由不成立的，裁定驳回。当事人、利害关系人对裁定不服的，可以自裁定送达之日起十日内向上一级人民法院申请复议。

如果审查发现承包人异议主张的内容是认为原判决、裁定有错误，即如果支持异议主张则可动摇原判决、裁定的既判力，则符合《民事诉讼法》第238条规定的“案外人、当事人对裁定不服，认为原判决、裁定错误的，依照审判监督程序办理”的情形，人民法院应裁定驳回异议，并告知承包人依照审判监督程序办理。

如前所述，建设工程优先权的本质是债权的顺位权，该权利不属于实体权利。一般而言，承包人主张排除执行，并非否定申请执行人的债权本身，对建设工程项目进行查封、拍卖、变卖等强制执行措施并不妨碍承包人优先权的实现。故在执行程序进行至该阶段的情形下，不具备请求停止该类执行行为的权利特点，此时可以告知建设工程优先权人应在执行分配中主张权利。

但是，对于建设工程项目已经被拍卖或者折价，执行标的转化为工程拍卖款的情况，承包人的建设工程优先权可以直接实现，故在执行程序进行至该阶段的情形下，本书认为，应当认可建设工程优先权人的执行异议之诉主体资格，在执行异议审查或执行异议之诉中认定享有建设工程优先权的承包人就执行拍卖款中欠付工程款的数额，享有足以排除强制执行的民事权益。

如果承包人已就其工程款债权取得执行依据，但对于承包人就是否享有建设工程优先权，或者相应的工程价款债权数额尚不明确，应允许其在执行程序中主

---

① 最高人民法院执行局编著，江必新、刘贵祥主编：《最高人民法院关于人民法院办理执行异议和复议案件若干问题规定理解与适用》，人民法院出版社2015年版，第5页。

② 最高人民法院执行局编著，江必新、刘贵祥主编：《最高人民法院关于人民法院办理执行异议和复议案件若干问题规定理解与适用》，人民法院出版社2015年版，第15页。

张建设工程优先权，此时执行法院需要依法对权利主张的方式和期限进行审查，据此进行下一步的执行行为，即确定如何处理被执行的建设工程，确定是否排除强制执行拍卖价款以及确定执行分配的情况。如果被执行人对其申请的工程款金额有异议，在执行程序中对此难以认定，或者承包人关于优先权的主张在执行程序中未能得到支持，亦应告知其有权提起确认之诉，给予其必要的权利救济途径。

但法院对工程变价款的分配程序须待诉讼有结果后方可继续进行，建设工程优先权覆盖的工程款具体金额应由审判机构或仲裁机构确定。这是因为，根据审执分立的原则，除非法律或司法解释特别授权，执行机构一般不得对实体问题进行裁判。从法律性质来看，承包人是否享有建设工程优先权以及优先权部分的具体金额属于实体问题，本质上应由审判机构通过诉讼程序或者由仲裁机构通过仲裁程序予以确认。①

（二）承包人参与分配的申请和分配方案异议之诉

《民诉法解释》第506条规定：被执行人为公民或者其他组织，在执行程序开始后，被执行人的其他已经取得执行依据的债权人发现被执行人的财产不能清偿所有债权的，可以向人民法院申请参与分配。对人民法院查封、扣押、冻结的财产有优先权、担保物权的债权人，可以直接申请参与分配，主张优先受偿权。第509条规定：多个债权人对执行财产申请参与分配的，执行法院应当制作财产分配方案，并送达各债权人和被执行人。债权人或者被执行人对分配方案有异议的，应当自收到分配方案之日起十五日内向执行法院提出书面异议。第510条规定：债权人或者被执行人对分配方案提出书面异议的，执行法院应当通知未提出异议的债权人、被执行人。未提出异议的债权人、被执行人自收到通知之日起十五日内未提出反对意见的，执行法院依异议人的意见对分配方案审查修正后进行分配；提出反对意见的，应当通知异议人。异议人可以自收到通知之日起十五日内，以提出反对意见的债权人、被执行人为被告，向执行法院提起诉讼；异议人逾期未提起诉讼的，执行法院按照原分配方案进行分配。诉讼期间进行分配的，执行法院应当提存与争议债权数额相应的款项。

由上述法律规定可见，债权人或者被执行人提起执行分配方案异议之诉，必

---

① 最高人民法院民事审判第一庭编：《民事审判实务问答》，法律出版社2021年版，第58页。

须以基于分配方案产生了实体性权利义务的争议为前提；债权人或债务人认为分配方案有错误的，应当首先提出分配方案异议，收到反对意见通知后再行起诉，收到分配方案后径行提起分配方案异议之诉的，应当裁定不予受理。执行分配方案异议之诉属于“特殊的救济之诉”，其诉讼请求一般包含两个方面：其一，请求主持分配的法院撤销财产分配方案中的错误分配；其二，请求主持分配的法院确认争议债权的性质、数额及分配比例。按照当事人处分主义原则，审判法院仅就财产分配方案中有争议的部分所涉及的实体权利义务关系进行审理，审理对象主要涉及分配方案中的受偿顺位、受偿比例和分配金额。①

【实务中应注意的问题】

工程折价或拍卖的价款不足以清偿所有建设工程优先权项下的工程价款时，原则上应当按照各自比例受偿。但目前司法实践的主流观点是对于首先申请查封财产的债权人予以适当优待，以实现财产保全制度的目的，同时缓解执行程序中财产查找的困难。因此，对于首先申请查封财产的优先权人，在实务中有可能获得适当优待。②

【典型案例(一)】

天津聚成建筑安装工程有限公司与中节能(天津)投资集团有限公司、第三人天津市福鸿房地产开发有限公司案外人执行异议之诉案③

天津聚成建筑安装工程有限公司(以下简称聚成建筑公司)承建天津市南开三马路和二纬路交口的翔宇大厦项目，2011 年 9 月 7 日其与天津市福鸿房地产开发有限公司(以下简称福鸿房地产公司)签订决算协议书时明确约定，2012 年 4 月 30 日前未付清全部工程款，将该项目其中的 111 号房产折价冲抵欠款。2011 年 12 月 10 日双方办理工程交接入住手续。待约定到期时福鸿房地产公司尚欠 775 万元工程款。双方协议确认上述房产归聚成建筑公司所有，由福鸿房地产公司负责代售，按原约定标准退补价差，若 4 年后仍未售出则产权必须过户至聚成建筑公司名下。代售期间，双方未办理产权过户手续，项目处于在建预售状态。

---

① 参见茆荣华主编：《上海法院类案办案要件指南》(第 4 册)，人民法院出版社 2021 年版，第595－605 页。

② 最高人民法院修改后民事诉讼法贯彻实施工作领导小组编著：《最高人民法院民事诉讼法司法解释理解与适用》(下)，人民法院出版社 2015 年版，第 1344－1345 页。

③ 参见最高人民法院民事裁定书，(2017)最高法民申 5098 号。

中节能(天津)投资集团有限公司(以下简称中节能投资公司)受让了关于福鸿房地产公司的债权,并向法院申请执行。法院按照中节能投资公司申请拍卖案涉房屋。聚成建筑公司提起执行异议被驳回后,遂提起执行异议之诉,请求停止对案涉房屋的拍卖、折价抵偿的强制执行程序,确认其享有案涉房屋的建设工程优先权。

最高人民法院认为,案外人执行异议之诉的标的是案外人是否有权请求排除对执行标的采取的强制执行措施,而这一诉讼标的的基础是案外人与被执行人谁对该执行标的享有实体权利。因此,足以排除强制执行的权益范围,应当为"所有权或者有其他足以阻止执行标的的转让、交付的实体权利"。案外人只有认为自己对执行标的享有实体权利,而人民法院的强制执行行为妨碍了其所享有的实体权利的,才可以作为执行异议之诉的原告提起执行异议之诉。建设工程优先权是承包人就建设工程折价或者拍卖的价款优先受偿的权利,属于法定优先权的范畴。优先受偿权是债权优先得到清偿的权利,这种权利不是所有权等实体权利,不能阻止执行标的的转让、交付。因此,主张建设工程优先权的人,不能依照《民事诉讼法》第 238 条之规定提出异议。虽然建设工程优先权不能阻止执行标的的转让、交付,但并不影响执行标的转让、交付获得相应执行价款后,案外人以享有法定优先权为由请求参与执行价款的分配。根据《民诉法解释》第 508 条的规定,对人民法院查封、扣押、冻结的财产有优先权、担保物权的债权人,可以直接申请参与分配,主张优先受偿权,而不能根据《民事诉讼法》第 238 条的规定对执行标的提出异议。本案执行法院裁定驳回案外人异议,并不影响案外人依据《民诉法解释》第 508 条第 2 款的规定申请参与分配。

【典型案例(二)】

沧兴集团岩土工程股份有限公司诉河北汇科钢管有限公司、沧州盛德房地产开发有限公司案外人执行异议之诉案①

河北汇科钢管有限公司(以下简称汇科公司)诉沧州盛德房地产开发有限公司(以下简称盛德公司)借款合同纠纷一案,汇科公司申请强制执行,法院于 2014 年 5 月 28 日立案执行,并对诉讼中查封的案涉土地使用权和在建基建工程依法进行评估,经三次公开拍卖,最终由河北大元建业集团股份有限公司竞得。沧兴

① 参见河北省高级人民法院民事裁定书,(2017)冀民终 136 号。

集团岩土工程股份有限公司(以下简称沧兴公司)向沧州市中级人民法院提出执行异议被驳回后,提起执行异议之诉,以其享有建设工程优先权为由,请求停止对盛德公司名下土地使用权和在建基建工程拍卖款的执行。

河北省高级人民法院认为:沧兴公司虽非汇科公司与盛德公司借款合同纠纷案执行依据列明的当事人,但其所提执行异议并不必然属于《民事诉讼法》第238条规定意义上的案外人异议并可被赋予提起执行异议之诉的权利。本案的执行标的物为盛德公司名下土地使用权和在建基建工程,该标的物所有权属盛德公司所有,各当事人包括沧兴公司并无任何异议。该标的物被沧州市中级人民法院拍卖后,沧兴公司对拍卖款主张优先受偿权请求优先受偿,主张的是拍卖款受偿顺位优先的程序权利,非对执行标的物主张实体权利以排除执行,不是能够排除强制执行的法定事由和实体权利,不能导入执行异议之诉程序,当事人提起执行异议之诉的,人民法院不应受理。沧兴公司如认为其优先受偿权受到侵害,不能通过案外人执行异议之诉程序解决,可通过执行异议复议程序或执行分配方案异议之诉程序解决。

第四节　破产程序中有优先权的建设工程价款债权与抵押债权、破产费用、共益债务等的清偿顺位如何确定

【问题的提出】

当企业进入破产程序时,其破产财产通常会面临无法全额清偿所有债权的问题。如果破产企业已经负有了工程款债务,且该工程款债务存在建设工程优先权,那么如何确定该工程款债权与破产企业的抵押债权、破产费用、共益债务、劳动债权等之间的清偿顺位?

【基本观点】

实务中,一般认为有优先受偿权的建设工程价款债权应当优先于抵押债权,抵押债权优先于包括劳动债权在内的其他无担保债权受偿,而税收债权劣后于劳动债权而优于其他普通债权受偿,顺位依次为:有优先受偿权的建设工程价款债

权—抵押债权—破产费用及共益债务—劳动债权—税收债权—其他普通债权。但需注意的是,此顺位次序中的建设工程优先权、抵押债权都仅针对特定的建筑工程客体。

【观点分析】

一、建设工程优先权与抵押权的清偿顺位

建设工程优先权是基于法律规定的法定优先权,是对建设工程承包人的一项特别保护。对于建设工程优先权,《企业破产法》在确定破产财产分配的清偿顺位时没有进行相关的规定。如果破产企业以在建工程设定了抵押权,同时又拖欠工程施工企业的工程款,这就发生了建设工程优先权与抵押权之间的权利冲突。

(一)非破产执行案件中的顺位分析

在非破产执行案件中,普遍认为建设工程优先权的受偿顺位优于抵押优先权。2002 年《优先权批复》第 1 条规定:“人民法院在审理房地产纠纷案件和办理执行案件中,应当依照《中华人民共和国合同法》第二百八十六条的规定,认定建筑工程的承包人的优先受偿权优于抵押权和其它债权。”2002 年《优先权批复》认定了建设工程优先权优先于抵押权。尽管自 2002 年该批复公布后,一直存在争议,但经过长时间的司法实践实务界已经逐步建立起了相关的共识,认可了建设工程优先权应当优先于抵押权等担保物权。随后,最高人民法院在《民法典》实施之际,通过清理并编撰新的建设工程施工合同司法解释,公布了《施工合同司法解释(一)》。《施工合同司法解释(一)》第 36 条规定:“承包人根据民法典第八百零七条规定享有的建设工程价款优先受偿权优于抵押权和其他债权。”该条司法解释的规定,完全沿用了 2002 年《优先权批复》第 1 条的内容。但在《企业破产法》和最高人民法院的破产法司法解释中,对于建设工程优先权在破产财产分配中应当处于何种顺位、是否也优先于抵押权,并没有特别的规定。

(二)破产法中关于别除权的规定

债权人基于债务人已设定的担保物权而享有的对该特定财产优先受偿的权利,在破产法理论上称为别除权。别除权是指权利人基于民事行为对债务人的特定财产享有担保物权或者基于法律规定享有特别优先权,在债务人破产时,依据其享有的权利不参与破产清算时的集体清偿,而是对民事法律关系指向的特定财产享有优先受偿的权利。[①]《企业破产法》第 109 条规定："对破产人的特定财产享有担保权的权利人，对该特定财产享有优先受偿的权利。"这即是我国破产法律中对别除权的规定。担保物权是构成别除权最重要的基础权利，早期关于别除权的基础权利范围限于典型担保物权，主要包括质权、抵押权和留置权。

目前，司法实践和理论研究都认为其基础权利不能只限于典型担保物权，而应包括法定优先债权、非典型担保物权中的一些权利。[②] 以建设工程优先权为例，根据本书此前的分析，建设工程优先权应为具有担保性质的物权。从《民法典》第 807 条规定的内容来看，承包人行使该权利所指向的对象是"建设工程"这一物，承包人行使权利的方式是通过协议折价或请求法院拍卖工程来支配该物，且该权利是对世的，可以对抗其他第三人，因此承包人的建设工程优先权是一种对物的权利。而承包人行使该权利的前提是"发包人未按照约定支付价款"，行使该权利的效果是承包人的工程价款可以"优先受偿"，显然承包人的该权利具备担保工程价款债权实现的作用。《民法典》第 386 条规定，担保物权人在债务人不履行到期债务或者发生当事人约定的实现担保物权的情形，依法享有就担保财产优先受偿的权利。可见，《民法典》第 807 条规定的承包人享有的就建设工程价款优先受偿的权利与担保物权的定义基本符合。因此，也就符合了《企业破产法》第 109 条规定的"对破产人的特定财产享有担保权的权利人，对该特定财产享有优先受偿的权利"之情形。

（三）破产程序中的顺位分析

本书认为，在破产程序中，有优先受偿权的建设工程价款债权清偿顺位也应优先于抵押权。主要理由如下：首先，建筑工程是施工企业投入的物化，施工企业为工程的建造投入了大量的人力、物力、财力，建筑工程伴随着施工企业的投入物化过程，其价值也不断地增大。当建筑工程有了一定的财产价值之后，才有了抵押权等担保债权设定的前提条件。无论是建设工程优先权还是抵押权针对的客体都是破产人的特定财产（不动产）。

其次，绝大多数破产案件，都是在破产人资不抵债的前提下进行的，特别是在

---

① 参见王欣新：《〈全国法院破产审判工作会议纪要〉要点解读》，载《法治研究》2019 年第 5 期。
② 参见李述丽：《别除权裁判规则研究》，贵州大学 2022 年硕士学位论文。

企业普遍高负债运营的情形下，破产企业的绝大部分资产甚至是全部资产都已经抵押给了银行，设置了物权担保。① 如果允许约定抵押权优先行使，则无异于以承包人的资金清偿发包人的债务，等于发包人将自己的欠债转嫁给属于第三人的承包人，违背公平及诚实信用原则。②

值得注意的是，实践中，担保债权针对的对象往往不仅限于地上建筑物，还可以包括土地，而工程价款针对的对象仅为工程价款债权人所实际承建施工的工程，而不及于土地或其他地上建筑物。

二、担保债权与破产费用及共益债务的清偿顺位

《企业破产法》第 109 条规定："对破产人的特定财产享有担保权的权利人，对该特定财产享有优先受偿的权利。"《破产法规定（二）》第 3 条规定："债务人已依法设定担保物权的特定财产，人民法院应当认定为债务人财产。对债务人的特定财产在担保物权消灭或者实现担保物权后的剩余部分，在破产程序中可用以清偿破产费用、共益债务和其他破产债权。"根据上述规定可以确定，破产人的特定财产的担保债权优先于破产费用和共益债务进行清偿，只有该特定财产实现担保物权后的剩余部分才可用以清偿破产费用、共益债务。

（一）债务人财产范围厘清

解答已依法设定担保权的特定财产是否属于债务人财产的问题，关系到破产时债务人财产的金额认定，也直接关系到享有优先权的工程价款债权、担保物权、破产费用、共益债务发生冲突时的清偿顺位。在《破产法规定（二）》出台之前，司法实践中对已依法设定担保物权的特定财产是否属于债务人财产的问题存在部分错误认识，其缘由在于已经失效的《企业破产法（试行）》与其后颁布的《企业破产法》规定的截然不同。《企业破产法（试行）》第 28 条第 2 款规定："已作为担保物的财产不属于破产财产；担保物的价款超过其所担保的债务数额的，超过部分属于破产财产。"这一规定使实践中形成了认识惯性，而《企业破产法》第 30 条规定的"破产申请受理时属于债务人的全部财产，以及破产申请受理后破产程序终结前债务人取得的财产，为债务人财产"的表述过于笼统，因而导致了司法实践中

---

① 参见龚泽锦：《〈破产法〉对财产担保债权优先受偿问题的立法思考》，载《法制博览》2023 年第 1 期。

② 参见梁慧星：《合同法第二百八十六条的权利性质及其适用》，载《山西大学学报（哲学社会科学版）》2001 年第 3 期。

出现混乱。基于此,《破产法规定(二)》第3条专门进行了规定,目的就在于厘清债务人已依法设定担保物权的特定财产属于债务人财产。

(二)破产费用

破产费用,是指在破产程序中为全体债权人的共同利益而支出的旨在保障破产程序顺利进行所必需的程序上的费用,即破产程序本身耗费的需在破产程序中进行支出的成本。《企业破产法》第41条规定:“人民法院受理破产申请后发生的下列费用,为破产费用:(一)破产案件的诉讼费用;(二)管理、变价和分配债务人财产的费用;(三)管理人执行职务的费用、报酬和聘用工作人员的费用。”

1. 破产案件的诉讼费用

按照《民事诉讼法》的规定,破产案件的诉讼费用主要包括破产案件受理费、职权调查费、公告费、送达费、法院登记申报债权的费用、法院召集债权人会议的费用、证据保全费用、财产保全费用、鉴定费用、勘验费用,以及法院认为应由债务人财产支付的其他诉讼方面的费用。破产费用所包括的案件诉讼费用必须是为破产债权人共同利益而支付的费用,不包括在破产程序进行中个别债权人因其他争议而发生诉讼的费用。

2. 管理、变价和分配债务人财产的费用

债务人对债务人财产的管理和处分权利,自破产案件受理后而丧失,债务人的所有财产由破产管理人接管,重整程序中债务人自行管理的除外。破产管理人对债务人财产进行管理、变价和分配,必然要支出相应的费用,这些费用也就是债务人财产的管理费、变价费和分配费。

第一,债务人财产的管理费,是破产管理人为占有、清理和保管债务人财产或者继续债务人的营业而必须支出的费用,主要包括债务人财产的保管费用、仓储费用、运输费用、清理费用、维修保养费用、保险费用、营业税费、公告费用、通知费用等。此外,聘请律师、会计师的代理费用,水电费、通信费、办公费、文书制作费等行政管理费用也包括在管理费范围之内。

第二,债务人财产的变价费,是破产管理人为处理非金钱的债务人财产而将其变现为货币所支出的费用,主要包括债务人财产的估价费用、鉴定费用、公证费用、公告费用、通知费用、拍卖费用、执行费用、登记费用以及变价债务人财产的税费等。

第三,债务人财产的分配费,是破产管理人为将债务人财产分配给债权人所发生的费用,主要包括债务人财产分配表的制作费用、公告费用、通知费用、提存分配费用等。

3. 管理人执行职务的费用、报酬和聘用工作人员的费用

管理人执行职务的费用、报酬和聘用工作人员的费用,指在破产案件进行过程中,管理人为了执行职务和聘用工作人员所产生的一切费用和报酬的总称,主要包括破产管理人履行《企业破产法》第 23 条规定的职责所产生的费用、破产管理人执行职务所需的其他费用、破产管理人的报酬以及聘用工作人员所需的费用。

(三)共益债务

共益债务是指在破产程序中,为全体债权人利益或为程序进行之必要而对破产财产产生的一切请求权的统称。共益债务作为在破产清偿中享有优先受偿的债务类型,其本质是作为一种请求权存在的,其最大的特征在于共益性,即是为全体债权人的利益而发生。《企业破产法》第 42 条规定:"人民法院受理破产申请后发生的下列债务,为共益债务:(一)因管理人或者债务人请求对方当事人履行双方均未履行完毕的合同所产生的债务;(二)债务人财产受无因管理所产生的债务;(三)因债务人不当得利所产生的债务;(四)为债务人继续营业而应支付的劳动报酬和社会保险费用以及由此产生的其他债务;(五)管理人或者相关人员执行职务致人损害所产生的债务;(六)债务人财产致人损害所产生的债务。"与破产费用相对应,并不是每一个破产案件都会产生共益债务。

共益债务的特点,一是共益债务发生于破产程序开始后。目前,学界的通说普遍认为,只有发生在破产程序开始后的债务才有可能成为共益债务。二是共益债务是为债权人的共同利益而负担的义务。为全体债权人的共同利益发生,是共益债务独特的性质,也是法律特别规定共益债务制度的基本出发点。只有满足了共益债务发生的时间限制,而且又是因债权人的共同利益而发生的债务,才可能成为共益债务。三是共益债务由破产财产随时清偿。共益债务以破产财产为其受偿的担保,不需要申报,可以根据破产案件的需要随时支付。

(四)破产费用与共益债务的清偿顺位

破产费用与共益债务具有较多的相似之处。《企业破产法》第 43 条规定:"破产费用和共益债务由债务人财产随时清偿。债务人财产不足以清偿所有破产费用和共益债务的,先行清偿破产费用。债务人财产不足以清偿所有破产费用或者

共益债务的，按照比例清偿。债务人财产不足以清偿破产费用的，管理人应当提请人民法院终结破产程序。人民法院应当自收到请求之日起十五日内裁定终结破产程序，并予以公告。”

由此看出，破产费用和共益债务的清偿，应按照以下规则：

第一，随时清偿。若债务人财产足以清偿破产费用和共益债务，二者的清偿不分先后，都是“随时发生，随时清偿”。

第二，程序终结。若债务人财产不足以清偿破产费用，破产程序终结。

第三，破产费用优先。我国对破产费用和共益债务采取区别对待主义，其立法本意应是将破产费用放在清偿顺序的首位予以优先保护。

第四，比例清偿。若债务人财产不足以清偿所有破产费用或者共益债务，按照比例清偿。本书认为，应着重对“或者”二字理解把握，“或者”系表示一种选择关系，即破产费用和共益债务二选其一，按比例清偿的规定应是在破产费用和共益债务两者自身内部进行：一是当债务人的破产财产不足以清偿破产费用时，仅清偿破产费用，并按破产费用自身构成比例清偿；二是当债务人的破产财产清偿完毕全部破产费用后，剩余的债务人财产不足以清偿共益债务时，对共益债务按自身构成比例进行清偿。举例来说，破产企业财产只有100万元，破产费用10万元，共益债务150万元，其中应付共益债权人甲100万元、共益债权人乙50万元。此时清偿顺序应为：优先清偿破产费用10万元，剩余90万元不足以清偿全部共益债务，则应按90÷150＝60%比例分别清偿，甲获得100万元×60%＝60万元，乙获得50万元×60%＝30万元。

基于以上分析，破产程序中，建设工程优先权在清偿顺位上优先于针对该建筑工程设定抵押的抵押债权，而只有在该建筑工程实现担保物权后的剩余部分才可以用以清偿破产费用和共益债务，因此，针对建设工程为特定对象的破产人财产来说，依照下列顺序清偿：(1)享有建设工程优先权的工程款债权；(2)抵押债权；(3)破产费用；(4)共益债务；(5)劳动债权；(6)税收债权；(7)其他普通债权。但是对于未设定担保物权的其他破产财产的分配，第一顺位的应当是破产费用和共益债务。

三、担保债权与职工债权的清偿顺位

破产企业的职工利益保护问题一直备受政府、法院和管理人关注，也是实践中管理人清算、重整工作首先要解决的难点。破产企业作为一匹“病马”，自身在

生产经营过程中必定积累了大量问题，通常表现为债务数额巨大、债权类型众多、参与主体多样、利益关系复杂等，造成资产与负债极不对等。加之破产程序中企业资产变现价格过低，而职工债权又不同于其他债权，一方面其确认程序是以管理人为主导的主动审核，另一方面从清偿顺序上来讲，相较于一般普通债权，它又有一定的优先性。那么在担保债权与职工债权的清偿发生冲突时，如何确定两者之间的清偿顺位？

（一）职工债权

职工债权，又称劳动债权，是指劳动者个人享有的基于劳动关系产生、以工资为基本形态、用以维持其社会生活的债权。[①] 在不同的法律适用语境下，职工债权的内涵和外延有一定差异。本书所指职工债权概念，是破产法语境下的特定概念，指因破产宣告前的劳动关系而发生的债权，包括破产企业所欠职工工资和欠缴的基本社会保险费用，以及法律、行政法规规定的应当支付给职工的补偿金等其他费用，依政策性破产由破产企业土地使用权转让所得用于安置职工的职工安置费用除外。依据我国《企业破产法》第 48 条规定，职工债权包括债务人所欠职工的工资和医疗、伤残补助、抚恤费用，所欠的应当划入职工个人账户的基本养老保险、基本医疗保险费用，以及法律、行政法规规定应当支付给职工的补偿金。

职工债权因为其不同于普通债权的含义，有其独特的特征：

第一，职工债权的权利主体是特定的。职工债权的主体仅限于劳动者，也就是达到法定的就业年龄、具有劳动能力、在企业破产之前就与破产企业建立了劳动合同关系、聘用制劳动关系或者事实劳动关系的劳动者。[②]

第二，职工债权的产生时间是特定的。破产法规定，职工债权必须是源于企业破产之前就已经与企业建立劳动关系的职工，在企业被宣告破产之后，无论发生怎么样的债权债务关系，如企业留守人员的报酬，除法律有特别规定外，都只能按照破产费用确定，而不能算作破产企业的职工债权。

第三，职工债权的法律依据是特定的。职工债权是基于劳动和社会保障法产

① 参见王欣新、杨涛：《破产企业职工债权保障制度研究——改革社会成本的包容与分担》，载《法治研究》2013 年第 1 期。

② 参见荏远洋：《劳动债权问题研究——从破产法角度》，云南财经大学 2010 年硕士学位论文，第 6 页。

生的特殊债权,工资债权和解除劳动合同经济补偿金债权基于劳动法的规定而产生,欠缴社会保险费的债权基于社会保险费的规定而产生,以上债权都具有严格的法定性,不同于普通破产债权产生于日常经营行为中双方当事人产生的合意。事实上,部分职工债权并不会因为当事人协商一致而可以选择放弃,如社会保险法所规定的企业为职工缴纳社会保险的义务,该义务为法定义务。

第四,职工债权的保护客体是特殊的。职工债权意在保护弱势群体的生存权,一般而言,企业与职工的地位是不平等的,双方信息不对称,承担风险的能力也不同,职工在维护合法权益时往往处于弱势地位。而一旦职工债权受到损失,不仅会影响到职工自身,进而还会影响到受其供养的家庭成员的利益。因此,基于这种特殊背景的考量,加之其权利具有社会与公共利益的属性,所以在企业破产时,职工债权需要由国家公权力给予积极的保障。职工债权可看作“社会权”的一种典型形态。[①]

(二)规则变迁

中国破产法的发展,与国有企业改革紧密联系在一起,也与广大国企职工的切身利益紧密联系在一起。在1986年《企业破产法(试行)》起草过程中,围绕职工债权的保护问题,引发了不少争论。事实上,对于国有企业改革中是否有必要引入破产法,在改革初期各方面就曾发生过激烈争论。在这场争论中,反对引入破产法的代表性理由之一,就是制定破产法的“配套条件”还不充分,在国有企业宣告破产之后出现的失业问题令人忧心。对于上述质疑,破产法的支持者已经准备了应对方法,这一应对方法就是在《企业破产法(试行)》中,专门用一章来规范破产企业职工的安置和福利问题。除了关于职工权利的宣示性规定外,还对企业破产时职工的优先权作了规定,《企业破产法(试行)》第37条规定:“破产财产优先拨付破产费用后,按照下列顺序清偿:(一)破产企业所欠职工工资和劳动保险费用;(二)破产企业所欠税款;(三)破产债权。破产财产不足清偿同一顺序的清偿要求的,按照比例分配。”该法条将破产企业职工的权益置于绝对优先的位置,甚至先于破产企业所欠税款。此后,1991年出台的《民事诉讼法》第十九章“企业法人破产还债程序”第204条,就债权顺序规定如下:“破产财产优先拨付破产费用后,按照下列顺序清偿:(一)破产企业所欠职工工资和劳动保险费用;(二)破

---

① 参见许建宇:《构建我国欠薪保障制度的法学思考》,载《中州学刊》2006年第5期。

产企业所欠税款;(三)破产债权。”

在起草《企业破产法(试行)》时,立法机构对职工债权与担保债权的优先问题曾存在激烈的争议,在起草《企业破产法》的漫长过程中,这个争议仍然继续存在,并成为该法律起草过程中的焦点之一。有学者曾将有关职工债权和担保债权优先顺序的争议,归纳为三种类型:第一类,来自金融机构的代表认为,担保债权应当优先于职工债权;第二类,代表劳动者和工会的学者和官员倾向于支持职工债权优先于担保债权;第三类,中间派学者,他们希望综合平衡这两种冲突的价值和利益。[①] 以中国人民银行前行长周小川为代表的金融界人士,一般都支持担保债权优先于职工债权。在周小川看来,如果将职工债权放在优先地位,将会导致担保债权得不到履行,如果破产法中职工债权的优先顺序普遍化,银行将会调整政策,限制企业从金融机构获得贷款的机会,这种调整将会给企业造成损害。[②] 以中华全国总工会郭军为代表的观点,支持职工在债权人的优先顺位中享有较高的顺位。郭军认为,职工债权的优先地位不会动摇担保制度,这种优先地位将会继续执行,它符合国际惯例,并且不会损害经济发展。破产企业的职工是破产案件最大的受害者,他们可能被拖欠工资和社会保险费用,因此,在公司破产程序中仍然忽视他们的声音,是让人无法接受的。[③]

国务院法制办在该争论的平息中,发挥了重要作用。国务院法制办建议将该条款修改为:债务人所欠职工的工资和医疗、伤残补助、抚恤费用,所欠应划入职工个人账户的基本养老保险、基本医疗保险费用,以及法律、行政法规规定应当支付给职工的补偿金,应以债务人的未担保财产优先支付。未担保财产不足的,如果所欠职工债务是在本破产法生效前发生的,则以担保财产进行支付。[④] 根据蒋黔贵的报告,如此变通的原因是通过特别的方案,解决历史遗留问题;由于历史债务的数量

---

① 参见席涛:《我们所知道的法律和不知道的法律:法律经济学的一个分析框架》,载《政法论坛》2010 年第 1 期。

② 参见周小川:《金融改革期待新〈破产法〉》,载《财经界》2005 年第 1 期。

③ 参见郭军:《新〈破产法〉关于职工权益保护的制度设计评析》,载《中国工运》2006 年第 12 期。

④ 参见蒋黔贵:《全国人大法律委员会关于〈中华人民共和国企业破产法(草案)〉修改情况的报告——2004 年 10 月 22 日在第十届全国人民代表大会常务委员会第十二次会议上》,载《中华人民共和国全国人民代表大会常务委员会》2006 年第 7 期。

是可以确定的，因此需要优先于担保债权支付的风险也是可预测和可控制的。①最终的妥协结果是以《企业破产法》的颁布时间为准，2006 年 8 月 27 日之前和之后发生的职工债权，分别适用不同的法律。这种妥协最终为各方所接受，《企业破产法》正式通过并颁布。

（三）担保物权优先于职工债权清偿

根据《企业破产法》第 113 条的规定："破产财产在优先清偿破产费用和共益债务后，依照下列顺序清偿：（一）破产人所欠职工的工资和医疗、伤残补助、抚恤费用，所欠的应当划入职工个人账户的基本养老保险、基本医疗保险费用，以及法律、行政法规规定应当支付给职工的补偿金；（二）破产人欠缴的除前项规定以外的社会保险费用和破产人所欠税款；（三）普通破产债权。破产财产不足以清偿同一顺序的清偿要求的，按照比例分配。"对于设定担保物权的特定物来说，担保物权优先于职工债权清偿；对于未设定担保物权的其他债务人破产财产来说，在优先清偿破产费用和共益债务后，职工债权为第一顺位的债权。

最后，以江苏省宜兴市某电缆公司破产清算案件为例，对有优先受偿权的工程款债权、担保物权、破产费用和共益债务、职工债权的清偿顺位进行分析：管理人在破产财产分配方案中，依据现行法律清偿规则，第一确认清偿享有建设工程优先权的债权 1300 万元，第二确认清偿有财产担保的债权 2200 万元，第三确认支付破产费用及共益债务 123 万元，第四将余款 374 万元用于清偿职工债权 478 万元，职工债权的清偿率为 66％。其余顺位在后的债权不再清偿。②

四、破产债权审核异议的救济路径

在破产实践中，一般由破产管理人对债权人所申报的债权进行登记，详尽记载申报人的姓名、单位、代理人、申报债权额、担保情况、证据、联系方式等事项，形成债权申报登记册。管理人应当依照《企业破产法》第 57 条的规定，对债权的性质、数额、担保财产、是否超过诉讼时效期间、是否超过强制执行期间等情况进行审查，编制债权表并提交债权人会议核查。债权表、债权申报登记册及债权申报

---

① 《企业破产法》第 132 条规定：本法施行后，破产人在本法公布之日前所欠职工的工资和医疗、伤残补助、抚恤费用，所欠的应当划入职工个人账户的基本养老保险、基本医疗保险费用，以及法律、行政法规规定应当支付给职工的补偿金，依照本法第 113 条的规定清偿后不足以清偿的部分，以本法第 109 条规定的特定财产优先于对该特定财产享有担保权的权利人受偿。

② 参见陈国斌、陈豪：《破产企业职工债权优先性的解读与重塑》，载《人民司法》2020 年第 16 期。

材料在破产期间由管理人保管,债权人、债务人、债务人职工及其他利害关系人有权查阅。如果工程款债权人对债权表记载的债权有异议的,如对工程款债权的数额有异议或对工程款债权是否享有建设工程优先权有异议,应当说明理由和法律依据。经管理人解释或调整后,异议人仍然不服的,或者管理人不予解释或调整的,异议人应当在债权人会议核查结束后 15 日内向人民法院提起债权确认的诉讼。当事人之间在破产申请受理前订立有仲裁条款或仲裁协议的,应当向选定的仲裁机构申请确认债权债务关系。

我国《企业破产法》第六章规定了债权的申报、登记、审查、核查、异议及确认,该章第 48 条、第 58 条规定,对债权有异议的,可以向人民法院提起诉讼。在破产审判实践中,经常出现相关主体不同意管理人的审查结论,但又迟迟不提起破产债权确认之诉,导致债权表记载的相关债权处于不确定状态,影响后续表决等程序的推进。实务界就破产债权确认案件设定起诉期限,限制或者禁止当事人无限期地拖延起诉已经达成了共识,基于此,参照《企业破产法》第 64 条第 2 款规定的关于债权人请求人民法院裁定撤销债权人会议决议的时限,《最高人民法院关于适用〈中华人民共和国企业破产法〉若干问题的规定(三)》第 8 条规定:"异议人应当在债权人会议核查结束后十五日内向人民法院提起债权确认的诉讼。"

【实务中应注意的问题】

近年来,受经济形势影响,有不少的建筑施工企业进入破产程序。建筑施工企业进入破产程序令人遗憾,尤其是在破产清算下,如果实际施工人的工程款债权不能从破产财产中分离出来,其后果可想而知。虽然,从法律意义上来说,实际施工人背后的众多农民工、材料供应商可以向实际施工人主张权利,但事实上实际施工人的履行能力是极弱的,即使有了生效裁判文书,其实际履行的可能性也极低。因此,还是应当从源头上想办法,依法避免实际施工人的工程款债权进入破产财产范围。司法实践中,破产建筑施工企业的破产管理人往往将实际施工人施工的工程项目的工程款单独剥离出来,在扣除破产企业应收的管理费后全额拨付给实际施工人,而将扣留的管理费纳入破产财产,进入破产分配。